一本改变千万青少年人生命运的书

WEINIZIJIDUSHU

为你自己读书

肖卫◎编著

“要相信你到这个世界上来是有目的的，是为了造就自己，是为了帮助别人，是扮演一个别人替代不了的角色，因为每个人在这场盛大的人生戏剧中都扮演着自己的角色。如果你不扮演这个角色，这出戏就有缺陷了。只有当你意识到自己注定要在世上完成一件事、扮演一个角色、必须自立时，你才会努力学习，让自己拥有更多的知识，你才能有所作为，生活也因此具有了崭新的意义。——【居里夫人】

中国華僑出版社

图书在版编目（CIP）数据

为你自己读书／肖卫编著. —北京：中国华侨出版社，
2007. 9

ISBN 978-7-80222-442-1

Ⅰ. 为… Ⅱ. 肖… Ⅲ. 读书方法—青少年读物 Ⅳ. G792-49

中国版本图书馆 CIP 数据核字 (2007) 第 146992 号

• 为你自己读书

著　　者／肖　卫
责任编辑／王　晖
版式设计／肖惠之
经　　销／新华书店
开　　本／787×1092 毫米　16 开　印张／16　字数／200 千
印　　刷／三河市祥达印刷包装有限公司
版　　次／2007 年 12 月第 1 版　2018 年 11月第 12 次印刷
书　　号／978-7-80222-442-1
定　　价／26. 80 元

中国华侨出版社　北京市朝阳区静安里 26 号通成达大厦 3 层　邮编：100028
法律顾问：陈鹰律师事务所
编辑部：（010）64443056　传真：（010）64439708
发行部：（010）64443051
网　址：www. oveaschin. com
E-mail：oveaschin@sina. com

前言

寄语中学生朋友

这是某电视台举办的一档谈话节目。嘉宾一共四位，都是风度翩翩的中年男子。他们来自这个城市的各行各业，引领着各自领域的潮流。他们有房，有车，事业有成，是无数男人眼里的标杆和努力的榜样。

但他们又有一个共同点——都无一例外地生长在经济不发达的贫困地区。他们从小家境贫寒，衣食无着，完全依靠父母节衣缩食，供养着读书、上学，直到今天才改变了自己的命运，有了各自的成就。

谈话就是围绕着“读书和命运”这个话题展开的。四个男人的故事虽然各有千秋，但并没有多少出人意料的新意。节目在平静和缓的氛围里接近了尾声。

接下来，照例是观众提问环节。第一个获得提问机会的是位记者，他问了一个记者们都喜欢问的问题：“假如父母没有送你去读书，你觉得现在的自己会是什么样子？”

第一个男人说：“假如父母没有送我读书，那我现在肯定不会坐在这里。前不久，我回了趟老家，发现村子里跟我一起长大却没有机会读书的男人，大都在家里守着几亩薄田。山里缺水，每天驮水吃饭，引水浇地，就是他们生活的全部。”

第二个男人说：“假如父母没有送我读书，你们说不定就会在城市里随便一个建筑工地上见到我。念高中的时候，很多学生就是因为家里拿不出学费，背上背包出去打工了。说真的，当时，我也偷偷打好了背包，要不是母亲求亲靠友借来的钱，我也不会走到今天。”

第三个男人说：“我们那个村子现在是全乡有名的养鸡专业村，很多没有机会读书的男人，都在家里养鸡。假如父母没有送我读书，说不定大家餐桌上的烧鸡、炖鸡、叫花鸡，都是我养的呢。”

台下响起了一片笑声。气氛轻松活泼，一切都朝着节目预定的方向发展着。

最后，观众的目光落到了第四个男人身上。大家都觉得，在那样的场合，他也一定会照着这个思路说下去的。

没想到，第四个男人沉默了一会儿，忽然用一种沉重得有些压抑的语调开了口，就像是走进了某种痛苦的回忆。他说："我念高中的时候，家乡正值旱灾，庄稼几乎颗粒无收。这对靠田糊口的村里人，无疑是个灾难，那时候，村里一共有三个人在县城读书，其他两个人都因交不起学费退了学。我也想退，父亲不让，父亲甚至为这件事打了我一巴掌。"

"我不知道他们是怎么筹的钱，供我读完了高中，又让我念了大学。临毕业的那年，本想着可以挣钱养家了，没想到父母却双双病倒。他们的病都是能够治好的，要是放在今天的话。"

"可是那时候，家里一贫如洗，能卖的东西都卖光了，还欠了一屁股债。为了省钱，父母都不肯住院，甚至连药也舍不得吃，就这样，不到一年的时间，他们相继离世。"

"现在，每到夜深人静，我就止不住想，假如父母没有送我读书，我也就不会离开他们。就可以守在他们身边，为他们分担生活的重负，挣钱、养家、尽孝，他们也就不会这么早地死去。'子欲养而亲不待'，一想起这句话，我就觉得，自己真是不孝啊……"

演播厅里出现了短暂的寂静，就连一向口吐莲花、应对自如的主持人，也像是忘记了自己的职责。

片刻后，不知是谁带头鼓起了掌，潮水般的掌声里，不少观众都悄悄抹起了眼泪。

这是2007年10月份《读者》杂志上的一篇文章，作者是郑俊甫。读完这篇文章，最大的感慨就是：孩子的未来才是父母最大的牵挂。可怜天下父母心，每一个父母都希望自己的孩子能多读书，能够有出息，作为父母，哪怕再苦再累，甚至以自己的健康为代价，他们都在所不惜。当看完这篇文章，我们都会立刻想到自己，如果没有当年父母、老师让我们努力读书，我们能有今天的成就吗？

今天的青少年，也许读书的条件不再像以前那样艰苦，但是，父母对我们的期待，却永远是一样的。然而，许多中学生朋友并不明白自己为什么要去学校上学，不清楚自己到底在为谁读书，更弄不懂自己读书的价值，因而不能认识自己，不知道自己今后想成为怎样的人，也就不会珍惜今天的青春韶华和学习的大好时机。这是很令人担忧的。

培根说“知识就是力量”，今天，我们要说 “知识改变命运”。我们出版本书的初衷，就是告诉青少年朋友，从小就要明白，我们读书，不是为父母和老师，而是为了自己的前途和未来。你可以无法选择你的出身，但你可选择勤劳诚实的汗水、坚忍不拔的毅力和万难不屈的精神，去孜孜不倦地读书，用知识和能力去挑战命运，改变自己的人生。

未来的社会充满机遇和挑战，一个人如果拥有一种社会需要的才能和特长，不管他处在什么环境，在社会的哪个角落，终会有一天被发现。“有智吃智，无智吃力”。要想为祖国为人民作出更大的贡献，你必须要有过硬的本领；要有过硬的本领，你必须勤奋读书，热爱学习，始终保持“爱学、勤学、博学、精学、多问、多思”的优良品质。

读书改变命运，阅读滋养心灵。崇拜别人，不如塑造自己。孟子说过：“天将降大任于斯人也，必先苦其心志，劳其筋骨，饿其体肤，空乏其身，行拂乱其所为……”才华是刀刃，刻苦是磨刀石。要想使自己日后能处世不畏难，必须有刻苦精神；要想振兴家国，也必须有刻苦精神，因此，刻苦才能成就事业。为学的道路是艰辛的，没有什么捷径可走。要想出类拔萃，无论在哪里，都是要勤学苦练。古今中外，凡立志成才的人，都必须面对种种考验，其中很多人求索一生，最终才取得成功。

著名历史学家陈垣在《时不待人，努力读书》一文中写道：“读书的时候，要做到脑勤、手勤、笔勤，遇到有心得就写下来，多动笔，多写，多记，不然，你有心得，不写下来，时间长了就忘了。多写多记，书念多了，就积累下不少知识，可以左右逢源。”

郁达夫说：“中学时代所读的书卷，是一生到死也不会遗忘的基本知识。”

亲爱的中学生朋友，你们今天如何对待自己的学业，将决定你未来成就的大小！今天，我们学习，就是为我们未来的人生道路打下坚实的基础。没有今天的优秀学业，何来明天的成功事业？没有今天的辛勤耕耘，何来明天的丰收硕果？

没有今天的品德修行，何来明天的崇高声誉？没有今天的执著追求，何来明天的掌声鲜花？

但愿本书能让你明白读书的道理，激发自己的学习潜能，成为一个爱读书，读好书的中学生，为自己未来的人生奠定坚实的基础！

目录

C·O·N·T·E·N·T·S

Chapter1 你在为谁读书？

你在为谁读书？对每个青少年来说，这确实是一个值得认真思考的问题！一个人抱着不同的目的学习，其选择的道路就会完全不一样。如果一个人在青少年时期不明白读书的目的，不知道读书的方向，他就难以给未来的人生定位。

Chapter2 读书改变命运，知识成就人生

读书能够影响人的一生，甚至彻底改变一个人的命运。读书能够激发和鞭策我们不断奋进，从而获得幸福的生活。读书能够照亮和指明我们前进的方向，使我们从此走上一条事业成功的道路。读书是最好的、最简单的一种改变人生命运的方法，没有其他东西比读书更有魅力、更有力量了。

Chapter3 读书要有远大的理想

一个杰出的青少年，应该是一个有着远大志向的人。因为，一个人追求的目标越高，他自身的潜能就越能得到充分的发挥，他的才能就发展得越快。人之伟大或渺小都决定于志向和理想。伟大的毅力只为伟大的目标而产生。

Chapter4 勤奋出天才，勤奋出真知

爱迪生说：“有些人以为我所以在许多事情上有成就，是因为我有什么‘天才’，这是不正确的。无论哪个头脑清楚的人，都能像我一样有成就，如果他肯拼命钻研。”他又说：“天才，就是百分之一的灵感加上百分之九十九的血汗。”事实确实如此，勤奋才能出天才。

Chapter5 自信是内心不灭的圣火

一个人的成就，决不会比他自信能达到的更高。自信心是所有伟人发明创造的伟大动力，有了自信，才会勇敢、坚强、敢于创新，没有自信，就没

有独创，就难以成功。自信心对一个人一生的发展，无论在智力上，还是体力上，或者是处事能力上，都有基础性的支持作用。

Chapter6 改变学习态度，就能改变学习成绩

我们很多人都知道一句话：态度决定命运。一个人的心态决定了他的人生命运，同样，在学生时代，一个人的学习态度则直接决定他的学习成绩。

Chapter7 兴趣永远是最好的老师

兴趣是智力活动的巨大动力，是人们进行求知学习的心理因素。兴趣比智力更能促进学习。强烈而稳定的兴趣是从事活动、发展才能的重要保证。教育家斯宾塞说："如果兴趣和热情一开始就得到顺利发展的话，大多数人将会成为英才或天才。"

Chapter8 拥有健康是读书的基础

“健全的心灵寓于健康的身体。”这句格言可追溯到罗马时代，而且历久弥新，到今天仍然适用。健康是可以经营的，而老板就是自己。拥有健康不代表拥有一切，但失去健康就会失去一切，愿每个青少年朋友都能经营和管理好自己的健康。

Chapter9 培养良好的品格

你的财富可以粉饰住处，但只有美德能装扮自己；你的服饰可以点缀外在，但只有行为能够代表你。品格的好坏决定人一生的成就，而青少年时期对养成一个人的品性非常重要。因此，我们在读书的时候不仅要努力学习，更要培养我们的品格。

Chapter10 习惯的力量不可小觑

人们常说，好习惯，好人生。如果自己希望出类拔萃，也希望生活方式与众不同，那么，你必须明白一点——你的习惯决定着你的未来。

Chapter11 分散精力是世界上最大的浪费

一个人的精力是有限的，把精力分散在好几件事情上，不是明智的选择，而是不切实际的考虑，因为在通常状况下，这样几件事情都不会做得很好。而如果每次专心地只做好一件事，精力便能够集中，也必定有所收益。

Chapter12 珍惜同学友谊，正确看待爱情

人的一生中，有许多美好的事物，每一个年龄段都有其生活的重点，中学生时期应该是以学业为重，而不是去“谈情说爱”。等到自己有足够的能力去承受一份感情的时候，等自己有足够的经济基础去建立家庭时，再来精心经营一段美好的爱情，成立幸福的家庭。

Chapter13 珍惜读书时光，学会时间管理

人生苦短，读书学习的时间更是有限，所以我们应该珍惜宝贵的读书时光，不断充实自己，提高自己，为即将展开的更加绚丽的人生打下坚实的基础。

Chapter14 成为最好的你自己

学习很重要，学习如何学习更重要。不学习的人，不如好学习的人；好学习的人,不如会学习的人。知识的迅速增长和更新，使人不得不在学习上付出更多的努力。经过苦苦探索，人们在“终身教育”问题上达成了共识，现在“终身教育”思想已经成为当代世界的一个重要教育思潮。

Chapter 1

你在为谁读书?

Study
For Your Own

1 你是在为父母读书吗？

你在为谁读书？对每个青少年来说，这确实是一个值得认真思考的问题！一个人抱着不同的目的学习，其选择的道路就会完全不一样。如果一个人在青少年时期不明白读书的目的，不知道读书的方向，他就难以给未来的人生定位。

笔者曾经在报纸上看到这样一篇文章：

某学校的语文老师在课堂上给同学们提出了这样一个问题，“为什么到学校读书？”这样一个原本简单的问题所得到的答案却让老师始料不及。在回答问题的孩子中，“我是给父母读书的”、“我是给奶奶读书的”——类似的答案占了相当大的比重。这位老师告诉记者，这样的状况让她感到惊讶的同时也非常痛心。“为父母读书”这一现象，反映出的问题不禁让人思考，究竟是孩子们出了问题，还是现在的家庭教育出了问题？

古人过去读书，不为别人求学问，而是立足自己的兴趣点，力争做好一个文明的传承者。而现在许多孩子读书是为了父母的面子、社会的压力，而不是为自己；是为了前途有必要让自己读书，而不是因为自己对某一项学问有了兴趣，想深入研究追求而读书，更别说是为了祖国的强盛而读书。当然，秉着兴趣去读书的人也有，拥有崇高理想的学生也有，但这样的人已经非常难得了。

由于市场竞争的日益激烈，随之而来的便是人的生存面临着极大的挑战。作为父母，面对社会竞争，便时时处处“从现实出发”，考虑到自己的孩子将来在社会上要能立足、有前途，能赚更多的钱，于是对孩子的教育有了更多的规定性：工商、医药、法律等专业是很吃香的，物理、化学、数学等理论科学，最好是不要去选择，而较为纯粹一点的文学经典就更无人问津了。

所以，许多孩子从小就没有自己选择的机会，一切都听从父母的安排。从幼儿园、小学、中学到大学，这一路是父母事先就策划好了的，做子女的只能不断地去实现父母们的宏愿，一味地为了父母而读书。

还有的父母由于觉得自己所从事的职业相对稳定，于是也要求自己的孩子将来也像自己一样做同样的工作。比如当医生的就希望孩子读医学专业；而做教师的就希望孩子们去读师范院校。父母的这种想法通常是很不恰当的。每一个人都有他自己的天分与爱好，为什么在他还是小孩时就认定他就要走哪一条人生道路呢？

所以，今日的中学生们应该清楚明白自己不是为了父母而读书，不能只随着父母为自己规划好的路线图盲目地走向自己丝毫不感兴趣的领域。而应该知道自己到底要成为一个什么样的人，自己要往哪个方向去学习、去钻研。

父母为了我们读书付出了很大的金钱和精力，每一个父母都希望自己的子女成才，但是，我们要取得人生的成就，就要追随自己的心灵，如果我们只是被动地按照父母的意愿学习，就无法拿出我们最大的激情，更难以取得长期的成功。因为，决定我们人生未来命运的，不是我们的父母，而是我们自己。我们要认识到，我们不是在为父母读书，我们读书的目的，是成就自己的人生，只有这样，我们才真正对得起父母的养育之恩，才是对父母最好的报答。

2 你是在为老师读书吗？

家长让一个孩子成才都感到很累，一个教师让几十个孩子成才谈何容易？我们每一个老师，为了学生的成长，可以说是呕心沥血。因此，在一部分学生的心中，认为读书就是为了老师。在一次关于读书观的调查中发现，持有这样的想法的学生还不在少数。

表面上看，老师为了教育我们，付出了辛勤的汗水，我们为了报答老师，应该读好书。但是，我们有没有想过，老师对我们的期待是什么？每一个老师都希望学生能够读好书，成为栋梁之材。但是，任何一个老师都不会告诉学生，读书是为了老师，因为老师的愿望是希望学生能够明白：读好书，是为了自己的前途，自己的未来。当然，学生成才之后，感谢师恩，则是另一回事了。

不过，有一种现象是值得大家注意的，现在有一部分的学校或老师片面地追求学生的成绩和升学率，这就使得绝大部分学生为了考试而学习，为了获得高分而努力。而事实上，读书的目的，不仅仅是为了获取高分，或为了让自己、老师和父母高兴。分数仅仅是检测自己学习成果的一种手段。单纯为分数而学习是非常可悲的，也是没有必要的，因为这容易使人投机取巧，养成不良的学习习惯，导致一考完试就毫无所获。所以，为偶尔一次得低分而哭泣是愚蠢的，为偶尔的高分暗自庆幸也是荒唐的。关键是要冷静地分析自己考“低分”的原因，给自己查缺补漏，不断在失误中提升学习能力。

现实中偶然的高分（比如中考、高考）虽然可以使一个人进入一所名校，但绝对不一定能保证其一生都能够获得幸福和成功。考试只是衡量一个人掌握知识的一种手段。而真正的读书成果绝不是通过学校里的考试就能检验出来的，一个学生是否能成才、能成为什么样的人才也不是通过分数就能判断出来的。

因此，一个真正懂得为自己读书的学生，应该在提高自己学习成绩的同时也增强自己的素质，这才是对自己的未来负责任，才是为自己读书的体现。这样的学习，不仅能够赢得父母、老师、学校的赞扬，更为自己未来的成功打下了良好的基础。

读书能够使自己获得人生的各种机会。在读书阶段，重要的是掌握好那些基础的知识、基本的方法和基本的技巧以及运用各种知识的能力。所以，中学生朋友们必须要及早明白读书的真谛。

3 你是在为国家读书吗？

在小学的时候，我们就学过一篇课文《为中华之崛起而读书》，讲的是我们敬爱的周恩来总理少年时的一则感人故事。

1910年夏，12岁的周恩来跟随伯父到东北奉天，先在铁岭银岗书院读了半年书，后来转入奉天关东模范学堂读书。在一次课堂上，老师问同学们：“你为什么读书呀？”其中有的同学回答说为了光宗耀祖而读书，有的同学则说是为了明礼而读书，还有一个学生竟然说为了帮助自己的父亲记账而读书，惹得整个课堂上一阵哄堂大笑。当老师问到周恩来时，他站起来响亮而严肃地回答道：“为中华之崛起而读书！”周恩来的回答令老师大为吃惊，连忙称赞他有志气、有理想、有抱负。这充分表达了少年周恩来要为祖国独立富强而发愤学习的宏伟志向。

中学的时候我们学过一篇课文《岳阳楼记》，著名的文学家兼军事家范仲淹的一句“先天下之忧而忧，后天下之乐而乐。”不知感动和激励了多少仁人志士。

宋朝有个叫张载的年轻人，他年轻气盛、身体素质好、思想开阔。二十岁时他投奔范仲淹，想随范大人一起行军打仗。范仲淹见了他后劝他回去读书，同时告诉他报效国家的机会有很多，现在还年轻，是积累知识的大好时机，先把书读好，慢慢来。并随赠一本《大学》给他，告诉他其中自有他的千秋伟业，自有供他驰骋的天地。于是张载回去再读《大学》，从此放下一切杂念，专心求学，终成一代大儒。

关于为谁读书的问题，张载也有一句经典的名言：“为天地立心，为生民立命，为往圣继绝学，为万世开太平。”这句话最能表现儒者的襟怀，也最能开显儒者的器识与宏愿，因而也可说是人类教育最高的向往。这句话意义深远，可以说，中国文化的精髓也在于此；以致成为了宋代以来读书人的共同目的。

类似的实例还有许多：楚国大夫屈原的强烈爱国之心，西汉史学家司马迁忍辱负重著书立说，高唱“人生自古谁无死，留取丹心照汗青”的南宋将领文天祥等等，皆显示出一代爱国志士的坦荡胸怀。这些都是为国家、为民族大义而努力奋斗的好榜样。

我们今天的青少年是明天的主人，中华民族五千年的文明，要靠我们去传承去奋斗。不学好知识，练好本领，怎能担当起如此大任？因此，为国家读书是国家、民族对我们的期望。为祖国的美好明天努力学好科学文化知识，掌握好各种谋生技能，多多为国家作贡献是我们的基本任务。

延伸阅读：

张载（1020～1077），北宋哲学家。他在认识论上主张“德性所知，不萌于见闻”；在人性学说上提出“天地之性”和“气质之性”对立的命题；在教育思想上强调“学以变化气质”。著作有《正蒙》、《经学理窟》、《易说》等，编入《张子全书》。

范仲淹（989～1052），北宋伟大的思想家、政治家、军事家和文学家。终生倡导“先天下之忧而忧，后天下之乐而乐”的博大精神，致力于推行他的“政为民设，以民利为利”的政治主张。在政治、军事、诗文、哲学诸方面均卓有成就，有《文集》二十卷，《奏议》三卷传世。他的伟大精神已成为中华民族乃至世界人民的宝贵精神财富。

《大学》，原是《礼记》中的一篇。在朱熹撰《四书章句集注》里，《大学》与《论语》、《孟子》、《中庸》一起被列为“四书”之一。《大学》为“初学入德之门也”，提出了明明德、亲民、止于至善三条纲领，又提出了格物、致知、诚意、正心、修身、齐家、治国、平天下八个条目。

但是，只是高喊“为国家而读书”的口号而没有具体的实际行动也是无用的。对许多青少年来说，只有认识了他们自己之后，才能真正体会到身为一个炎黄子孙的自豪感与责任感，才能激发他们自身的内在动力，真正成长为国家的栋梁之材。

因此，“为你自己读书”和“为国家而读书”并不是两个对立的观念，我们要认识到：

要实现报效国家的愿望，首先就是要学好知识，读好书。只有我们树立了自己的理想，有了为理想奋斗的动力，我们才能读好书，成为人才，才能够报效祖国。只有我们读好书了，才能有机会为他人服务，为国家服务。

4 为你自己的前途读书

我们每一个人都要认真地问问自己：我到底在为谁读书？

既然我们已经否定了完全为父母或老师读书的不当想法，那么，我们在为谁读书呢？

要真正明白读书的真谛不是那么容易，尤其对于还没有真正长大的中学生们。但只要多多接触古今读书人的榜样和故事，就能从中领悟到读书的真正魅力，从而热爱读书，以读书为乐，通过读书实现自己的人生价值和社会价值。因为只有你自己拥有了知识和技能这对强大的武器，才能在以后的人生征程上勇往直前、所向披靡、战无不胜。

《清史稿·儒林》中记载着这样一个故事：

有个叫李颙的年轻人，不幸少年丧父，家中非常贫困，甚至可以说是一贫如洗。家庭生活仅依靠母亲替人帮工的微薄收入来维持生存。母亲把他含辛茹苦地抚养

> **延伸阅读：**
>
> 《清史稿·儒林传》，共四卷，主要记录了学者的生平事迹。前三卷入传学者共284人，第四卷入袭封衍圣公的孔子后裔11人。《清史稿·儒林传》一直是后辈学人研究清代学术史的极富价值的参考文献。
>
> 李颙（1627～1705），明清之际哲学家。家贫，借书苦学，遍读经史诸子以及释道之书。曾讲学江南，门徒甚众，后主讲关中书院。与孙奇逢、黄宗羲并称三大儒。力主自由讲学，与清廷的钳制思想政策对立。著作有《四书反身录》、《二曲集》等。

成人，根本无钱让他上正规的学堂去读书。但是李颙意识到知识的重要性，不为贫困所吓倒，常以忠孝礼仪来勉励自己，依靠自己发奋自学，终于成为清初著名的“三大儒学家”之一，也成就了一个出身贫贱而成大业的光辉榜样。

意大利文艺复兴时期的著名大师达·芬奇曾经善意地提醒年轻人：“趁年轻力壮去探求知识吧，你将弥补由于年老而带来的亏损。读书带来的智慧乃是老年的精神养料。年轻时应该努力，这样老时才不至于空虚。”

延伸阅读：

达·芬奇（1452～1519），意大利文艺复兴时期最负盛名的美术家、雕塑家、建筑家、工程师、科学家、科学巨匠、文艺理论家、大哲学家、诗人、音乐家和发明家。他生于佛罗伦萨郊区的芬奇镇，是一位天才。他一面热心于艺术创作和理论研究，研究如何用线条与立体造型去表现形体的各种问题；另一方面他也研究自然科学。他的代表作有《最后的晚餐》、《蒙娜丽莎的微笑》、《岩间圣母》等。

戴震（1723～1777），清代著名思想家、学者，乾隆间特召为纂修官参与编撰《四库全书》。他博闻强记，在天文、数学、历史、地理等领域均有深入研究。所著有《原善》、《原象》、《孟子字义疏证》、《声韵考》、《声类表》、《方言疏证》等，被收编为《戴氏遗书》。

在科学技术如此发达的现代社会，如果一个人没有一点科学文化知识，没有一技之长，就会寸步难行，被时代的浪潮淹没，更谈不上拥有幸福快乐的生活。我们不能做现代文盲，今天的学习将给我们带来明日的光明和欢笑。读书是为了获得科学知识，而科学知识是将来的谋生之本。没有少年时代的刻苦读书，就没有美好、幸福的明天。

所以，一个人不管将来想成为什么样的人，不管将来选择什么的道路——去独立经营企业，或到机关当公务员，到部队，或去公司等等，都必须从小好好好地读书，努力地学习文化，用科学知识把自己武装起来。从这个意义上说，你是在为自己读书。

清朝学者戴震在《孟子字义疏证》一书中写道：“人之初生，不食则死；人之幼稚，不学则愚。食以养其生，充之使长；学以养其良，充之至于圣人圣贤。”有知识的人，一生多幸福、多快乐；无知无识之人，一生多不幸、多痛苦。没有文化，在少年时可能没有什么体会，可是到了青年、中年，那种哀痛与悔恨是无法用语言来形容的。当你还是一个孩子时，总感觉读书学习的生活是如此漫长；当你成为一个青年走上工作岗位时，才会发现当时努力学习是多么重要；当你进入壮年时，你常常会为了知识的贫乏而懊悔当年学习时期的贪恋玩乐等；进入老年时，你悲伤地发现人生是多么短暂啊！所以，珍惜少年时代的读书机会非常重要。

少年时期，好比四季中的春季，那是春花烂漫的美好季节，是万物复苏、生长的季节。但是我们不能只顾留恋春季的美丽时光，而要在春季的时节考虑秋收的事情。我们不妨来学习一下农民伯伯那种辛勤劳作的精神。他们按季节时令来计划一年的春播耕种、精心呵护庄稼，到了秋天收获甜美的果实。试想，如果没有春天的播种计划，哪有秋天的收获？趁早进行人生规划，趁早去努力读书，年轻时候的努力，永远也不会白费。在美好的青春年华，如果能确定好人生的目标，并积极去努力，人生肯定会前程似锦。

生活总是在默默地过去，并不会诉说什么，但是时间却会诠释人生的真谛。只有珍惜现在的人，才不会为时间的流逝而遗憾。若虚度现在的人生，那么明天的生活肯定难熬。假如学习中能多点属于青春的快乐，定能冲淡许多人所谓的那种“枯燥、单调、愁闷”的读书苦味。

延伸阅读：

高尔基（1868～1936），苏联伟大的文学家、活动家，社会主义现实主义文学的奠基人。他的作品曾深深影响了我国的革命文学创作，其代表作有长篇小说《母亲》、自传体小说三部曲（《童年》、《在人间》、《我的大学》）、著名散文诗《海燕之歌》和散文集《不合时宜的思想》等。

高尔基曾经饱含深情地说过：“孩子们无忧无虑的笑声，犹如一股淙淙流动的泉水，把那陶醉于生活魅力的动人的欢笑，送上了生活的祭坛。”青春是人生幸福美好的象征，又是纯真与快乐学习的代表。

知识之光给人带来光明，是一个人获得幸福的可靠保证。贫困多是没有文化的结果，不幸多是无知的代价，失败多是浅陋思想的误导。不读书，容易导致愚昧无知，那就犹如黑夜行路，漆黑一片，人生何以前进？

没有勤奋读书做自己人生的坚强后盾，任何成就都谈不上。勤学苦读是一个人获得成功的一大法则。刻苦读书，也是改善人生地位最好的武器。肯读书的人，将来必成大器。因为知识之光能够引导一个人走向成功之路。爱读书、爱学习不仅使一个人幸福，而且能使这个人特别有出息。读书学习不仅能帮助一个人开拓前程，而且能帮助一个人成就事业。读书学习能使人聪明、智慧，并且能使人谦虚、自信，有耐心和机智，而这些都是未来成功必须要有的要素。日积月累的读书生活，是明天事业成功的关键。没有今天的勤奋读书作为人生的保证，何来将来的辉煌业绩？今天的努力，就是明天的希望。

你想获得人生的成功吗？那么从“今天”努力读书开始。你想出人头地吗？

那么从“今天”努力读书开始。你想做不被人鄙视并且获得人们尊敬的人吗？那么从“今天”努力读书开始。你想让生命绽放灿烂的光芒吗？那么从“今天”努力读书开始。

没有今天的优秀学业，何来明天的成功事业？没有今天的辛勤耕耘，何来明天的丰收硕果？没有今天的品德修行，何来明天的崇高声誉？没有今天的执著追求，何来明天的掌声鲜花？

养成读书习惯是人生的关键

——英国著名政治家、外交家查斯特菲尔德勋爵给儿子的信

亲爱的儿子：

读书对一个人来说非常重要。在人的一生中，要尽量多看书，活到老，学到老。在看书的同时，还要仔细品味人生。人的一生就好比是一本书，如果你仔细体味，你会受益匪浅。而且，你在人生之路上所得到的体验，远远超过你所看过的一切书。

现在我希望你进行精心阅读的，就是“人生”这本书。即使现在你将迄今为止所出版的所有的书都读个遍，你也不一定能够获得与你在人生之路上所获得的同样多的知识。所以，很多人都非常重视他在人生之路上所获得的知识，因此，一旦他们被邀请去参加一场有很多优秀人士参加的聚会的话，他们会义无反顾的前往，甚至是牺牲自己读书学习的时间。因为他们知道，他们在这场聚会所学到的知识不会少于他们在书本上所学到的知识。可以毫不夸张地说，你从这些优秀人才身上所学到的知识将会是你在书本上所获得的知识的数倍。生活在喧嚣中的我们，平时总是忙忙碌碌的，没有太多的休闲时间。所以，也有一些人将书本开始丢在一边。其实，我认为，这是一种很不好的做法。凡是那些非常有学问的人，不仅仅是在待人接物中学习知识，他们也注意看书，在书本中提升自己。那些有学问的人，总是想方设法挤出一些时间看书，他们认为，在喧闹和繁忙当中，抽出一些时间看书，是一种让人感到非常愉快、安逸和喜悦的消遣。当然，我们在日常生活中能挤出的用于看书的时间是很少的，在这种情况下，究竟我们应该怎样来充分利用这些时间去充实自己呢？有关这一点，我想进行深入的论述。

首先，需要注意的一点就是不要将自己的时间花费在一些意义不大的书上。这里，我之所以提醒你不要读这样的书，主要是因为我知道这些书都是一些没有

多少知识的懒散作家写出来的。他们写这样的书，主要也是为了满足一些既懒惰、又无知的人的需要。这样的读者很多，因此，在这样的需求下，这样的书也出现了不少。如果你到大一点的书店去逛逛，你就会发现像我这里所讲到的这些书非常多。这些书当然读的话，对你来说也没有什么损失。只有一点，它会浪费你本来就已经非常宝贵的时间。因此，对于这些无害但也没有多少益处的书，你还是尽量不要读的好。

其次，你在读书的过程中，必须将自己的目的予以浓缩，从而使得自己的目标非常明确。你的主要精力都应该用在实现自己的目标上面。在你还没有达到自己的目标之前，你千万不要去碰其他一些不相干的书籍。根据我对你的了解，我认为，你可以挑选基本与你未来的事业发展非常有关系的几本书来阅读。我在这里建议你在现代史中挑选几本特别重要，同时你又非常感兴趣的几本书。你可以列出一个书单，然后根据这个单子进行阅读。你可以根据自己的目的去网罗一些与你的目的、中心事件有关的书。你的目的就是掌握中心知识，而对与中心事件无关的其他有关的书籍，你可以不加涉及。你可以依照顺序阅读一些自己信赖的历史书籍、文学书籍、回忆录、文献等等。在阅读的过程中，你可以对这些书籍进行分析，比较，从而帮助自己弄清一些问题究竟是怎么回事。

虽然我并不主张你将这些都看作是一种学问来加以研究，但是起码你需要注意的就是，你在阅读这些历史书籍的过程中一定要非常专心。对于时间的利用，你可以研究一下究竟有没有比较好的方法。我的一个体会就是，与其同时研究好几个问题，不如就针对其中的一个问题加以研究。这样，一个问题解决以后，你再转入解决下一个问题。通过这种方法解决问题，我想你会发现自己解决问题的效率还是很高的。

当你在阅读与一个主题相关的很多书的过程中，你也许会遇到一些书与其他书论述矛盾的现象。如果你一旦遇到这样的情况，你可以采取的一个办法就是迅速再去找一些相关书籍来阅读。你可以将这么多的书放在一起进行研究，在研究的过程中区分哪些是自己应该掌握、应该吸收的。出现了相互矛盾的现象，或者说出现了一些出入并不是什么坏事，这种情况的出现反倒可以让你对这些知识加深印象。你既可以看这一主题的书，你还可以看与此有关的一些背景书籍。因为，如果你仅仅是看有关主题的书，你会发现这些书你怎么看也弄不明白到底是怎么回事，但是，一旦你看了一些相关背景材料以后，你会发现自己对这一问题的了解更全面了，也更容易弄清事情的真正面目。尤其是当前一些政治家或者学术界的争论，这些对你理解问题会非常有帮助。你可以看这些背景知识，同时，你还可以询问别人的意见。这样，通过集中的阅读和攻破，你在头脑之中就会对这一问题建立起整体的印象。这方面的思绪就会非常容易地进入你的脑海之中。通过这样的方式，你获得的知识将是一种全方位的知识。由于它们是一个整体，因此，你在记住这样的知识以后，还不容易遗忘。

现在你需要读很多的书籍。这一点是毋庸置疑的。你在走出校门，走向社会以后，你仍然需要阅读很多的书籍。在人生的整个历程中，我们需要读书。而有关你踏入社会以后看书的方法，我在这里想再赘述一遍。它们包括以下几点：

（1）在你踏入社会以后，你需要看书，需要学习。只不过这种学习过程的阅读仅仅是起着一定的作用。你没有必要将所有的精力都用在看书上。你需要看书，同时，你还需要积极地去和各种各样的人交往。在交往的过程中，你通过与他人的交谈来收集各个方面的信息和知识。这是一种除了书本以外对一个人增添知识非常有帮助的一种方法。你千万不要忽视在交往中学习的重要性。

（2）对那些虽然无害但是也没有什么益处的书，你要注意不要浪费时间在这些无聊的书上。

（3）要善于确定自己的阅读目标，选择一个主题，广泛阅读，阅读相关背景知识，真正弄清楚事情的来龙去脉。

读书的效果不仅仅是依靠读书的时间。如果你在平时的阅读过程中，牢记我以上提到的那些方面，你就会发现自己每天即使是仅仅读了半个小时的书，你也会有很大的收获。

祝你学习进步！

爱你的父亲

Chapter 2

读书改变命运，知识成就人生

Study
For Your Own

1 读书是真正的幸福之本

在青少年时代，我们一定要扪心自问："将来以什么作为自己的安身之本和立命之本呢？"——以自己年轻清秀的容貌吗？人总有老去的一天呀！以自己优越的家庭条件吗？可是"富不过三代"呢！只有做一个社会不可或缺、自己有本领的人才能够快乐幸福一生，一个没有知识和技能的人，只有痛苦和悔恨的泪水陪伴终生。

要知道，只有你自己独特的个人资源，刻苦努力读书所获得的回报，才是你滚滚不尽的个人财富，谁都无法代替，这才是自己真正的幸福之本！明白了人生道理，重要的就是去努力读书。在认真读书学习中，去发现人生的乐趣，挖掘生命的潜力。

可以说，在青少年时代，世上或许没有别的东西，能够像读书那样有巨大的力量。有智者说："读书能够使穷人摆脱贫困，能够使不幸者脱离悲惨的处境，能够使肩负重担者忘掉负担，能够使病人忘掉痛苦，能够使伤心者不再忧伤，能够使受压迫者忘掉屈辱。"从这个意义上来说，读书还不仅仅是通向事业的坦途，更能让人获得心灵的幸福与安宁。

读书是一件幸福的事，它往往决定着一个人未来的命运以及生活道路。对每一个人来说，努力既是为了今天也是为了将来，而读书学习则是为了明天。知识本身没有什么力量，唯有化为自己的行动，才能产生巨大的力量。要想一生拥有幸福和快乐，那么现在就得不断地去刻苦学习，别让无知无能的烦恼和痛苦在以后不断地光临。

一个人在应该学习的时候，不刻苦学习，而天天玩乐或者混日子，那么将来肯定是要后悔的。依靠父母是一时的，没有父母的保护，自己又没有任何知识和谋生的本领，那么这一生肯定是非常悲惨的。没有今天的刻苦努力，哪里有明天美好的生活？

让我们来看一个故事：

张涛和苏雷初中时是一个班的同学，张涛来自农村，家里非常穷，因此，读书非常刻苦，成绩常常是年级前几名。

苏雷就不一样了，他的父母是生意人，家里非常有钱，因此，苏雷就常常有一种优越感，觉得自己家里条件好，努力读书和不努力读书一个样，迟早自己会成为家里事业的继承人。于是常常玩游戏，上网，初中毕业就不再上学了。

而张涛则不一样，他勤奋学习，最终考上了首都的一所重点大学。大学毕业后，他成为一家软件公司的工程师，参加工作的第二年，他就自主创业成立了自己的软件公司，成为了一名年轻的企业家。

而辍学后的苏雷整日在社会上游荡，有一次因为打架，把别人打伤，最后被判处有期徒刑 8 年，成为了一名监狱中的犯罪少年，对自己当初的行为后悔不已。

可见，在青少年时代，如果不好好读书，很容易走上不正之道，最终会毁掉自己一生的幸福。

因此，我们一定要记住一句话：读书不会让人越读越傻，而是越读越聪明。读书不是使人越读越贫困，而是越读越富裕。不读书，就没有机会获得知识。没有知识，就会产生愚昧，甚至走向衰弱，就不能更好地生存，更谈不上去欣赏生活。学识浅薄的人求生存是极其困难的，因为没有知识，就会进入人生的死胡同。不知自己的无知，更是可悲的。缺乏知识的灵魂，只能算是僵死的灵魂。

2 读书能改变你的命运

读书能够影响人的一生，甚至彻底改变一个人的命运。读书能够激发和鞭策我们不断奋进，从而获得幸福的生活。读书能够照亮和指明我们前进的方向，使我们从此走上一条事业成功的道路。读书是最好的、最简单的一种改变人生命运的方法，没有其他东西比读书更有魅力、更有力量了。

著名的电影导演张艺谋曾经在农村插过队、当过国棉厂工人，1978 年进入北京电影学院摄影系。1982 年毕业，他和陈凯歌、田壮壮等一起成为了“中国第五代电影人”。从1984年担任《一个和八个》、《黄土地》的摄影，到1987年出任导演，张艺谋推出的《红高粱》、《大红灯笼高高挂》、《秋菊打官司》等影片让中国电影走向了世界。这位被美国《娱乐周刊》评选为当代世界20位大导演之一的中国人，一直都是中国电影的一面旗帜。

张艺谋是天才吗？这个二十多岁才开始摸相机的人，是如何成为电影导演的？让我们来看看他自己是怎么说的：

我21岁时，因为有一些文体特长才被破例从农村招进陕西国棉八厂，因为我的出身不好，能进厂已经很不容易了。我在厂里当辅助工，主要从事清扫、搬运一类的工作，还要经常“掏地洞”，清理堆积的棉花杂质，出来后，三层口罩里面的脸仍是黑的，工作很脏很累，却没什么技术。

延伸阅读：

《图兰朵》，这里指中国版歌剧《图兰朵》，是由意大利作曲家普契尼根据同名童话剧改编、作曲的歌剧讲述的是发生在中国古代北京的一个荒诞的爱情故事。1999年由张艺谋执导，在中国著名的古代皇家建筑太庙上演，在中国及外国观众中均引起巨大的轰动效应。

业余的时候我喜欢看书，逮着什么看什么，喜欢中国古典小说，那时候能找到的书也少，《三国演义》、《水浒传》、《西游记》、《说唐演义全传》都一遍遍地看，到现在对里面的人物也特别熟悉，它们对我的影响是潜移默化的，在我导演歌剧《图兰朵》时，想到古典艺术、民族特色，心里涌起的很多，都是这些小说给我的感觉。

我学摄影是在1974年，因为工作之外的无聊，又不愿虚度青春，就想学点什么，后来觉得摄影不错，就买了照相机，又看了不少摄影方面的书，吴印咸的、薛子江的、人像摄影、灯光摄影等等，凡是有关摄影的，都找来看，一些借来的书因为要还，就整本整本地抄，记得当时一本两寸来厚的《暗室技巧》，我抄掉了大半本。

那时候对知识的理解没有现在这么明确，不愿混日子，觉得学摄影是个事儿，一个人在浑浑噩噩的氛围中把这当成了一种寄托。那时候最大的想法，就是能到厂工会或宣传科当个“以工代干”的宣传干事。

因为努力，又有兴趣，我的照相技术在厂里开始小有名气，厂里有人结婚，常常会找个休息日把我叫到公园的花前柳下，留个剪影一类的“艺术照”，之后放大镶框摆在新房里，当时在我们厂，谁结婚能挂这么一张照片，就是很有品位了。加上我会打球，又能画毛主席像，便有幸成为当时我们厂里的“四大才子”之一。

如果不恢复高考，我可能真的会成为厂里写写画画的宣传干事，那时候年轻人想出路和现在不一样，除了入党、提干走政治这条路外，几乎没有别的选择，我因为家庭出身的原因，上面这条路想都没有想过，我是车间里唯一没有写入团入党申请书的，那时棉纺厂停电时就组织党团员和积极分子学习，每到此时，几百人的车间里退场的只有我一个。

1977年高考在我还没来得及想时就溜过去了，等一揭榜，厂里一下子也考走了好几个，我不可能不受到触动，1978年再不考我就超龄了，直觉告诉我必须抓住这次改变命运的机会。我当时只有初中二年级的水平，学的那点东西又在“文化大革命”中早忘光了，复习得再辛苦也没把握，于是往偏处想：报体育学院？自己个子矮，喜欢运动却又都是野路子，不行；美术学院？绘画基础不足。正在琢磨时，别人向我推荐了北京电影学院摄影系。说：“课都与摄影有关，你的片子拍得好，一定行。”就这样，经过一番努力我如愿以偿拿到了北京电影学院的录取通知书，那一刻，我知道自己的命运将随着新的知识、新的朋友和新的体制环境而改变。

在电影学院，我跟其他同学最不同的有两点，一是年龄大，我差不多是我们这一级里最大的，系里别的同学一般都比我小十来岁；二是因为我的入学不是特别正规，因而总有一种沉沉的“编外感”。这两点不同，使我感到压力。

按照当时的行业氛围，我们从摄影系毕业后分到电影厂，还要做若干年的摄影助理，然后才能做掌机摄影师。我想想自己毕业就32岁，再干几年助理，三十七八快四十了才能独立摄影，就觉得不行，于是给自己设计了两条路，一是走出电影圈做摄影记者，尽快独立工作；二是转行干导演。

我是一个比较务实的人，很少幻想什么，当时我已经着手联系陕西画报社；同时，我从大三开始便自己偷偷看一些导演方面的书。导演班的人年龄和我差不多，陈凯歌、田壮壮……甚至可能有人比我还大，这也是我想转入导演的重要原因，大家同时起步，感觉可能会好一些。

记得当时我是请导演系的才子林大庆帮着开的书目，一共20多本，之后是很长一段时间的苦读，这期间还试着写了个剧本，请导演系的白虹评点……正是有这一段时间的积累，才使我以后能很自然地由摄像向导演过渡，而无论是考电影学院还是转导演，开始的动机都是为了寻找出路，谈不上对电影或导演的“热爱”，而一旦选择了，我就想把它干好。

而且，一个人更重要的是要有不断学习的精神。每次我去看父亲，他跟我说得最多的一句话就是“你要学习”。父亲生前常对我不满意，他在家看我的一些访谈，总觉得我文采不够，口才不好，总说“你看人家陈凯歌……”

在“不断学习”这一点上我与父亲非常认同，我总觉得我们电影人其实生活的圈子非常窄小，并不开放，而我们从事的工作又特别需要不断地补充给养、积累知识，因而我们必须做生活中的有心人，善于从点滴生活中感悟和表达。对我们电影人来说，这样的学习可能比纯粹的书本上的学习更重要。你必须在与各种人、各种事的接触中，敏锐地感受，清晰地体悟，准确地表达，而做到这一点，必须有不断学习的精神、坚定的毅力和勤奋的态度，否则便会走进死胡同，拍不出什么好的影片。

1978年考上电影学院，是我一生最大的命运改变。现在，我常常会在好的影片前落泪，特别是一些纪实类电影。生活中很多东西让我们感动，我希望在自己剩下的生命里，能尽可能多地记录下这些感动我们的人和事，拍更好的影片。

正如张艺谋自己所言：“考上电影学院，是我一生最大的命运改变。”如果没有考上电影学院，那么，张艺谋也许还是工厂里的一个工人。可以说，正是读书改变了他的命运。

张艺谋的故事告诉我们：知识能够改变命运。读书能够改变自己的命运。美好的青春年华正是学习知识和技能的大好时光。

联合国教科文组织曾经提出：“谁掌握了知识和技能，谁就拥有了走向人生的通行证。”人们通过教育得到一定的知识，从而改变其认知、做事、生活以及生存和处世的能力。

知识是一个人综合素质的基础，没有知识，也就无所谓高素质。假如你想彻底改变自己的命运，那么最好先去掌握存在的知识。青少年时期一定要认识到，读书能够彻底改变一个人的命运。

延伸阅读：

联合国教科文组织，全称为联合国教育、科学及文化组织，1946年12月成为联合国专门机构。截止2002年，有成员188个国家和地区。其宗旨是：通过教育、科学及文化来促进各国之间的合作，以增进对正义、法治及联合国宪章所确认的世界人民不分种族、性别、语言、宗教均享有人权与自由的普遍尊重，对世界和平与安全作出贡献。

3 金钱买得到书籍，却买不到知识

有些做父母的常常这样想：自己在年少时吃尽了生活的苦，受够了生活的穷，现在生活富裕了，让孩子享福也是应该的。其实这样想是很不理智的。不少专家忠告："浪子挥霍的是他的祖业和父业，败子炫耀的是他祖业和父业的辉煌。"

小小年纪，如果光认金钱，不重读书，以后的人生就会波折不断，以后的生存就会困难重重。我们必须从小就明白金钱的真正概念。金钱本身并无罪恶，而且它本身是没有"性别"的，也是没有"颜色"的，是人赋予了它不同的意义。金钱取得的方式不同，会给金钱蒙上不同的色彩。

一个人如果用宝贵的自由甚至生命去换取罪恶的金钱，这是极端愚蠢的。盲目崇拜金钱，不爱努力读书学习，眼睛里除了金钱以外，其他什么都不考虑，如没有文化知识，无视国家法律，不顾友情和亲情等，就容易走上罪恶的道路。金钱只能给人一时的享受，而知识却能让人受用终身，让人的灵魂得以升华。所以，对于青少年朋友们来说，知识的积累远比单纯追求金钱更重要。

有人说人应该先装满自己的脑袋，而后再装满自己的口袋。如果开小店做小买卖的父母一心只想让孩子成为一个小伙计或小店主，那是绝对的短视。挣钱的机会什么时候都有，年轻的时候不读书、不要说挣钱，就连生存也困难。做父母的切不可为自己的生意多一个帮手，而让孩子早早辍学，这样会让自己和孩子后悔一辈子的。

只要我们学到了知识、掌握了本领，何愁日后挣不到钱呢？我们的青少年们，眼光要放长远一些，要安下心来好好努力读书，及早为人生打下扎实的基础。一定要记住：先掌握知识，后考虑其他。

不信我们来看看下面这则金钱与知识的小故事：

一天，知识与金钱不期而遇，金钱顶着大肚子拍了拍瘦如干柴的知识，趾高气扬地叫道："小子，瞧你，累了一辈子却一无所得，全身被刮得干净。瞧我，有了它吃得好，玩得好。"边说边拍着胀鼓了的肚子。

“跟我干吧，保证你洪福齐天。”

知识笑了笑，摇着他那大大的脑袋，闪着他那水汪汪的，充满智慧的大眼睛。“吃得好，玩得好是你的幸福。能有书香，能有报读则是我的幸福。若你换了我，我换了你，就像房柱作了柴禾，柴禾作了房柱似的不合实际。还是各自扮演各自的角色吧。”

“你的这种生活方式也算幸福？吃不饱，穿不暖，饥寒交迫，真难受！”金钱惊叹，仿佛提出抗议，自己才是最幸福的。

“若像你所说，我倒觉得奇怪了，你的脑子里严重缺食，即使肚子填得再饱，也不能救济头脑的贫乏。没有精神食粮，空荡荡的，这就是空虚。不过，这种空虚常被你眼前的欢乐所遮掩，一旦你失去快乐幸福的资本，也就是你的钱没有了，你将长期忍受空虚的折磨，你不觉得痛苦吗？”

“你说我的快乐会减少，钱会没有，何以见得？”

“那我们就比试一下吧。我们现在来做生意，我每天给你1万元，而你第一天给我两分钱，第二天给4分，第三天给16分，这样依次多一倍。这样做一个月如何？”

金钱心想，用1万元换2分钱，还没见过这样的傻子。当即就达成协定。一个月之后，统计下来，知识竟赚了金钱的一倍多。

知识将赚得的钱一分不少地还给了金钱，说道：“我不会用这种方法赚你的钱的，只是让你看到，知识力量的伟大。现在我一贫如洗，不是说我找不到钱，而是不想去做，不想钻进钱眼里。因为钱太多，反而是负担，常为它所累。未来的社会是竞争激烈的社会，竞争什么？就是竞争知识，竞争技能。你的仅有的一点知识能经得住几经考验？你想过没有？知识少，工作难找，没有工作，没有钱的来源，钱再多，也有用完的时候。”

金钱惭愧地低下头。

看了知识和金钱的对白和它们的这场有趣的打赌，你有什么感想呢？

早在四百年前，英国著名的哲学家兼科学家弗朗西

延伸阅读：

弗朗西斯·培根(1561～1626)，英国哲学家和科学家。他推崇科学、发展科学的进步思想和崇尚知识的进步的口号一直推动着社会的进步。这位一生追求真理的思想家，被马克思称为“英国唯物主义和整个现代实验科学的真正始祖”。著作有《学术的进步》和《新工具》等。

斯·培根就说过："知识就是力量。"任何力量都抵不上知识，而要获得全面系统且扎实的知识，最佳的途径便是读书。

4 人生需要智慧，智慧来自读书

培根说过一段精彩的话："读史使人明智，读诗使人聪慧，演算使人精密，哲理使人深刻，伦理学使人有修养，逻辑修辞使人善辩。"从中我们可以看到，每一学科的知识都能相应地提升我们的某种能力，启迪我们的智慧。

智慧能够决定好的命运，它是获得快乐和成功的源泉。人生如果没有智慧，就会活得窝囊和贫困。

古语云："开卷有益。"小时候，我们的头脑如一张白纸，学什么就成什么。少年时期，看一些优秀的课外读物，参加一些有益身心的课外活动和简单的劳动，对全面挖掘我们的潜能是大有裨益的。

课余时间，我们可以看看百科全书、科普读物、名人传记以及其他古今中外的优秀图书，也可以参观一些科普展，如航天展等。

课外学习能够弥补学校教育时空的限制，对于丰富我们的知识，滋养我们的心灵，激发我们的学习动力将是十分有益的。

周恩来上小学时，进步教员高戈看到他是个聪明、勤奋、求上进的学生，便经常找他谈心，介绍各种进步书刊给他看，如陈天华的《警世钟》、《猛回头》等。受这些书刊的影响和启发，周恩来立下了"为中华之崛起而读书"的远大志向。

希腊哲学家苏格拉底说过："真正高明的人，就是能够借助别人的智慧，来使自己不受别人蒙蔽的人。"一

延伸阅读：

陈天华(1875～1905)，著名的爱国志士。幼年家境贫寒仍坚持好学不辍，常向人借阅史籍之类的书籍，尤喜读传奇小说，亦爱民间说唱弹词。先后撰写《猛回头》和《警世钟》两书，以血泪之声，深刻揭露帝国主义列强侵略中国和清廷卖国投降的种种罪行，影响甚大。1905年12月4日，陈天华在东京参加了抗议日本政府《取缔清、韩留学生规则》的斗争，11日写绝命书，决心以死来激励国人"共讲爱国"。12日，在东京大森海湾投海自尽，以死报国，时年三十岁。

延伸阅读：

苏格拉底，古希腊著名的哲学家，一生从不著述，影响却非常巨大，他拥有众多弟子，柏拉图便是其中最有名的一个。晚年被当局以“散布邪说”罪处死。在收监期间，他的朋友买通狱卒，劝他逃生，但他决心服从国家的法律，拒不逃走。

许仲琳（约1567～1620），也叫陈仲琳，明朝小说家。著有《封神演义》。活动于于隆庆、万历年间，生平事迹不详。

个人，获得智慧，感悟人生，决不能只靠个人的经历和实践，而须利用前人已积累的经验。而要学习前人的经验，最好的方法莫过于读书。

古人云：“书中自有黄金屋，书中自有颜如玉。”可见，古人对读书情有独钟。其实，对于任何人而言，读书最大的好处在于：它让求知的人从中获知，让无知的人变得有知。

我们的时代，是信息时代，一切都飞速地发展着。倘若一个人在这信息时代中不读书，不学习，脑子中只保留那仅有的一点小聪明，我想，即使这个人天资聪明，很快也会被人们所抛弃，被社会所淘汰，被时代所遗弃。

明朝的许仲琳说过：“井底之蛙，所见不大，萤火之光，其亮不远。”不读书，不知道当今世界的发展形式，不知道国家的政事，岂不是“萤火之光，其亮不远”？

古人云：“读书学礼。”读书的另一个好处呢，就是为了培养人们品德高尚，知书达礼。培根曾说：“书籍是在时代的波涛中航行的思想之船，它小心翼翼把珍贵的货物送给一代又一代。”古代名人们的优良传统思想，如敬老爱幼、珍惜时间、不耻下问等，都被后人记载在书中，自然，读了它，领悟其中的道理，能应用，就将成为一个道德高尚的人。不管是中国还是外国，都出过不少名人，而这些名人的故事，他们的勤奋、刻苦，读一读，多少也对自己有所影响，让我们能够成为一个高尚的人。

虽说读书的好处数不完，但再好，世上不爱读书的人还有很多。如我身边的某些人，自幼厌学，如今到了工作年龄，却由于书读得很少，四处碰壁，找不到工作，后悔也来不及了。真是“书到用是方恨少，事非经过不知难”。

读书改变命运，知识成就人生

——美国心理学家弗洛姆致儿子的信

我的埃迪，你好：

学习没有止境，知识没有足够。假若一个人认为他已经有了足够的知识，那他就难以在工作和事业中取得突破性进展，难以向更高的地位发展。许多天赋很高的人，终生处在平庸的职位上，导致这一现状的原因是不思进取。而不思进取的突出表现是不读书、不学习，宁可把业余时间消磨在娱乐场所或闲聊中，也不愿意看书。他们对目前所掌握的职业技能感到满意了，认为已有的知识足够用了，意识不到新知识对自身发展的价值；也许，他们下班后很疲倦，没有毅力进行艰苦的自我培训。

如果心甘情愿陷于颓废的境地，尚未做任何努力就承认人生的失败，也许连那个卑微的饭碗都不是十拿九稳的。

一个刚跨入社会的年轻人随着自己地位的逐步升迁，一定有很多学习的机会，假如能抓住这些学习的机会，积累知识，成功就是早晚的事。

一个人无论目前职位多么低微，汲取新的、有价值的知识，将对自己的事业大有裨益。我知道一些公司的小职员，尽管薪水微薄，却愿意利用晚上和周末的时间到补习学校去听课，或者买书自学。他们明白越是努力学习，知识储备越多，发展潜力就越大。

我认识一个年轻人，他出门的时间比在家的时间还要多得多，但无论到什么地方，他总是随身携带着书籍，随时阅读。一般人轻易浪费的零碎时间，他都用来学习。结果，他对于历史、文学和科学，都有相当的见地。他为自己的前途而努力，他的付出自然会有回报。他就是你喜欢的《纽约时报》年轻作家麦柯尔。

从一个年轻人怎样利用零碎时间学习以积累知识就可以预见他的前途。自强不息、随时学习知识追求进步的精神，是一个人卓越超群的标志，更是一个人成功的征兆。

有一句格言说："只因准备不足，导致失败。"这句话可以写在无数可怜失败者的墓志铭上。有些人虽然肯努力、肯牺牲，但由于在知识和经验上准备不足，做事大费周折，始终达不到目的、实现不了成功的梦想，实在是令人惋惜，徒留遗憾。

看看职业中介机构的待业者名录吧，多少身强力壮、受过高等教育的人在这里登记，其中大部分人，因缺乏进一步发展的能力而驻足不前、被人超越、丢了饭碗。这些人本来就没有深厚的根基，工作期间又不注意积累经验，增加才能，当然会被淘汰。

比如这种人：在商店里工作多年，只会按顾客的要求拿东西，对商业知识一窍不通。他只是在挣钱糊口，不思考，不关心商品的特点和顾客的需求，如果他不被淘汰的话，只能当一辈子售货员。那些精明强干、善于思考的年轻人，却能在短时间内发现一个行业的秘密，时机一旦成熟，就能独当一面。

我的一个朋友在一个律师事务所任职三年，尽管没有获得晋升，但他在这三年中，把律师事务所的门道都摸清了，还拿到了一个业余法律进修学院的毕业证书。一切都是为了开办他自己的律师事务所。我还有不少在律师事务所的朋友，按从业时间来说，他们的资格够老的了，但他们仍然担任着平庸的职务，赚着低微的薪金。

两相比较，前者立志坚定、注意观察，勤于思考、善于学习，并能利用业余时间深造，他将获得成功；后者恰恰相反，不管他们是否满足于现状，他们这样庸庸碌碌地混日子，将永无出头之日。

一个前途光明的年轻人随时随地都注意磨炼自己的工作能力，任何事情都想比别人做得更好。对于一切接触到的事物，他都细心地观察、研究，对重要的东西务必弄得一清二楚。他随时随地把握机会来学习，珍惜与自己前途有关的一切学习机会，对他来说，积累知识比积累金钱更要紧。他随时随地注意学习做事的方法和为人处世的技巧，有些极小的事情，也认为有学好的必要，对于任何做事的方法都仔细揣摩、探求其中的诀窍。他所获得的内在财富要比有限的薪水高出无数倍。

儿子，希望你能做个这样的年轻人，在工作中积累的学识是将来成功的基础，是一生中最有价值的财富。

如果你真有上进的志向、真的渴望造就自己、决心充实自己，必须认识到，无论何时、无论什么人都可能增加你的知识和经验。假如你有志于出版业，那么一名普通的印刷工会帮助你了解书籍装帧的知识；假如你热衷于机械发明，那么一名修理工的经验也会对你有所启发。

能通过各种途径汲取知识的人，才能使自己的学识更加广博、深刻，使自己的胸襟更加开阔，也更能应付各种各样的问题。我常听到有些人抱怨薪水太低、运气不好、怀才不遇，却不知道其正处身于一所可以求得知识、积累经验的大校园里。因为他们不知道今后一切可能的成功，都要看他们今日学习的态度和效率。

亲爱的儿子，珍惜现在的时光，在大学的殿堂里，好好学习，多多积累知识，这将是你今后去取得事业成功的基础。

祝你学习进步！

永远挚爱你的父亲

Chapter 3

读书要有远大的理想

Study
For Your Own

1 拥抱理想，读书是一条捷径

林语堂先生说：“人生不能无梦，世界上做大事业的人，都是由梦得来，无梦则无望，无望则无成，生活也就没有兴趣。”这里的“梦”，即是“理想”。拥抱理想，读书是一条捷径。

很多人都知道世界首富比尔·盖茨大学没毕业就中途辍学去创业，但很少有人知道，比尔·盖茨其实也是一个饱读诗书的人，甚至在年仅 9 岁的时候，就已经读完了大部分的百科全书。甚至在天文、地理、历史等众多领域都达到了精通的程度。而从事计算机软件行业数十年，比尔·盖茨所读的各类书籍更是不计其数。

同样，曾经在排行榜上当过两天世界首富，拥有 300 亿美元位居亚洲首富的互联网天才孙正义也是一个学富五车的人，他除了财富还有另一项令世人瞩目的成就，那就是在23岁患肝病期间，利用短短两年时间，在病榻上阅读了4000本书籍，并根据从书中领会到的精髓加上自己的感悟撰写了从事 40 种行业的可行性方案，并从书中总结出一条真正适合自己的创业模式。而由此展开了一场长达数十年的，利用计算机互联网征服世界的伟大创举，同时成为唯一一位能与世界首富比尔·盖茨抗衡的亚洲富豪。

读书是一个人成才的最好途径。让我们再来看看科学家爱因斯坦的故事。

1895 年初，大地回春，万物复苏，可爱因斯坦忧心忡忡，眼前的美景丝毫不能引起他的兴趣。他已经 16 岁了。根据当时的法律，男孩只有在 17 岁以前离

延伸阅读：

林语堂（1895～1976），现代著名作家、学者。30年代陆续创办《论语》、《人间世》、《宇宙风》刊物，倡导小品文的创作，成为“论语派”的领军人物。代表作有《剪拂集》、《生活的艺术》、《吾国与吾民》、《京华烟云》、《风声鹤唳》和《语堂文存》等。

比尔·盖茨（1955～），从20世纪90年代至今为世界首富，美国微软公司主席和首席软件设计师。他13岁时开始计算机编程，1973年进入哈佛大学，三年后辍学创建微软公司。他开发的个人计算机软件 Windows 成为最为广泛应用的系统软件。

孙正义（1957～），互联网天才，软件银行集团公司的创始人、总裁兼董事长。他在不到20年的时间内，创立了一个无人可以与之媲美的网络产业帝国。美国《商业周刊》杂志推崇他为“电子时代大帝”(Cyber Mogul)。

开德国才可以不必回来服兵役。爱因斯坦猛然意识到他必须离开德国。可是，他中学还没毕业。半途退学，将来拿不到文凭怎么办呢？一向忠厚、单纯的爱因斯坦，情急之中竟想出一个自以为不错的点子。他请数学老师给他开了张证明，说他数学成绩优异，早已达到大学水平。他又从一个熟悉的医生那里弄来一张病假证明，说他神经衰弱，需要回家静养。爱因斯坦以为有这两份证明，就可以逃出这厌恶的地方。谁知，他还没提出申请，训导主任却把他叫了去，以败坏班风、不守校纪为由勒令他退学。

爱因斯坦脸红了，但不管出于什么原因，只要能离开这所中学，他都心甘情愿，也顾不得什么了。那一年，他告别生活了14年的慕尼黑，踏上了开往意大利的列车。

1895年春日里的一天，一列火车喷着白气停靠在意大利米兰。斜靠在窗边的一个少年猛然从沉思中惊醒。啊！这就是米兰，这里有自己的家人，有自己向往的自由，青山绿水、白云飘飘，想起自己总算如愿以偿地逃出了德国那个牢笼，他禁不住长长地舒了一口气。

一路上，爱因斯坦透过火车车窗浏览着意大利的风光。只见一群群行人衣衫褴褛，却精神饱满地不知走向何方，他们大多都牵着毛驴，驴背上是他们的全部家当。

“他们这是去哪儿啊？”爱因斯坦好奇地问旁边一位乘客。

“到海外去寻找幸福啊。”那人说。

“真有意思。”爱因斯坦心里暗自思忖，“他们去海外找幸福，而我却到他们这里来。到底什么地方才是真正的幸福所在呢？”

那时的美国正处在大发展的时期，有大片的原野等待人们去开垦，飞速发展的工业也需要大批的工人。欧洲的很多人就是在那个时候到美国去实现自己的梦想的。

幸福的确不是爱因斯坦想象的那么简单，一下火车，迎接他的是父亲那张忧郁的脸。原来他不能在当地上学，那里的德语学校只收13岁以下的学生。而没有中学毕业文凭是不能进大学的。爱因斯坦毕竟还是个孩子，对他来说，这些忧虑还比不上这片新鲜土地给他的惊喜。意大利的确是一个迷人的地方。历史悠久，文化繁荣。古希腊、罗马的庙堂、博物馆、绘画陈列馆、宫殿和风景如画的农舍……

人们愉快好客，举止无拘无束，他们干活或闲逛，他们高兴或吵架，都同样的感情奔放、手舞足蹈。到处都可以听到音乐、歌声和生机勃勃的悦耳的歌声。爱因斯坦终于能游离在学校大门之外，尽情地享受着这里和煦的阳光和绚丽的色彩，精神自由的感觉让爱因斯坦变成了一个活力四射的皮球，充满生命的弹性。

然而这毕竟不是长久之计，父亲的生意每况愈下，他已经拿不出更多的钱供儿子读书。爱因斯坦必须对自己的未来做出规划了，他喜欢数学和物理学，可如何进入大学却是个难题。这时他得到一个消息：瑞士的苏黎世联邦工业大学，不要求学生必须有中学毕业文凭。这年10月，他登上开往苏黎世的列车，去参加联邦工业大学的入学考试。结果除数学和物理十分出色外，其他科目都不理想。他只好接受校方建议，到附近的一座小镇上去补习中学课程。

小镇依山傍水，风景秀丽，这里的中学也与德国不同，他们尊重学生，努力向学生展示知识和科学的魅力，让他们的智力自由地发展，激起他们的求知欲望。

爱因斯坦有生以来第一次喜爱学校了。老师这样亲切，学生可以自由地提问、研究问题。爱因斯坦变了：慕尼黑那个怯生生、不多说话的少年，现在变成了一个笑声爽朗、步伐坚定、情绪激昂的年轻人。在《我未来的计划》一文中，他满怀热情地表达了自己对未来的期望，为自己的未来描绘了一幅美好的蓝图。为了实现自己心中的梦想，爱因斯坦从不愿意学习变成了一个主动学习、渴求知识的人，正是这一变化，使他领略到了在知识海洋里遨游的巨大乐趣，并从此走上一条伟大的科学研究发明的大道，最终成为一代科学巨匠。

今天的时代虽然不同了，但拥抱理想依然至关重要。有理想，有抱负的人，不管你是在学校还是走入社会，不管你的生存环境多么糟糕，不管你的学习条件如何不好，只要你想改变自己，你就一定能实现自己的梦想。

2 让梦想为我们的人生导航

青少年时期是我们人生的关键时期！我们必须谨记一个重要的理念：我们是

自己生命的建筑师，现在设定的梦想和蓝图决定了我们未来的形象！我们未来的前途和命运都掌握在我们自己的手中！

今天买到去哪里的车票，决定了明天你将到达哪里！

人生犹如夜航的船，没有灯塔的指引，将失去航向。

很多人都看过《大长今》这部电视剧，剧中的女主角长今为什么可以不断战胜自我，不断战胜环境？7岁的长今为什么可以进宫？8岁的长今为什么可以手捧水盆熬过通宵的惩罚而获得考试资格？在多栽轩那让人绝望的地方，为什么长今能被破例召回宫中？在崔氏家族的多次迫害之下，为什么长今仍能振作精神？

这要感谢长今的母亲，这位伟大的母亲在离开人世前，送给女儿一个最大的理想，一个超值的礼物，那就是给长今树立了一个伟大的梦想——当最高的尚宫娘娘。

有了这个梦想，当种种磨难来临时，长今只要一想起自己的梦想就全身充满了力量，这个梦想给了长今战胜自我、战胜环境的勇气。

但是，有很多人却因为年轻的时候没有梦想，而给自己的人生留下了遗憾。

有两兄弟出游回来，他们住在一幢大厦的80层，发现大楼停电。爬到20层时，不堪重负的两兄弟把旅行包放下了，决定等电梯有电了再下来取。爬到40层时，两兄弟争吵要不要继续爬。等爬到60层，哥哥一脸茫然，弟弟表情麻木。事已至此，只好继续爬。好不容易爬到80层，两兄弟愣在了房门口：钥匙落在20层的旅行包里。

少年时期虽然青涩，却往往是梦想的诞生地；40岁练达，但经常成为埋葬梦想的坟墓。到了80岁，人之将去，仔细回味，好像还有什么没有完成，发现梦想都留在了20岁的青春岁月里。

美国黑人马丁·路德·金之所以伟大，是因为他梦想黑人与白人一样平等、自由；孙中山之所以伟大，是因为他毕生都在实践推翻禁锢中国人民几千年的封建帝

延伸阅读：

马丁·路德·金（1929～1968），美国著名的民权运动领袖，1964年获诺贝尔和平奖，有“金牧师”之称。1955年12月1日，他组织了蒙哥马利罢车运动，1963年，组织了争取黑人工作机会和自由权的华盛顿游行。1968年4月4日，他在旅馆的阳台被刺客枪杀。

孙中山（1866～1925），近代伟大的革命先行者。1905年，任中国同盟会总理，确定“驱除鞑虏，恢复中华，建立民国，平均地权”的资产阶级革命“三民主义”纲领，1911年的“辛亥革命”推翻了清王朝，他被推选为中华民国临时大总统。其遗著被编为《中山全书》、《总理全集》等。

制的梦想；邓小平之所以伟大，是因为他亲手设计的强国梦真的让十几亿中国人强大起来。

人，因梦想而伟大！无论我们从事任何一种行业，最主要的是要心存梦想，保持积极的心态，我们就可以步入成功。

有梦想才会成功，天上永远不会掉馅饼，只有自己奋斗，才能得到又大又香的馅饼。

有人认为成功是一种幸运，他们整天无所事事，等着成功的大馅饼砸到自己头上。不错，有的歌星、影星确实看似一夜走红，但他们都有一段不为人知的奋斗历程，他们将无数的汗水与泪水洒在了他们通往成功的路上。他们付出了比常人更多的辛勤，他们怀着梦想，努力拼搏，才能获得成功。

延伸阅读：

赖斯（1954～），毕业于丹佛大学和圣母大学，国际研究生院政治学博士。曾担任斯坦福大学的讲师、教务长，出任过老布什总统的国家安全事务特别助理、小布什的首席对外政策顾问和总统国家安全事务助理。2005年1月出任美国国务卿。

出生在亚拉巴马伯明翰种族隔离区的赖斯，因为是黑人，所以从小受到白人的歧视。但她牢记着母亲的话："要改变自己低下的社会地位，只有比别人做得好、更好，你才会有机会。"从此，她怀着梦想，努力学习，因为她坚信只有教育才能让自己获得知识，做得比别人更好；教育不仅是她自身完善的手段，还是她捍卫自尊和超越平凡的武器！最终，她通过自己的拼搏，成为了美国国务卿，荣登"福布斯"杂志"2004年全世界最有权势女人"的宝座。

赖斯的成功正如其母亲所言，只要你有梦想，并为之奋斗，你就可能做成任何大事！

请以梦想做指路明灯，带上一份自信，背上拼搏与奋斗的背包，迎着灿烂的阳光就此启程，踏上一条寻找成功的路吧！有梦想才会成功！为了梦想，努力拼搏吧！爱拼才会赢。请相信，成功终将属于你！

3 你自己就是最大的宝藏

励志大师康威尔在他的《钻石宝地》一书中讲述了这样一个令人深思的故事：

古时候，有一个波斯人住在离印度河不远的地方，他叫阿里·哈菲德。阿里有一个很大的农场，有果园、田地和花园，他还借钱给人收取利息，他因富裕而知足，也因知足而富裕。

一天，一个僧侣拜访了阿里，这僧侣是一位来自东方的智者。他在火边坐下后，便给阿里讲述我们的世界是怎样形成的。

他说，当初这个世界不过是一团雾，万能的神将一个手指插进这里慢慢向外搅动，越搅越快，直到最后把这团雾搅成一个结实的火球。然后，火球在太空中滚动，燃烧着滚过其他的一团团雾，火球四周的水气凝结起来，直到大雨滂沱，降落在高温表面，使得外层的壳冷却。后来，里面的火球冲破了外壳，耸起了山脉、丘陵，形成了山谷、草场，这才有了我们这个美丽的世界。

熔融的物质从火球里冲出来，迅速冷却的就变成了花岗岩，随后冷却而成的是铜，然后是银，接下来是金，金之后，钻石形成了。

僧侣说："一块钻石就是一粒凝固的阳光。"现在看来，这种说法在科学上也是正确的，因为钻石其实是来自太阳的碳沉淀而成。僧侣告诉阿里，如果他有拇指大的一块钻石，他就能买下这个国家；如果他有一个钻石矿，他就能凭巨大的财力让他的孩子们登上王位。

阿里·哈菲德听了钻石的故事，知道它们价值连城之后，当晚睡觉的时候，就感觉自己已经是个穷人。他并没有丢失任何东西，却因为感到不满足而觉得贫穷。他暗暗发誓："我想要一个钻石矿！"这夜，他失眠了。

第二天清早，阿里将僧侣从梦乡中摇醒，对他说："请你告诉我哪里能找到钻石？"

"钻石？你要钻石干什么？"

"当然是想非常非常富有！"

“那么，好，去找钻石吧。你该做的就是：去找它们，然后你就会拥有它们。”

“但是我不知道到哪儿去找！”

“嗯，如果你找到了一条河，河水从白色的沙子上流过，两边是高山，你就能在这些白沙子里找到钻石。”

“我不相信有这样一条河。”

“有的，这样的河很多。你该做的就是去寻找它们，然后你就会拥有钻石。”

阿里说：“好，我去！”

于是，他卖了农场，索回了贷款，将家人托给一个邻居照管，在一个迷蒙的清晨就上路去寻找钻石了。我想，他肯定是在月亮山开始找的。然后他来到巴勒斯坦，接着辗转进入欧洲，最后，他分文未剩，衣衫褴褛，困苦不堪。一天，他站在西班牙巴塞罗那海湾的岸边，一个大浪向他打来，这个可怜的人饱经苦难，抵抗不住这种可怕的境况，便跳进了迎面而来的潮水中，淹没在白沫翻滚的浪涛下，再也没有站起来。

在阿里死后不久，买了阿里农场的人牵着骆驼到花园里饮水，园里的小溪很浅，当骆驼将鼻子伸到水里的时候，阿里的后继人发现小溪底部的白沙子里有一道奇异的光芒。顺着这道光芒，他挖出了一块黑色石头，只见它熠熠发光，如彩虹般绚烂。他把这个石头拿进屋里，放在中央的壁炉架上，随后就把它忘了。

几天后，那位僧侣来拜访阿里的后继人，一开客厅的门，就看见了壁炉架上的那道闪光，他冲过去，喊道：“这是钻石！是阿里·哈菲德回来了吗？”

“啊，没有，阿里·哈菲德没有回来，那也不是钻石，不过是块石头，就在我们家的花园里找到的。”

“但是，”僧人说，“我告诉你，我认识钻石，我可以肯定它就是钻石。”

然后，他们一块冲到花园里，用手将白沙子挖起来，天啊！他们发现了一块更美丽、更有价值的宝石。

戈尔康达钻石矿就是这样发现的，这是人类历史上价值最大的钻石矿，胜过金伯利。俄罗斯沙皇皇冠上的奥尔洛夫钻石——世界上最大的钻石，就是从这个钻石矿挖掘出来的。

看完这个故事，你可曾想过，也许你自己也是一个钻石矿，只是没有花时间看清自己。人们往往不断地欣赏别人身上美好的东西，却忽略了自己，也许自己身上有比他们更好的东西！

让我们再来看看另一个故事：

古希腊的大哲学家苏格拉底在临终前有一个不小的遗憾——他多年的得力助手，居然在半年多的时间里没能给他寻找到一个最优秀的关门弟子。

事情是这样的：苏格拉底在风烛残年之际，知道自己时日不多了，就想考验和点化一下他的那位平时看来很不错的助手。他把助手叫到床前说："我的蜡所剩不多了，得找另一根蜡接着点下去，你明白我的意思吗？"

"明白，"那位助手赶忙说，"您的思想光辉是得很好地传承下去……"

"可是，"苏格拉底慢悠悠地说，"我需要一位最优秀的传承者，他不但要有相当的智慧，还必须有充分的信心和非凡的勇气……这样的人选直到目前我还未见到，你帮我寻找和发掘一位好吗？"

"好的，好的。"助手很温顺、很尊重地说，"我一定竭尽全力地去寻找，以不辜负您的栽培和信任。"

苏格拉底笑了笑，没再说什么。

那位忠诚而勤奋的助手，不辞辛劳地通过各种渠道开始四处寻找老师的继承者。可他领来一位又一位，总被苏格拉底一一婉言谢绝了。有一次，当那位助手再次无功而返地回到苏格拉底病床前时，病入膏肓的苏格拉底硬撑着坐起来，抚着那位助手的肩膀说："真是辛苦你了，不过，你找来的那些人，其实还不如你……"

"我一定加倍努力，"助手言辞恳切地说，"找遍城乡各地、找遍五湖四海，我也要把最优秀的人选挖掘出来，举荐给您。"

苏格拉底笑笑，不再说话。

半年之后，苏格拉底眼看就要告别人世，最优秀的人选还是没有眉目。助手非常惭愧，泪流满面地坐在病床边，语气沉重地说："我真对不起您，让您失望了！"

"失望的是我，对不起的却是你自己。"苏格拉底说到这里，很失意地闭上眼睛，停顿了许久，才又不无哀怨地说，"本来，最优秀的就是你自己，只是你不敢相信自己，才把自己给忽略、给耽误、给丢失了……其实，每个人都是最优秀的，差别就在于如何认识自己、如何发掘和重用自己……"

话没说完，一代哲人就永远离开了他曾经深切关注着的这个世界。

亲爱的青少年朋友，读了这两个故事你有什么感想呢？其实，只要你从小立志成为最优秀的人，你就能成为最优秀的人，人生成就的大小，和青少年时代的梦想有着非常密切的关系。你为自己的人生设计了一个什么样的梦呢？

4 做一个志向远大的人

一个杰出的青少年，应该是一个有着远大志向的人。因为，一个人追求的目标越高，他自身的潜能就越能得到充分的发挥，他的才能就发展得越快。人之伟大或渺小都决定于志向和理想。伟大的毅力只为伟大的目标而产生。

美国著名畅销书作家斯宾塞·约翰逊认为，理想如果是笃诚而又持之以恒的话，必将极大地激发蕴藏在你的体内的巨大潜能，这将使你冲破一切艰难险阻，达到成功的目标。

《圣经》中有这样一段话：去追求吧，这样做了将有所获。去探索吧，这样做了将有所发现。凡追求者得，凡探索者获。

延伸阅读：

《圣经》，是基督教的经典，也是一部政治、历史、宗教、哲学、文艺、社会伦理、法律等方面的巨著。《圣经》分《旧约》和《新约》两大部分，合起来称《新旧约全书》。在西方基督教国家里，《圣经》是一部家喻户晓、妇孺皆知的书，也是多数人必读的一部书。

理想是以现实为根据的一种理性想象，是人们对自己、对社会发展的设想与追求。崇高的理想必然会产生巨大的力量。一个具有远大理想的人，一般同时具有坚定不移的决心、信心和毅力，在困难面前不动摇、不退缩、不迷失方向。理想远大的学生一般都有较强的成就动机，其积极性、自觉性、主动性、意志力都较强，因此，学习成绩就优异。相反，不考虑自己将来做什么工作，没有想过将来做什么样的人，没有明确目标的学生，表现在学习上是消极被动、敷衍应付的，成绩也多不理想。

因此，要树立远大的理想，就要不断地、反复地问自己：

我为什么要学？

我将来要为这个社会做些什么?

我将来准备成为一个什么样的人?

把你思考的答案，工工整整地写下来，贴在客厅墙上或床前、写字台前，使自己经常看到，以便自我激励。

我国杰出的生物学家童第周，在学生时代，就确立了“中国人不是笨人，应该拿出东西来，为我们民族争光”的学习目的，使自己的学习热情越来越高。他在比利时研究实验胚胎学时，同宿舍住着一个研究经济学的俄国人，他很瞧不起中国人，嘲笑中国人是“东亚病夫”。童第周愤怒地对他说：“不许你侮辱我的祖国，这样好不好，你代表你的祖国，我代表我的祖国，从明天起，我不去实验室，和你一起研究经济学，看谁先取得学位。”那个俄国人不敢应战，赶紧溜掉了。经过4年努力，童第周以优异的成绩取得了博士学位，他尤其擅长于在显微镜下做当时外国人还不能做的精细手术，得到了欧洲生物界的赞扬，受到世界许多专家的瞩目。

延伸阅读：

童第周(1902～1979)，毕业于复旦大学生物系，1930年获比利时比京大学科学博士学位。曾任中国科学院发育生物学研究所研究员、中国科学院生物学部主任，中国科学院副院长。他是中国实验胚胎学的创始人。在文昌鱼个体发育研究上，贡献巨大。

年轻的数学家肖刚，上小学时就确立了攀登科学文化高峰、为祖国富强作贡献的学习目的。他只读到初二就到农村劳动，他凭着顽强的自学，达到了大学水平，1977年10月被破格录取为中国科技大学研究生。肖刚于1984年获法国博士学位，回国后仅两年就被聘为教授，同年被国务院学位委员会批准为博士生导师，成为我国最年轻的博士生导师之一。

革命家李大钊说过：“青年啊，你们临开始活动以前，应该定定方向。比如航海远行的人，必先定个目的地。中途的指针，总是指着这个方向走，才能有达到那目的地的一天。”

目的不明确的学生，如同没有方向的航船，只是随波逐流，不可能到达理想的彼岸。有时候，一句话就会使你产生一个梦想。知心姐姐卢勤在他的书中讲了这样一个故事：

有一男一女两个中学生认识了一位生物学家。生物学家告诉他们，中国有一种叫白头叶猴的濒危动物，仅在我国广西有200只。现在人们要去了解它们的生活习性以保护这些野生动物，结果这两个孩子就有了一个梦想。他们从2003年开始，利用寒暑假去跟踪调查白头叶猴。

调查的环境非常艰苦，茫茫的原始森林是野兽和虫子的天堂。每天睡觉之前都得先抖抖被子看里头有没有蛇，早晨起来先抖落抖落脚上的鞋看看有没有蝎子。这种猴是很难看到的，有一些老猎人一辈子都没看到过，所以他们的追踪很辛苦。有一天，他们太累了，那个叫董月的女孩儿，一屁股坐在地上，她突然觉得腿刷刷地有东西在爬，原来她坐在了蚂蚁窝上……这种事他们遇到了许许多多，但是他们只有一个梦想，一定要研究出白头叶猴的生活习性，一定要保护我们国家仅有的这 200 只白头叶猴。三年的寒暑假，他们都是在大森林里度过的。

最近，这两个孩子的论文在美国纽约的世界少年科学家大会上获得了一等奖。今年，男孩儿进了清华大学，女孩儿进了北京大学。

亲爱的朋友，你有什么样的远大的梦想呢？如果没有，你一定要为自己设立一个远大的梦想。同时，你要实现你的梦想，第一步就是要好好读书。在读书的过程中，梦想会给你带来强大的动力！因此，你的人生不能没有梦想。

正如著名的教育家徐特立所说：一个人有了远大的理想，就是在最苦难的时候，也会感到幸福。

每一个成功的梦想都需要自我激励

——美国经营大师杰克·韦尔奇致儿子的信

亲爱的儿子：

记得你上次和我谈起你的梦想时，我正忙于工作未能抽出时间和你交谈。我很过意不去，现在就和你谈谈吧！

我们先看看这样一个故事：美国奥兰多朗托斯业务推广公司的总裁潘·朗托斯（Pam Lontos）曾在她的演说中，仔细描绘了她一路圆梦的经过。

多年前，朗托斯是个肥胖、沮丧的家庭主妇，每天总睡上18个小时。一天，她突然觉得自己已厌倦这样的生活，决心做些改变。

她开始聆听一些有关积极思想的录音带。录音带里说，得一天3次对自己重复肯定宣言。她于是一天说上50次。录音带里说，必须在心里时常想着一个固定的成功形象，她便也全天候照做。她把一个形象健美的明星照片贴在墙上，只是头部切换上自己的照片。她一遍又一遍地在脑海中描绘自己外向、整洁、自信的样子。一段时间之后，她发现图像开始和自己符合了。她不仅减轻了20公斤的赘肉，而且自信许多，也开始运动了。

接着，她找到了一份销售员的工作。同样地，她也幻想自己成为顶尖销售员。没多久，她也办到了！尔后，她决定转到广播电台做销售，于是她开始幻想自己在某特定的电台做事。但事实上，电台的经理却一再表示电台里没有缺额，也不愿见她。但意志力越来越坚定的朗托斯已不再愿意接受任何的“No”。她索性在电台经理办公室正对面搭篷露营，直到这位经理肯见她为止。当然，她也得到了那份原先不存在的工作。

运用积极思想、正面宣言，以及辛勤非凡的努力，朗托斯连续升任到电台的业务经理。一向不怎么出色的电台广告业绩，在她的积极与努力之下，短时间竟传奇般地整整提升了7倍之多。

不到两年的时间，朗托斯成为迪士尼旗下夏洛克广播公司的副总裁。尔后，她创立了自己的公司。朗托斯的经历，教导人们如何在心中描绘成功的景象，确认并实现它。一般人总是以自我概念来设定目标。自我形象良好的人，往往目标也较为远大。相反地，自我形象差的人，通常一开始便不愿相信自己能够拥有梦想。也正因为如此，如果我们能够借着不断地在脑海描绘、塑造一个崭新、良好的自我形象，便能一步步地使命运逐渐转向。

所有的成功者，在他们真正完成梦想之前，都已经先运用想象力预见自己的成功图像。不管他们在开始时多么贫穷，不管他们受正式教育的历程多么短暂，也不管他们结识的人多么稀少，他们都能想像自己能成功。他们自信能够成功，生命就以事实回应他们的梦想，以符合他们的自我形象与对成功所持有的信念。

一个人如果想成功，就必须先有梦想，并时常以肯定、正面的自我宣言，不断地自我教育、自我塑造、自我激励。成功，永远属于那些相信梦想、敢于梦想的人。

儿子，你已经有了自己的梦想，这很好！说明你已经有了目标，祈求成功，这是值得庆贺的。剩下的就是行动，用相信自己的梦想、实现自己的梦想的真实行动，来达成梦想。

祝你梦想成真！

爱你的父亲 韦尔奇

Chapter 4

勤奋出天才，勤奋出真知

Study
For Your Own

1 拒绝懒惰，勤奋出天才

我们的初一课本上有一篇课文《伤仲永》，主要讲述了一个叫方仲永的神童因为没有得到后天的教育而沦为普通人的故事。方仲永五岁就能作得一手好诗，受到乡里县里秀才们的高度赞美。同县的人对这个神童的才华感到惊奇，渐渐地请他的父亲去做客，花钱求方仲永题诗。于是，方仲永的父亲每天牵着他四处拜访同县的人，而不是让他继续读书学习。结果，方仲永长到十二三岁的时候，他的才华退步了，又过了7年，他完全同平常人一样了。

这是一个天才少年没有接受后天的读书教育而产生的悲剧。书中作者借王先生之口感叹地说：

仲永的通达聪慧是天赋的。他的天资，比一般有才能的人高得多。他最终成为一个平凡的人，是因为他没有受到后天的教育。像他那样天生聪明，如此有才智，没有受到后天的教育，尚且要成为平凡的人；那么，现在那些不是天生聪明，本来就是平凡的人，又不接受后天的教育，想成为一个平常的人恐怕都不能够吧！

少年时被人们赞扬，就得意忘形不去用功读书，那是非常愚蠢的。做父母的若过分地以孩子“聪明”为荣，并不够重视对孩子的继续培养，最终将“聪明反被聪明误”，其潜在的危机终有一天会暴露出来。在这方面，我们自己也要有深刻的认识，不要因为得到别人的几句赞扬就停止了努力学习的脚步。

“龟兔赛跑”的故事我们都知道。可是，要理解它的真正内涵，也许没有这样经历的人很难体会到。它的意义至今甚至永远都有价值。

龟兔赛跑，龟慢兔快，兔子肯定是赢定了才是，可是兔子太骄傲自大，自认为了不起，跑一会儿不见龟的踪影，就就地休息，进入了梦乡。心里还美滋滋想着自己会得第一，而嘲笑龟的笨拙。但是，龟却凭着恒心，一步步向前，结果反而比兔子先到达了终点。

读书学习也一样，不能骄傲自满，必须持之以恒，谦虚刻苦学习。要有“金石可镂，水可穿石”的精神，切忌一曝十寒、朝三暮四。只有凭着锲而不舍的刻苦勤奋才能在学业上不断地有新的进步。

记得小时候我们总是喜欢把一些励志名言用毛笔书写成大大的条幅挂在自己的房间墙头。而“宝剑锋从磨砺出，梅花香自苦寒来”一句怕是最能表达我们读书人的心声了。没有刻苦勤奋的读书学习，哪里有明天的幸福？青春少年正是读书学习的最好时光，若在此时多付出一分辛苦，以后就会多几分人生的收获。

一个人开始时不够勤奋不要紧，关键是在意识到了读书的重要性以后就要开始苦读和勤学。也不要总认为自己没有读书的天分而停滞不前，没有一个人天生就会读书的。从古至今，“笨鸟先飞”的例子举不胜举。在你立下读书成才的志向后，不要太在乎别人鄙视的眼光，只要你成为了一个好学之人，你的亲友、老师和同学就会向你投来赞许和尊敬的目光。

古代中国的战国时代有个叫宁越的人，就是苦学成才的典范。他原是一介农夫，由于他意识到读书的重要性，开始发奋读书。别人休息时他不休息，别人睡觉时他不睡觉，这样学了十五年，终于从一个无学问的人，变为一个饱学之士，就连堂堂的周威王也拜他为师。为此，刘向在《说苑·建本》中如此感叹道：“今以宁越之材，而久不止，其为诸侯师，岂不宜哉？”

延伸阅读：

刘向（约前77～前6），西汉经学家、目录学家、文学家。曾任谏大夫、宗正等，曾校阅皇家藏书，撰成《别录》，为我国最早的目录学著作。所著另有《洪范五行传》、《新序》、《说苑》、《列女传》等。

我们要相信每一个人都是读书的好材料。学习无贵贱之分，关键在于“勤奋”二字。即使家庭条件再差也要想办法坚持读书学习，方能最终改变贫穷的命运。不向恶劣的、贫穷的环境低头，出身贫困的普通人，由于专心致志勤奋好学，也能够成就一番大业；而出身富贵家庭的人，总认为有足够的财富，用不着去辛苦读书，到老了知识贫乏、思想平庸，反而可能会陷入苦海。

2 刻苦学习，改变命运

我们要坚信勤奋出天才，刻苦读书可以改变自己的命运。千万不能拿贫困的出身作借口不去读书，自卑自怜，自己瞧不起自己，是世界上最可悲的事情了。

《西京杂记》中记载了一个“凿壁偷光”的感人故事，说的是一个叫匡衡的人出生于一个贫农家庭，小时候家里穷得连灯油也买不起。到了晚上，家人都早早地就睡觉了。可他不甘心永远生活在那种恶劣的、贫困的生活环境中，于是，他偷偷地在自家的墙壁上凿了一个小洞洞，通过“偷”隔壁人家的灯光来看书，他很清楚只有通过读书才能改变自己的贫苦命运。经过锲而不舍的努力，匡衡最后成为一个大学问家，并且官至丞相。

延伸阅读：

《西京杂记》，汉代刘歆著，是一部“采辑既富”、“可补《汉书》之阙”、有一定史料价值的杂史著作。内收有许多妙趣横生的遗闻轶事、典故，诸如“昭君出塞”、“卓文君私奔司马相如”等。

《晋书》，是记述西晋、东晋历史的纪传体史书。含本纪10卷，志20卷，列传70卷，载记30卷，共130卷。叙事自司马懿始到刘裕取代东晋为止，并用载记形式兼叙割据政权十六国史事。

《晋书·车胤传》中也记载着一个“囊萤照读”刻苦读书的故事。车胤小时候非常喜欢读书，却因为家中贫困，学习时无灯火可照明。于是，他捉来数十只萤火虫，放在编织好的网囊中，以晚上读书照明时用。由于他不断勤学苦读，后终因拥有渊博的学识而被重用。车胤虽出身低微，却没有自暴自弃，反而勤奋好学，不仅得到了社会的承认，而且美名远扬。

人世间，无论是思想家、科学家还是艺术家、作家，大凡有成就的人都是勤劳的人。他们付出的努力也总是比常人多上千万倍，所以，他们能够成为对人类有所贡献的人。

勤劳是做人的根本，是读书的根本。聪明而勤奋的学生，会变得更聪明，更热爱学习，更有责任感，将来也一定能成为一个正直守信的人。不太聪明但勤奋好学的学生，即使考不上理想的大学，将来走出校园参加工作，凭借自己的勤奋也能站稳脚跟，有所发展。聪明而不勤奋，或过去勤奋后来又变懒惰的学生，最终会变得自私、贪婪，从而出现作弊、蒙骗老师和同学的恶习，产生不劳而获的愚蠢的想法。这是对自己和他人极不负责的表现，这样的人怎么能有美好的将来呢？

中国科技大学有个少年班，班里的学生个个都是全国顶尖的聪明孩子，按理说应该人人都有大好前途才对，但也有个别人不久后就荒废了学业，什么原因呢？其实就是因为进了大学后的“神童”没以前那样勤奋好学了。当然，绝大部分少年班的学生取得了出色的成绩，他们自己和他们的老师总结成功经验时都觉得，最重要的一条，是因为他们付出了比一般少年更多的努力和心血。

爱迪生说：“有些人以为我所以在许多事情上有成就，是因为我有什么‘天才’，这是不正确的。无论哪个头脑清楚的人，都能像我一样有成就，如果他肯拼命钻研。”他又说：“天才，就是百分之一的灵感加上百分之九十九的血汗。”事实确实如此，勤奋才能出天才。

科技大学第七期少年班有个陈冰青同学，因为其貌不扬，土里土气，同学们给他取些个形象的绰号——“老饼”。刚进大学时，“老饼”的入学成绩就像他的土气绰号一样很不起眼。然而，“老饼”在少年班3年学习时的主课平均成绩高达94分。他不但获得了科大最高荣誉奖——郭沫若奖学金，并提前两年参加中美联合招收赴美物理学研究生考试，以全国第二名的佳绩被美国第一流大学——普林斯顿大学录取。

“老饼”学习成功的秘诀便是勤奋。他每天背着一个鼓鼓囊囊的书包，奔走于校园的“三点一线”上，风雨无阻。有一次，他因英语摸底考试不理想，就自制许多词汇卡，挂在床前床后。每晚的美国VOA教英语节目一到，他就抱着收音机到校园的草坪上收听，即使是阴冷难耐的冬日也一如既往。他最后成了少年班里公认的“英语活字典”。

延伸阅读：

爱迪生（1847～1931），是一位举世闻名的美国电学家和发明家，他在留声机、电灯、电话、电报、电影等方面，在矿业、建筑业、化工等领域都有不少著名的创造和真知灼见。其一生共有约两千项创造发明，为人类的文明和进步做出了巨大的贡献。

《三字经》，是我国古代著名的儿童读本。它篇幅短小、意蕴深刻、脍炙人口、广为流传。全文三字一句，两字一韵，读起来琅琅上口。

“吃得苦中苦，方为人上人”，这是离我们很近的勤奋苦读成才的典范。天资如此聪颖的孩子尚且能够勤学苦读，我们这些资质平平的学生要想成才，是不是应该付出更多的努力才对呢？

《三字经》里有这样一句话：“玉不琢，不成器；人不学，不知义。”天才就像一块美玉一样，虽说天生就是块好材料，可是不去雕琢它，它就不会成为价值连城的宝器。学校里学习最好的同学不一定是最聪明的，但却是最勤奋，最刻苦的。

发现了万有引力的剑桥奇才、伟大的科学家牛顿小时候是学校出了名的“笨蛋”，学习成绩始终是班里的倒数几名。不过后来他在父母老师的鼓励下开始发奋学习，进入剑桥大学后，他一待就是30年。在这30年中，他常常每天坚持工作十六七个小时之久，把所有的精力都奉献给了科学实验和物理学研究事业。

延伸阅读：

富兰克林（1706～1790），资本主义精神最完美的代表，18世纪美国最伟大的科学家，著名的政治家和文学家。他一生最真实的写照是他自己所说过的一句话：“诚实和勤勉，应该成为你永久的伴侣。”

托尔斯泰(1828～1910)，19世纪俄国最伟大的作家。一生经历丰富，致力于文学创作，对后世的文学事业贡献卓著，其名作《安娜·卡列尼娜》、《战争与和平》、《复活》等，反映了他对贵族生活的批判态度，体现了他创作中的“道德自我修养”主张和擅长心理分析的特色。

牛顿之所以成为了闻名世界的人物是因为他是天才吗？不是的。正所谓“天才在于勤奋，聪明在于积累”。牛顿的成功是因为他的勤奋学习。

富兰克林说：“礼拜日是我的读书日。”

达尔文说：“我相信，我没有偷过半小时的懒。”

托尔斯泰说：“天才的十分之一是灵感，十分之九是血汗。”

华罗庚说：“我不否认人有天资的差别，但是根本的问题是勤奋的问题。我小时候念书时，家里人说我笨，老师说我没有学数学的特别才能。这对我来说，不是坏事，反而是好事。我知道自己不行，就会更加努力。经常反问自己：我努力得够不够？”

这些时代的巨人们之所以给世人留下了举世瞩目的成就，都应归功于他们勤奋治学的态度。他们是和懒惰无缘的，他们只知道执著于自己的创造，为人类的进步贡献力量。我们要做他们一样勤奋的人。

3 人贵有志，学贵有恒

让我们来看看历史上的一些伟人们的成就，无不是来源于勤奋：

司马迁写《史记》花了15年。

司马光写《资治通鉴》花了19年。

达尔文写《物种起源》花了20年。

李时珍写《本草纲目》花了27年。

哥白尼写《天体运行论》花了37年。

马克思写《资本论》花了40年。

歌德写《浮士德》花了60年。

看到这些历经数十年才获得的伟大成就，你有何感想呢？这些作品之所以名垂千古，是由于它们是作者常年累月呕心沥血积累而成。从中我们可以体会到中国的古训“绳锯木断，水滴石穿”的深刻内涵，可以看出小小的一根绳子，小小的一滴水的巨大的力量。

我们生活中的许多同学们缺的就是“锯木”和“滴水”的精神。有的中学生平时上课不认真听讲，只能在临考前一个礼拜抱抱佛脚，所有科目集中在这几天复习，又是写，又是算，又是记，又是背，废寝忘食、夜以继日地准备考试过关。考试确实通过了，但成绩平平，远没有平时认真学习，临考复习不慌不忙、正常饮食起居的同学。

从中我们可以看出，前一种学生的学法是一曝十寒，平时不努力，临考才着急，当然见效慢。后者则重在平时的积累，学好每一天的知识，持之以恒。这样犹如水滴石穿，绳锯木断般功到自然成，临考也以平常心对待，怎么会没有稳定的好成绩呢？

爱因斯坦说：“智慧并不产生于学历，而是来自于对知识的终生不懈追求。”

英国科学家道尔顿，为了研究气象，从年轻时

延伸阅读：

《资治通鉴》，由北宋著名的史学家、大臣司马光耗时19年编撰而成，取“鉴于往事，有资于治道”之意，是我国史学史上第一部编年通史，上起周威烈王二十三年（公元前403年），下至五代周世宗显德六年（公元959年），全书共294卷，记载了长达1362年的历史，是中国史学史上涵盖时间最长的编年史巨著。

《物种起源》，是进化论的奠基人达尔文的一部划时代的著作。它的问世，第一次把生物学建立在完全科学的基础上，以全新的生物进化思想推翻了“神创论”和“物种不变”的理论。

《论天体的运动》，是科学家哥白尼发表于1543年的一本经典的科普书，书中推翻了托勒密的地心体系，建立了日心说。它的发表，开始了人类宇宙观的新纪元，恩格斯称之为自然科学从宗教神学中解放出来的“独立宣言”。

《资本论》，是一部影响深远的经济巨著，由马克思和恩格思共同撰写而成。阅读《资本论》，不仅可以得到经济理论的修养，而且可以受到文学艺术的陶冶。

《浮士德》，德国最伟大的作家歌德的毕生巨作，根据德国一个炼金术士向魔鬼出卖灵魂以换取知识和青春的古老传说，反其意而用之，演示了广阔、深邃而崇高的人生内容，包括哲学、神学、神话学、文学、音乐等方面的知识。其形式上错综复杂，有希腊式悲剧、中世纪神秘剧、巴洛克寓言剧、文艺复兴时期流行的假面剧、意大利的行会剧以及英国舞台的新手法、现代活报剧等等。

延伸阅读：

道尔顿（1766～1844），英国科学家，“近代化学之父”。他既具有敏锐的理论思维头脑，又具有卓越的实验才能，尤其是在对原子的研究方面取得了非凡的成果，他揭示出了一切化学现象的本质都是原子运动，明确了化学的研究对象，对化学真正成为一门学科具有重要意义。

竺可桢（1890～1974），中国近代地理学的奠基人，开创了我国近代地理学、气象学研究领域。领导并指导了我国自然区划综合考察、国家大地图集编纂、地学规划制定、自然科学史研究等工作。他的《二十八宿起源之时代与地点》一文，基本上解决了国际上100多年的争论，得到国内外学术界的高度评价。

起，他每天晚上9点半开始记录当天的天气情况，夜夜如此，从不间断，坚持了57年。在他病逝的前几个小时，还进行了最后一次观测，用颤抖的手记下：“今晚微雨。”

我国近代地理学的奠基人竺可桢，为了研究中国气象，仅从1936年到他病逝的36年零37天里，他天天写关于中国气象的日记达800万字，无论遇到什么困难，无一天间歇。

爱迪生发明电灯，为了找一种合适的灯丝，前后试验了1600多种材料，经过5万次实验，最后选择钨作灯丝，终于制成电灯。

有一位老教授，学问非常好，深受同学们的敬重。但是有一天，大家到他家去玩，发现教授书架上的书并不很多，就问教授：“难道您只读了这些书，就能成那么大的学问吗？”

老教授笑了笑，从书架上拿下一本书说：“我唯一跟你们不同的是：你们的书往往前面翻得很旧，后面却是新的。而我的书则愈到后面翻得愈破。”

这句话听来简单，意义实在是太深了。也就是说，一般学生读书往往缺乏恒心，以致虎头蛇尾，老教授却能向深处钻研，所以有丰富的收获。

人贵有志，学贵有恒。要学会持之以恒，就要目标始终如一，不能见异思迁。这就如同挖井，如果水源是在地面10米以下，你挖了七八米，还不见水，心浮气躁，换一个地方再挖；又挖了六七米还不见水，就又换个地方挖；再不见水，又换地方挖。换来换去，都是相差两三米就成功了。那么，你将永远也挖不出有水的井来。所谓“为山九仞，功亏一篑”，意思是说，本想堆成一座高山，由于只差一筐土而没有完成。见异思迁的挖井者，不断改换目标，力气也用了不少，每次都是在接近成功时，前功尽弃。现代社会的中学生尤其要做到目标始终如一，因为我们面对的是信息滔滔、红尘滚滚的现代社会，这个社会机遇多，诱惑也多，面对各种各样的诱惑，不成熟的中学生，很容易放弃自己最初的目标，而去追逐一些所谓时髦的时尚。

要持之以恒就要有耐心，要耐得住胜利前的寂寞，经受得住胜利前的失败。

爱迪生发明灯泡前搞了5万次实验，前4万多次都是以失败告终，没有鲜花和掌声，只有寂寞和冷淡。如果他因此而放弃，那就会前功尽弃。我们现代中学生面临的现代社会，相当多的人急功近利，心浮气躁。如果不磨炼自己的意志，耐不住寂寞，经受不住失败的考验，很容易也成为急功近利、心浮气躁的人。

我们应该懂得一个道理：读书一定要有恒心。一个人读书，如果从小学到大学，最少需要16年，读到硕士需要20年，读到博士要24年，可见，读书不是一朝一夕的事情，必须要有持之以恒的精神，才能取得最后的成就。

4 天道酬勤，勤奋出真知

没有人能只依靠天分成功。上帝给予了天分，勤奋将天分变为天才。

曾国藩是中国历史上最有影响的人物之一，然而他小时候的天赋却不高。有一天在家读书，对一篇文章重复不知道多少遍了，还在朗读，因为，他还没有背下来。这时候他家来了一个贼，潜伏在他的屋檐下，希望等读书人睡觉之后捞点好处。可是等啊等，就是不见他睡觉，还是翻来覆去地读那篇文章。贼人大怒，跳出来说，“这种水平读什么书？”然后将那文章背诵一遍，扬长而去！

贼人是很聪明，至少比曾先生要聪明，但是他只能成为贼，而曾先生却成为了毛泽东主席都钦佩的人：“近代最有大本夫源的人。”

延伸阅读：

曾国藩（1811～1872），晚清重臣，中国历史上最有影响的人物之一。太平天国运动之时，他创建的湘军历尽艰辛为清王朝平定了天下，后历任两江总督、直隶总督，官居一品，死后被谥“文正”。曾国藩平时有感于政治废弛，主张以理学经世。

“勤能补拙是良训，一分辛苦一分才。”那贼的记忆力真好，听过几遍的文章都能背下来，而且很勇敢，见别人不睡觉居然可以跳出来“大怒”，教训曾先生之后，还要背书，扬长而去。但是遗憾的是，他名不见经传，曾先生后来启用了一大批人才，按说这位贼人与曾先生有一面之交，大可去施展一二，可惜，他的天赋没有加上勤奋，变得不知所终。

伟大的成功和辛勤的劳动是成正比的，有一分劳动就有一分收获，日积月累，从少到多，奇迹就可以创造出来。

曾国藩在其家书中也不断地教育其弟弟如何读书，他说：读书，第一要有志气；第二要有见识；第三要有恒心。有志气就决不甘居下游；有见识就明白学无止境，不敢以一得自满自足，如河伯观海、井蛙窥天，都是无知；有恒心就决没有不成功的事。这三个方面，缺一不可。

我们很多人都知道“悬梁刺股”这个成语，这个成语由两个故事组成。

东汉时候，有个人名叫孙敬，是著名的政治家。他年轻时勤奋好学，经常关起门，独自一人不停地读书。每天从早到晚读书，常常是废寝忘食。读书时间长，劳累了，还不休息。时间久了，疲倦得直打瞌睡。他怕影响自己的读书学习，就想出了一个特别的办法。古时候，男子的头发很长。他就找一根绳子，一头牢牢地绑在房梁上。当他读书疲劳时打盹了，头一低，绳子就会牵住头发，这样会把头皮扯痛了，马上就清醒了，再继续读书学习。这就是孙敬悬梁的故事。

延伸阅读：

苏秦，战国时东周洛阳（今河南洛阳东）人，纵横家，曾游说各国。马王堆汉墓出土帛书《战国纵横家书》保存有苏秦的书信和游说辞十六章，与《史记·苏秦列传》有所不同。

战国时期，有一个人名叫苏秦，也是出名的政治家。在年轻时，由于学问不多不深，曾到好多地方做事，都不受重视。回家后，家人对他也很冷淡，瞧不起他。这对他的刺激很大。所以，他下定决心，发奋读书。他常常读书到深夜，很疲倦，常打盹，直想睡觉。他也想出了一个方法，准备一把锥子，一打瞌睡，就用锥子往自己的大腿上刺一下。这样，猛然间感到疼痛，使自己清醒起来，再坚持读书。这就是苏秦“刺股”的故事。

从孙敬和苏秦两个人读书的故事引申出“悬梁刺股”这句成语，用来比喻发奋读书，刻苦学习的精神。他们这种努力学习的精神是好的，但是他们这种发奋学习的方式方法不必效仿。

晋代的祖逖是个胸怀坦荡、具有远大抱负的人。可他小时候却是个不爱读书的淘气孩子。进入青年时代，他意识到自己知识的贫乏，深感不读书无以报效国家，于是就发奋读起书来。他广泛阅读书籍，认真学习历史，从中汲取了丰富的知识，学问大有长进。他曾几次进出京都洛阳，接触过他的人都说，祖逖是个能辅佐帝王治理国家的人才。祖逖24岁的时候，曾有人推荐他去做官，他没有答应，仍然不懈地努力读书。

后来，祖逖和幼时的好友刘琨一起担任司州主簿。他与刘琨感情深厚，不仅常常同床而卧，同被而眠，而且还有着共同的远大理想：建功立业，复兴晋国，成为国家的栋梁之才。

一次，半夜里祖逖在睡梦中听到公鸡的鸣叫声，他一脚把刘琨踢醒，对他说："别人都认为半夜听见鸡叫不吉利，我偏不这样想，咱们干脆以后听见鸡叫就起床练剑如何？"刘琨欣然同意。于是他们每天鸡叫后就起床练剑，剑光飞舞，剑声铿锵。春去冬来，寒来暑往，从不间断。工夫不负有心人，经过长期的刻苦学习和训练，他们终于成为能文能武的全才，既能写得一手好文章，又能带兵打胜仗。祖逖被封为镇西将军，实现了他报效国家的愿望；刘琨做了都督，兼管并、冀、幽三州的军事，也充分发挥了他的文才武略。

后来，有一个成语叫"闻鸡起舞"，说的就是祖逖与刘琨的故事，意在形容发奋有为，也比喻有志之士，及时振作。

宋代的苏洵也和祖逖有过类似的经历。

宋代的苏洵少时贪玩不爱读书，认为自己可以这样玩耍真是幸福，一点也没有意识到读书的重要性，如此一直到25岁方才醒悟。他觉得过去自己是多么愚笨，于是，他坚决地谢绝过去的玩友，闭门潜心读书学习，后来名扬天下。这是一个很好的"明白人生道理，于是奋发读书"的典型例子。

后来，苏洵和他的两个儿子苏轼、苏辙合称"三苏"，成为了宋代著名的学者，"三苏"一起被誉为中国古代文学史上著名的"唐宋八大家"中的三位。

少壮不努力，老大徒伤悲。这些故事，都说明一个道理，只要勤奋，就不会晚，只要努力，就有希望。也许你已经错过了一些时光，但是，从现在起，只要你努力，同样还来得及。

延伸阅读：

"三苏"，指北宋散文家苏洵和他的儿子苏轼、苏辙三人，均被列入"唐宋八大家"。苏氏父子积极参加和推进了欧阳修倡导的古文运动，在散文创作上都取得了卓越的成就，苏洵和苏辙主要以散文著称；苏轼则不但在散文创作上成果甚丰，而且在诗、词、书、画等各个领域中都有重要贡献。

成功者不一定是最聪明的人，但肯定是最勤奋的人

——德国科学家布劳恩致儿子的信

亲爱的儿子：

你认为自己还不够聪明，所以担心将来做不成什么事。可是孩子你知道吗？聪明固然对于人十分重要，但对人更重要的是勤奋。成功者并不一定是最聪明的人，但一定是最勤奋的人。

儿子，你知道希拉斯·菲尔德的故事吗？他是著名企业家和大西洋电缆建设工程的发起人。

16岁那年，他离开斯托克布里奇的家到纽约去寻找发财致富的机会。离开家门时，父亲给了他8美元，这是全家人省吃俭用好不容易节省下来的。到达纽约之后，他去了哥哥大卫·菲尔德的家里，后来他哥哥成了纽约法律界的要人。住在哥哥家的时候，希拉斯·菲尔德很不快乐，从他脸上就能看出来，这引起了一位客人马克斯·霍普金斯的注意。霍普金斯对他说："如果一个孩子在外面老是想家的话，我什么也不会给他。"

后来，希拉斯到斯图尔特的商店工作，那是当时纽约最好的干货店。第一年，他在那里跑腿，年薪50美元，必须在早晨6点到7点之间上班。成为店员后，他要从早上8点干到晚上关门。

"我总是很注意，"希拉斯先生在自传里写道，"在顾客到达之前一定要赶到店里，在顾客离开之前决不能提前下班。我的想法就是要使自己成为一个最好的推销员。我尽量从各个部门学习一切有价值的东西，我深深地懂得：将来的一切都取决于我今天的勤奋。"

他经常去商业图书馆泡一个晚上，他还参加了每周六晚上举办的一个辩论团

体。

希拉斯·菲尔德的成功靠的是勤奋，但是在别人的眼里，他被看做一个聪明的人。说到底，聪明就是勤奋，就是比别人多挥洒了汗水。

普通人通过不懈地勤奋积累起惊人的财富，取得巨大的成功，在别人的眼里就会成为天才。

哈里就曾是一个普通人，他是一个典型的美国移民家庭里10个孩子中的老大，家境贫穷到时常可以断炊。

然而，从小他就立志要上大学，成为一个可领固定薪水的上班族，好改善家里的境况。在读高中的时候，他学习得并不轻松，除了念书之外，还得做家务、打工。

但他却总是面带微笑地去做这一切，以愉快的心情鼓励自己坚持下去。早在他还是个十几岁的大孩子时，他的朋友们就常常称他是个“过分卖力的人”。

他解释说：“我没有别的选择……我不得不忙个不停，不然，我不可能把那些事情都做完。从早晨睁眼的那一刻起，我就得抓紧每一分钟，直到晚上睡觉。”

尽管外在的条件相当艰苦，但他总是不改初衷，无论如何都要上大学，完成自己的志愿。

然而，他的考试成绩往往刚够及格，学校的负责人也一再向他建议，如果放弃上大学，改上一般的职业学校，对他会是比较务实、适合现况的做法：“你绝对做不到的。以你的考试成绩来判断，大学里的竞争对你来说，实在是太难了。”

但是，哈里并不想听从这个劝告。他想接受大学教育的决心是无比坚定的。虽然，大学的学习课程对他而言，的确是异常艰难，因为他的阅读能力低到每一章节都要反复读上五遍才能够领会。

他说：“我总是不太清楚自己在读什么，但是我就是一遍又一遍地反复读下去，直到完全理解为止。”

吃饭时，他面前总是放一本书。他说：“每一件事我都得比别人多花时间，因为我总是那么死抠不放地、非常小心地要把事情做好。我就是那种系着背带，还要扎上腰带的那种人。”

哈里终于以自己的勤奋不已，坚持不懈赢得了成功。他不仅大学毕了业，而且还读完了研究生的课程，拿到了博士学位。而后，他成了食品营养学方面的权威人士，现今领导着美国与加拿大两地两千多家联营保健食品商店。哈里的勤奋，使他实现了心愿，得到了成功。

一个人千万不要依赖自己的天赋。如果有着很高的才华，勤奋会让它绽放无限光彩。如果智力平庸，能力一般，勤奋可以弥补全部的不足。如果目标明确，方法得当，勤奋会让其硕果累累。没有勤奋工作，终将一无所获。

成功者不一定是人群中最聪明的人，但却都是最勤奋的人。对于成功者而言，并不需要很高的智商，问题也不在于天资，而在于勤奋。

成功者即使在别人说他不具备条件的时候，也绝不放弃希望和努力，即使有点灰心，也不后退。他们认为，除了辛勤奋斗下去，别无选择、别无退路。正因为如此，能够利用周围环境可得到的任一个机会，把握生活中的每一分钟，凡事尽最大的勤奋努力，便能在人群中脱颖而出。

成功者具有在夹缝中求生的小树苗一样的特质：不管进展再怎么艰难，他们都具有让自己学会穿破坚硬路面、茁壮成长的本领。靠着勤奋工作与永不放弃的生活哲学、生命态度，理所当然地，他们一寸寸地走向了成功。

儿子，你说是这样吗？爸爸希望你做一个勤奋的人，只有这样，最终你才会登上成功的巅峰！

祝你愉快！

思念你的父亲

Chapter 5

自信是内心不灭的圣火

Study
For Your Own

1 相信自己是读书的“料”

我们很多人肯定听说过：某某不是读书的料。其实，一个人是不是读书的料，不是别人说的，而是在于你自己。福特汽车创始人亨利·福特说：“你认为自己行也好，不行也罢，你都是对的。你自己认为自己是读书的‘料’，那么，你就是读书的‘料’。”

一个人的成就，决不会比他自信能达到的更高。自信心是所有伟人发明创造的伟大动力，有了自信，才会勇敢、坚强、敢于创新，没有自信，就没有独创，就难以成功。

自信心对一个人一生的发展，无论在智力上，还是体力上，或者是处事能力上，都有基础性的支持作用。所以，我们就要从小养成坚定的自信，使自己始终都拥有一颗跃动的、积极进取的心灵，在成长的旅途中，不畏艰难，执著进取。在青少年时代，培养自己的自信心对我们未来的人生有着巨大的作用。

我们来看看英国著名作家夏洛蒂的故事：

延伸阅读：

夏洛蒂·勃朗特（1816～1855），19世纪英国著名女小说家。她的作品主要描写贫苦小资产者的孤独、反抗和奋斗，属于被马克思称为以狄更斯为首的“出色的一派”。《简·爱》是她的处女作，也是代表作，至今仍受到广大读者的欢迎。

夏洛蒂的自信不仅帮助自己圆了作家梦，而且促成了两个妹妹的成功。她用自信创造了属于自己的美好生活。

她14岁时进入露海德学校。那时，她的爱尔兰口音很重，衣着寒酸，长得不漂亮，严重近视（看书时鼻子几乎碰到书本，在户外活动中接不住别人抛过来的球），这些事引起了同学们的讥笑。但是在课堂上、在集体活动中，她不失时机地表现了自己的优势，同学们很快就发现，这个瘦骨伶仃的穷丫头，她的学识、想象力和聪明才智是所有人都望尘莫及的。她以优异的成绩连续三个学期获得校方颁发的银奖，并获得一次法语学习奖。渐渐地，她得到了同学们的尊重，还交了几个好朋友。

她的妹妹艾米莉则无法适应学校的生活，她入学时17岁，比别的同学大得多，个子也比别的同学高，除此以外，她遇到的问题和夏洛蒂当初遇到的一样。她被孤立、被嘲笑。日日夜夜与这些人生活在一起，成了她的噩梦，并使她感到耻辱。她打心眼里瞧不起这些奚落自己的人，知道他们是一些平庸的人，不如自己聪明，但她不会像夏洛蒂那样主动证明自己。

她根本不和同学们来往，又怎能展示自己的才华呢。她连一个朋友也没有。在学校熬了三个月后，她就回家了。

延伸阅读：

艾米莉·勃朗特(1818—1848)，19世纪英国著名女作家。夏洛蒂·勃朗特之妹，性格内向，娴静文雅，从童年时代起就酷爱写诗，有193首诗传世，被认为是英国一位天才的女作家。她的唯一一部小说《呼啸山庄》发表于1847年12月，后来受到了批评家的热烈推崇。

夏洛蒂的弟弟布兰威尔的情况更糟，他被送到伦敦皇家美术学院学习，在这里，他连起码的自信都丧失了，因为比他画得好的同学多得是。在家里，他以为自己是世界上最有才华的，现在，他怀疑自己根本没有绘画的天赋。他在伦敦的酒馆里花光了生活费，灰溜溜地回家了。情绪好转以后他又拾起了画笔，但是每当他看到别人的作品比自己的好，就把自己全盘否定，在沮丧心情的笼罩下重新考虑前途。他一会儿画画、一会儿写小说，但是一件事也没干成。

而夏洛蒂正在自己的人生道路上坚韧地跋涉。毕业以后，她成了母校的老师，她发现自己根本不喜欢这个职业，也懒得应付那些调皮捣蛋的孩子，于是，她笃定了从事文学创作的志向——要靠写作挣钱、挣脱命运的桎梏。当她向父亲透露这一想法时，父亲却说：写作这条路太难走了，你还是安心教书吧。她给当时的桂冠诗人罗伯特·索塞写信，两个多月后，她日日夜夜期待的回信这样说：文学领域有很大的风险，你那习惯性的遐想，可能会让你思绪混乱，这个职业对你并不合适。但是夏洛蒂对自己在文学方面的才华太自信了，不管有多少人在文坛上挣扎，她坚信自己会脱颖而出。她忙里偷闲地从事创作，现在她不像小时候那样纯粹为自娱而写作，她要让作品出版。这期间，两个妹妹仍然在自己笔下的幻想王国中自得其乐，既没想到出版也没想到发表，艾米莉的诗被夏洛蒂偷看以后，还生了半天的闷气。那个弟弟曾经梦想当画家，却有一颗善于自我打击的脆弱而敏感的心，一次次自寻烦恼之后失去了自信，并堕落为一个酒鬼、鸦片烟鬼。

在夏洛蒂的鼓动下，姐妹三人自费合出了一本诗集。据说这诗集只卖了两本。夏洛蒂没有气馁，她先后写出长篇小说《教师》、《简·爱》，而且打定主意不再自

延伸阅读：

《简·爱》，是一部具有自传色彩的长篇小说，叙述孤女简·爱一生与命运搏斗的精彩故事。它阐释了这样“人的价值＝尊严＋爱”的主题。

《呼啸山庄》，被誉为“最奇特的小说”，通过一个爱情悲剧，向人们展示了一幅畸形社会的生活画面，勾勒了被这个畸形社会扭曲了的人性及其造成的种种可怖事件。小说以艺术的想象形式表达了19世纪资本主义社会中的人的精神上的压迫、紧张与矛盾冲突。

费出版，因为她相信自己的小说是值得出版商掏钱的。

与此同时，艾米莉写出了《呼啸山庄》，安妮写出了《阿格尼斯·格雷》，这些书的价值，现在已经很清楚了。如果没有夏洛蒂的自信心和不懈的努力，她们或许会自得其乐地写一辈子而不为人知。她的成功向我们印证了这样一个道理：自信是美好生活的源头。

很多人不成功，不是因为自身实力不够，也不是因为没有机会，而是因为他根本不相信自己会成功。而在很多青少年中间，很多人成绩不好，并不是因为我们的智商比别人低，而是缺乏自信，根本不相信自己能够读好书，能够取得好成绩。其实，每个人的智力都是相差不远的，真正的差别在于自信心的不同。

美国有一位著名的儿童脑神经外科专家，从小就得了一种学习障碍症，小学三年级以前，数学老师从来也没有在她的作业本上打过对号。每次看到满本的错号，她的头都胀得很大，可无论她怎样努力，还是做不对。时间长了，她认为自己确实是个不可救药的笨学生，她对自己彻底绝望了，对数学一点兴趣也没有了。四年级时，他们班换了一位数学老师，这位老师教会了她什么叫“自信”。自信改变了她的命运。

一次，这位新老师拿起她打满错号的作业本，亲切地说：“这样的题你不可能做不对的，你真是太大意了。咱们再做一遍，好吗？你要自信一点！”第二遍她也没有做对，老师没有在她的本子上打错号，而是写了几个字：“你的字写得真棒！再写一遍好吗？你应该相信自己能做到！”在重做第三遍作业的时候，她开始变得有自信起来，她相信自己只要努力一定会做对的。虽然，最后她还是没有做对，这位老师却在她的本子上打了几个对号，并告诉她：“你真棒，这次做的比上一次好了这么多。”老师简短的话语，竟然让她激动得几个晚上睡不着觉，她觉得浑身充满了一股力量，那是自信带来的力量。她对自己学好数学又充满了信心。后来在老师的帮助下，她不但克服了自卑心理，而且竟然迷上了数学。

美国作家爱默生说：“自信是成功的第一秘诀。”又说：“自信是英雄主义的本质。”人们常常把自信比作“发挥主观能动性的闸门，启动聪明才智的马达”，这是很有道理的。自信使你成功，自信使你的潜能得以充分发挥。

自信在我们读书的过程中同样非常重要。相信自己，那么，一切困难都将不会是苦难。因为自信心是一种积极的心理品质，是促使人向上奋进的内部动力，是一个人取得成功而必备的、重要的心理素质。只有拥有了自信，才可能使人在艰难的事业中有必胜的信念，才可能攀登上科学的高峰；人，只有拥有了自信，才不会在浅滩搁浅，才有可能托起成功的巨轮！正如莎士比亚所说："自信是走向成功的第一步，缺乏自信即是其失败的原因。"

延伸阅读：

爱默生（1803～1882），著名哲学家、思想家、文学家和演说家，被认为是美国19世纪最伟大的人物之一。他的人本主义思想和自立主张对美国人民和美国历史的发展有着深远影响。林肯曾高度赞扬他的思想，称他是"美国精神的先知"、"美国的孔子"。

莎士比亚（1564～1616），英国著名剧作家、诗人。在他52年的生涯中，他为世人留下了37个剧本，一卷14行诗和两部叙事长诗。每年他生日的那天，许多国家都以上演他的剧本来纪念他。马克思称他是"最伟大的戏剧天才"。其代表作有"四大悲剧"：《哈姆雷特》、《奥赛罗》、《李尔王》和《麦克白》。

2 充满自信，战胜读书路上的挫折

读书很苦，读书很累。在读书的路上，我们会遇到各种各样的挫折和障碍。只要拥有足够的自信心，就能战胜一切困难。

河流是永远不会高出其源头的。人生事业之成功，亦必有其源头，而这个源头，就是自信。不管你的才华如何之好，能力如何之大，教育程度如何之深，你在事业上的成就，总不会高过你的自信心。

据传说，只要拿破仑一上战场，士兵的力量可以增加一倍。军队的战斗力大半来自士兵对于其将帅的信仰。将帅显露出疑惧张惶，则全军必会陷于混乱、动摇；而将帅的自信，可以增强他部下健儿的勇气。

一个人如果有坚强的自信，往往可以成就伟大的事业，成就那些虽天分高、能力强却疑虑与胆小的人所不敢尝试的事业。

拿破仑如果没有翻过阿尔卑斯山的自信，他的军队决不会爬过阿尔卑斯山。

假使拿破仑以为此事太难的话，那他的军队只能对山感叹了。同样，假使你对于自己的能力存在着严重的怀疑和不信任，你一生中就决不能成就伟大的事业。成功的先决条件就是自信。

有一次，一个兵士从前线归来，将战报递呈给拿破仑。由于路上赶得太急促，他的坐骑还没有到达拿破仑那里，就倒地气绝了。拿破仑立刻下一手谕，交给这位兵士，叫他骑上自己的坐骑火速赶回前线。

这位兵士看看那匹雄壮的坐骑及它宏丽的马鞍，不觉脱口说："不，将军，对于我一个平常的士兵，这坐骑太高贵、太好了。"

拿破仑回答说："对于一个法国的兵士，没有一件东西可以称为太高贵、太好！"

在这世界上，有许多人，他们总以为别人所拥有的种种幸福是不可企及的，以为他们是不配有的，以为他们不能与那些命运特佳的人相提并论。然而他们不明白，这样的自卑自抑、自我抹杀，将会大大减弱自己的生命，也同样会大大减少自己成功的机会。

有许多人往往这样认为：世界上种种最好的东西，与自己是没有关系的；人生中种种善的、美的东西，只是那些幸运宠儿所独享的，对于自己则是一种禁果。他们沉迷于妄自菲薄的信念中，所以他们的一生，自然以卑微殁世；除非他们一朝醒悟，敢于抬头要求"优越"。世间有不少人可以成就大事，但结果却老死牖下、默默度过其渺小的一生，就因为他们缺乏自信，因而对于自己的期待、要求太小。

假使我们去研究、分析一般"自造机会"的人们的伟大成就，就一定可以看出，他们在出发奋斗时，一定是先有一个充分信任自己能力的坚强心理。他们的心理、志趣坚定到可以踢开一切可能阻挠、吓倒自己的怀疑和恐惧，使得他们勇往直前。

美国心理学家科雷利说："假使我们把自己视为泥块，则我们将真的成为被人践踏的泥块。"

我们应该觉悟到"天生我材必有用"，觉悟到自己的诞生必有一个大目的、大意志寄放在自己的生命中；如果万一自己不能充分表现自己的生命于至善之境地、至高之程度，对于世界将会是一种损失。有了这种自信意识，就一定可以使我们生出力量和勇气来，就一定有一番成功的事业。

俄国学者做过一个形象的比喻：一个正常人如果发挥了自身潜力的一半，那么他将掌握40多种外语，学完几十所大学的课程，可以将叠起来几人厚的世界百科全书背得滚瓜烂熟。既然每个人都有如此巨大的潜力，那我们为什么不能相信自己必将有所作为呢?

彼得是个在路易州长大的年轻黑人，他曾居住过14个不同的寄养家庭。当时的教会还在露天电影院聚会，心理医生彼德·克利就辅导他去面对那些大场面。但彼得有强烈的自卑感，一天，他突然对克利说道："你要知道我是个黑人，我们是比人次一等的，我们是奴隶的后代。"

克利答道："你错了！其实你有胜人一筹的遗传呢！"

"这话是什么意思？"他问。

克利回答说："你和每一个在美国的黑人都可以追溯你们的祖籍到非洲。你应该以你的根为荣，因为你是幸存者的后代。那些弱者还未离开森林已没命了，其他或许死在船上，尸体被抛进海里。那些活命的大致可分为三类：一是智商比人高，可以生存；二是身体比人优胜，有过人的韧力；三是意志力比别人坚定——他们不会放弃，直至死亡。每一个在美国的黑人，他们的早几代都是最坚强、最优秀的。而你的血液里就流着这些优良的特质。"

几年后的彼得成了医生，他取得了医学硕士学位。他成功了，他首先抛弃了自我贬低的阴暗心理，他发挥了自己的潜质。

或许在我们的人生里有无数的困难、障碍，是必然存在而不容忽视的阻力，千万不可自我贬低，只要你拥有真正的自信，你就能够勇敢地、愉快地面对困难。与无限的潜能建立密切的关系，便能使你拥有更深刻、坚定、永恒的自信，而得以突破人生的转折点。

遇到挫折时，凡人和斗士最基本的差别在于：斗士把挫折当成挑战，而凡人把挫折当成诅咒。相信吧，除了你自己以外，世界上没有什么力量能够妨碍你进步、阻挡你成功。

3 要坐第一排，争当第一名

如果我们细心一点的话，不难发现，大部分成绩好的同学都坐在前排。

20世纪30年代，在英国一个不出名的小城镇，有一个叫玛格丽特的小姑娘，自小受到严格的家庭教育。父亲向她灌输这样的观点：无论做什么事情都要力争一流，永远做在别人前头，即使是坐公共汽车时，你也要“永远坐在前排”。父亲从不允许她说“我不能”或“太困难了”之类的话。对年幼的孩子来说，这样的要求可能太高了，太严格了，但这种教育在以后的年代里证明是非常宝贵的。正是因为从小受到父亲严格的教育，从小被灌输了“要成才”的思想，玛格丽特才具备了坚定向上的决心和信念。在以后的学习、工作和生活中，她时时牢记父母的教导，总是抱着一往无前的精神和必胜的信念，抱着“要成才”的思想，尽自己最大努力克服一切困难，做好每一件事，以自己的行动实践着“永远坐在前排”。

玛格丽特在上大学时要考拉丁文课程，别人学五年，她硬是在一个学期内全部学完了，成绩仍然名列前茅。为什么？因为她有“我要成才，我要永远坐在前排”的信念。多年以后，英国乃至整个欧洲政坛升起了一颗耀眼的明星，她就是连续四届当选保守党领袖并于1979年成为英国第一位女首相、雄踞政坛长达11年之久、被誉为“铁娘子”的玛格丽特·撒切尔。

撒切尔夫人“永远坐在前排”的积极的人生态度值得我们学习，“我要成才，我能成才”的信念激励着她为实现自己的人生目标而不懈努力，激发她一往无前的勇气和争当第一的精神。

“永远都要坐在前排”，对我们每一个人都同样适用。在这个世界上，谁不期望坐在前排？谁不期望自己获得成功？成功的人之所以成功，不仅因为要成才，更因为他们为了这个目标付出了心血和汗水，他们把追求成功

延伸阅读：

玛格丽特·撒切尔(1925～)，毕业于牛津大学萨默维尔女子学院。曾担任保守党下院议员、教育和科学大臣等职。1975年2月当选为保守党领袖，1979年5月成为英国历史上第一位女首相。在位11年中曾4次访问中国，1984年在北京代表英国政府与代表中国政府的赵紫阳签署了《中英关于香港问题的联合声明》。

和实现理想的志气变成了行动。

在漫长的一生中，许多人都有自己的理想，有理想，就有进取的动力，就有成才的渴望，就有成功的可能。每个人生活在这个世界上都有他应有的意义——“天生我材必有用！”

永远坐第一排，你可以有更大的收获，永远坐第一排，你更会投入，永远坐第一排，你可以少受干扰，集中精力地吸纳、接受。你可以看得更清楚，少一些视力疲劳，使你的精神更集中，精力更充沛，永远坐第一排，即使报告不精彩，你的收获也远远大于在后面的人。永远坐第一排，你的身边会有更多出色的同行者激励你前行。永远坐第一排，你会更接近高尚，远离平庸，你的追求会让你成为最优秀的人。

除了坐第一排，更重要的是，我们还要有考第一名的决心和信心。因为，只有追求第一，我们才能更加卓越。在利益和名誉面前，我们要有谦让的好品格，但是在成绩面前，我们就要争抢第一。

1910 年，德国习性学家海因罗特在实验过程中发现了一个十分有趣的现象：刚刚破壳而出的小鹅，会本能地跟在它第一眼看到的自己的母亲后边。但是，如果它第一眼看到的不是自己的母亲，而是其他活动物体，它也会自动地跟随其后。尤为重要的是，一旦这小鹅形成对某个物体的追随反应，它就不可能再对其他物体形成追随反应。用专业术语来说，这种追随反应的形成是不可逆的，而用通俗的语言来说，它只承认第一，无视第二。

这种后来被另一位德国习性学家洛伦兹称为“印刻效应”的现象不仅存在于低等动物里，而且同样存在于人类之中。几乎所有的心理学家和社会学家都知道，人类对最初接受的信息和最初接触的人都留有深刻的印象，他们用“首因效应”等概念来表示人类在接受信息时的这种特征。

于是我们发现，人类对任何堪称“第一”的事物都具有天生的兴趣并有着极强的记忆能力。不经意地你就能列出许许多多的第一。如世界第一高峰，中国第一个皇帝，美国第一个总统，第一个登上月球的人等等，可是紧随其后的第二呢？你可能就说不上几个。

因此，从读书时代起，我们就应该有勇于争第一的信心和决心，这样，在未来的人生道路上，我们才能赢得更多的“第一”。

4 增强自信的30个方法

自信心对我们的前途如此重要，那么，如何才能增加我们的自信呢？这里，我给大家介绍30种方法。也许，不是每一种方法都适合你，但是，只要你采用其中的一种，让自己变得更加自信了，那就是一种成功。

1.每天照三遍镜子。清晨出门前，对镜整理着装。午饭后，照一遍镜子保持整洁。就寝前洗脸并照镜子，这样你就不必为仪表担心，而会一心一意去学习和工作。

2.不要总想着自己的身体缺陷。其实每个人都有各自的缺陷。你对缺陷想得越少，自我感觉就会越好。

3.不要让人觉察你的窘态。你感觉明显的事情，其他人不一定注意得到，当你在众人面前讲话感到面红耳赤的时候，听众可能只看到你两腮红润。

4.不要过多地指责别人。批评别人是缺乏自信的表现。

5.别人讲话时，你不必用插话来博取别人的好感，只要注意地听别人讲话，他们就一定会喜欢你。

6.为人要坦诚，不懂就是不懂。对别人的成就和魅力要勇于承认，不能故作冷漠。

7.要在自己的身边找一个能与之分享快乐和承受痛苦的朋友。这样不会感到孤独。

8.把说话的声音发得大声点。

9.如果别人不理你，不要总觉得自己有错。对于有敌意的人不讲话是唯一的方法。

10.避免使自己处于一种不利的环境中。否则，虽然人们对你表示同情，但他们同时也会感到比你地位优越而在心里轻视你。

11.走路昂首挺胸，正视前方，步伐快上25%，训练一下走直线的步伐。

12.挑前面的位子坐，可以建立信心。

13.模仿成功人士的着装与姿势。

14.要开口笑（现在可以开始笑，看一下有什么感觉？），每天至少赞美别人一句。

15.多在众人前参与讨论。

16.要镇静，遇到突然变故要能够镇静下来，可以暗示自己镇静。

17.培养运动的习惯，可以是跑步，跳舞，远足，篮球等，最好是晨练。

18.万一自卑起来，要马上改变一下自己的姿势，变得像自信时候的姿势。做几个深呼吸，看看蔚蓝的天空，暗示说“宇宙为我，我为宇宙”，心情可以马上开阔起来，也可以暗示自己“我很自信”等，无不可以。

19.关注自己的优点。在纸上列下十个优点，不论是哪方面（细心、眼睛好看等等，多多益善），在从事各种活动时，想想这些优点，并告诉自己有什么优点。这样有助你提升从事这些活动的自信，这叫做“自信的蔓延效应”。这一效应对提升自信效果很好。

20.与自信的人多接触。“近朱者赤，近墨者黑”这一点对增强自信同样有效。

21.不可谦虚过度。谦虚是必要的，但不可过度，过分贬低自己对自信心的培养是极为不利的。

22.扬长避短。在学习中抓住机会展现自己的优势、特长，同时注意弥补自己的不足，不断进步，肯定能增强自信。

23.阅读名人传记，因为很多知名人士成名前的自身资质、外部环境并不好，如果多看一些这方面的材料有助于提升自信心。

24.做好充分准备。从事某项活动前如果能做好充分准备，那么，在从事这项活动时，必然较为自信，而且这有利于顺利完成活动并增强整体自信心。

25.给自己制订恰当的目标，并且在目标达成后，再制订更高的目标。目标不能太高，否则不易达到，如果达不到，对自信心会有所破坏。

26.冒一次险。当你做了以前不敢做的事以后，你会发现：原来做这事并没有什么了不起！这对提升自信心很有帮助。

27.排除压力。过重的压力会使自己意志消沉，对自身产生怀疑，从而破坏自信心，学会排除压力对保持原有自信帮助很大。

28.做自己喜欢做的事。对自己喜欢做的事，因为比较投入，容易取得成功，

继而产生成就感，这非常有利于自信心的提高。

29.保持健康。注意全面的营养、保证身体锻炼、保持快乐的心境，良好的生理、心理状况会使自己产生幸福感，进而产生自信心。

30.尽量依靠自己。有事尽量依靠自己解决，能不断激发自身的潜力，并且通过一次次的成功，不断提升自信水平。

自信是成功的第一要诀，有志于成才、成功的人请培养你的自信。

任何时候都不要看低你自己

——美国德裔哲学家卡尔纳普致儿子的信

亲爱的约瑟夫：

这封信，我想和你谈谈你的自信心与你的目标实现之间的关系。

事实上，除非一个人确实相信自己一定会达到或接近他正在努力的目标，否则，他靠所谓的“自信”是无法完成目标的。

如果分析一下那些伟大的事业和那些成就伟大事业的人物，那么，就会发现，这些人物最明显、最杰出的品质便是自信。绝对相信自己有能力取得事业成功的人往往最有可能成功，即使这种信心在局外人看来像是有勇无谋，甚至是鲁莽加愚蠢，他们仍然坚持着。不单单是这种信心的主观作用使得他们收到成效，而且，他们的自信作用于其他人也使他们受益匪浅。当一个人感到自己能把握时，他谈起话来就显得信心十足，他就会展现胜利的征兆，他就会克服其他人身上存在的那种怀疑。每个人都相信这样的人能完成他所从事的事情。世人都相信征服者，相信那些胸有成竹、自信必定成功的征服者。

人们相信那种留给人强有力形象的人，如果他们没有坚强的自信心就决不可能做到这一点。当他们心中充满怀疑和忧虑时，他们决不可能给人们留下强有力的印象。一些人在自己的神情举止和气度上便表现出了必胜的信心。你第一眼看到他们时，就会信任他们。你相信他们的能力，因为他们展现了自己的能力。

欲成就大业的人，其心态就好像指引人生的灯塔。任何事情观念必须先行，要织锦首先必须有图案，同样，理想总是走在行动的前面。人总是面向着信心所指的方向。正是人相信“我能行”的观念使得自己成就斐然。

如果一个年轻人对自己将来赚钱致富一点信心都没有，如果他一开始就以为仅仅只有少数几个人能发财致富，而大多数的人都将是穷光蛋，他也许就会成为这大多数穷光蛋中的一个，那他要花多长时间才能发家致富呢？

如果一个小伙子总是大谈特谈自己不可能上大学，如果他总是抱怨自己没有机会，没有钱，没有人能帮他，如果他总是认为，不依靠他人自己就绝无可能上大学，那他又需花多少时间才能圆自己的大学梦呢？

如果一个失业的年轻人总是否认自己能找到工作，并总是说“我真没用”，那他需要多长时间才能得到他梦寐以求的好职位呢？

如果一个人总是自我评价很低，如果总是贬低自己，几乎可以肯定，他人肯定不会刻意去抬高。人们通常不会费力去仔细思量一个人是否自我评价太低了。

从我个人的经历来说，从未见过一位自我评价很低的人干成过一件惊天动地的大事。一个人的成就绝不会超过他的期望。

儿子，如果你期望自己能成就大业，如果你强烈要求自己干一番大事，如果你对自己的工作有更大的抱负，那么，与自我贬低和对自己要求不高的心态相比，你会获得更大的收获。

如果你认为自己处于特别不利的境地，如果你认为自己不像其他人，如果你认为你跟其他人不同，如果你认为自己不能获得别人那样的成就，假若你怀有这些思想，那么，你根本就无法克服前进路途上的那些阻碍和束缚。这种思想意识将使得你根本无法成为你心中渴望的成功人物。

不断地自我贬损的人，总是把自己看得微不足道，总是认为自己不过是活在尘世上的一条可怜虫，总是认为自己绝无可能取得任何重大成就，那么就会给人们留下相应的印象，因为他们自己有怎样感觉，别人也就会怎样看他。

儿子，你对自己，对自己的能力、地位、重要性和社会角色的评价，将会在你的表情上显现出来，将会从你的行为举止中显现出来。

如果你感觉自己非常平庸，你就会表现得非常平庸。如果你不尊重你自己，你会将这种感觉写在你的脸上。如果你自我感觉欠佳，如果你对自己总有喋喋不休的意见，那么，可以肯定，没有什么非常宝贵的东西会降临到你的身上。无论你自信具有什么特质，你都会将这些特征展现在人们面前，人们将对你的各种特质留下印象。

另一方面，如果你总是向往着你渴望拥有的那些优秀品质，那么，那些优秀品质逐渐就会归你所有，你就会将它们印在脸上，印在你的行为举止中。要看起来很高尚，你的内心必须要感觉到很高尚。在这种优秀品质显现在你的脸上和行为举止中之前，你的思想中必定首先具有这种优秀品质。

儿子，我相信你一定行。你也要相信自己一定行！祝你好运！

爱你的父亲 卡尔纳普

Chapter 6

改变学习态度，就能改变学习成绩

Study For Your Own

1 学习态度决定学习成绩

我们很多人都知道一句话：态度决定命运。一个人的心态决定了他的人生命运，同样，在学生时代，一个人的学习态度则直接决定他的学习成绩。

让我们先来看一个实验：

芝加哥大学的心理学专家曾做过的一个有趣的实验。被试者包括3组学生和3组白鼠。

专家告诉第一组的学生："你们非常幸运，你们将训练一组聪明的白鼠，这些白鼠已经经过智力训练且非常聪明了。"

专家又告诉第二组的学生："你们的白鼠是一般的白鼠，不很聪明，也不太笨。它们最终将走出迷宫，但不能对它们有过高的期望，因为它们仅有一般能力和智力，所以它们的成绩也仅为一般。"

最后，专家告诉第三组的学生说："这些白鼠确实很笨，如果它们走到了迷宫的终点，也纯属偶然。它们是名副其实的白痴，自然它们的成绩也将很不理想。"

后来学生们在严格的控制条件下进行了为期6周的实验。结果表明，白鼠的成绩，第一组最好，第二组中等，第三组最差。有趣的是，所有作为被试的白鼠实际上都是从一般白鼠中随机取样并随机分组的。实验之初，3组白鼠在智力上并无显著差异。那么为何会产生如此不同的实验结果呢？显然是由于实施实验的3组学生对白鼠具有不同的态度从而导致了不同的实验结果。简而言之，由于学生对白鼠具有不同的偏见，便产生了不同的态度，从而以不同的方式对待它们。正是由于不同的对待方式导致了不同的结果。学生们虽不懂白鼠的语言，但白鼠却"懂得"人对它的态度，可见态度是一种通用的语言。

上述实验后来又在以学生为对象的实验中得到证实。该实验是由两位水平相当的教师分别给两组学生教授相同的内容。所不同的是，其中一位教师被告知："你很幸运，你的学生天资聪颖。然而，值得提醒的是，正因为如此，他们才试图捉弄你。他们中有的人很懒，并将要求少布置作业。别听他们的话，只要你给他们布置作业，他们就能完成。你也不必担心题目太难，如果你帮助他们树立信心，同时倾注着真诚的爱，他们将可能解决最棘手的问题。”

另一位教师则被告知：“你的学生智力一般，他们既不太聪明也不太笨，他们具有一般的智商和能力。所以我们期待着一般的结果。”

在该学年底，实验结果表明，“聪明”组学生比“一般”组学生在学习成绩上整整领先了一年。其实在被试中根本没有所谓“聪明”的学生，两组被试的全都是一般学生，唯一的区别就在于教师对学生的认知不同，导致了对他们的期望态度也不同，从而以不同的方式对待他们。其中一位教师把这些一般的学生看做天才儿童，因而就作为天才儿童来施教，并期望他们像天才儿童一样出色地完成作业。正是这种特殊的对待方式，使得一般学生有了突出的进步。

通过这个实验，相信你对心态的神奇作用应该有了一定的了解吧。态度决定一个人的前途与成功，你想自己是什么样的人，你就会成为什么样的人。在学生时代，我们想成为成绩优秀的学生，只要我们认定目标，不断努力，我们就一定能够成为成绩优秀的学生。因为，一个人心里想成为一个什么样的人，他就会成为什么样的人。

其实，我们每一个人，除非天生智障，否则其智力程度都相差不远，为什么有的同学书读得好，有的同学书读得差？就是因为学习态度不一样。让我们时刻保持自信、乐观、积极的心态，相信自己一定能够读好书，相信读书是一件快乐的事情，相信我们今天的每一分努力，明天都会得到加倍的奖赏，那么，我们就一定能够把书读好。

2 不要抱怨环境，自己才是自己的主宰

很多人常常抱怨自己的读书环境，比如有的父母又给买什么学习机，又有车接送，总之，觉得自己的读书条件不好，就认为这是自己不好好读书的理由。这样的想法是非常错误的，青少年时代，不是我们享受的时期、而是我们刻苦勤奋

的时候，外在环境如何，并不能决定我们未来人生命运如何。也许，你现在条件艰苦一些，由于能力所限，你无法改变你的环境。但是，通过读书，你的命运一定能够得到改变。

唐朝有位大文学家苏颋，他小时候不知为什么当宰相的父亲不喜欢他，总认为他没有出息，兄弟们也讨厌他，没人跟他玩。苏颋得不到家人的爱，就常和仆人们玩，甚至同他们吃住在一起。这样，父亲就更不喜欢他，让他睡在马厩里，像对待长工一样对待他。

在这样的环境中，他没有自暴自弃。兄弟们在书房里念书，他就利用晚上的时间在马棚里发奋读书。白天干了一天的活，晚上别人都睡了，他却仍然在昏暗的灯下苦读。夏天蚊子咬，冬天北风吹，他从不间断学习。

有一天，母亲偷偷到马厩里看他，看到他写的文章，忙拿给他父亲看。

苏颋的父亲看了，觉得比其他儿子写得强多了，又听了苏颋勤奋读书的事，很受感动，便起了爱子之心，开始关心他，把他叫回来，让他和兄弟们一起到书房读书。

有了良好的条件，苏颋更加努力学习，进步很快。在武则天执政时考中了进士，20岁便当上了宰相，被封为许国公。

不同的环境对人们的作用是不同的。顺境与逆境、苦难与舒适使当事人付出的代价是不同的。关键在于你是怎样对待顺境与逆境。是前进还是后退？是尝试勇敢地去改变，还是墨守成规呢？

一个女儿对父亲抱怨她的生活，抱怨事事都那么艰难。她不知该如何应付生活，想要自暴自弃了。她已厌倦抗争和奋斗，好像一个问题刚解决，新的问题就又出现了。

她的父亲是位厨师，他把她带进厨房。他先往三只锅里倒入一些水，然后把它们放在旺火上烧。不久锅里的水烧开了。他往一只锅里放些胡萝卜，第二只锅里放入鸡蛋，最后一只锅里放入碾成粉状的咖啡豆。他将它们浸入开水中煮，一句话也没说。

大约20分钟后，女儿咂咂嘴，不耐烦地等待着，纳闷父亲在做什么。父亲把火关了，把胡萝卜捞出来放入一个碗里，把鸡蛋捞出来放入另一个碗里，然后又把咖啡舀到一个杯子里。做完这些后，他才转过身问女儿：“亲爱的，你看见什么了？”

“胡萝卜，鸡蛋，咖啡。”她回答。

他让她靠近些并让她用手摸摸胡萝卜。她摸了摸，注意到它们变软了。

父亲又让女儿拿一只鸡蛋并打破它。将壳剥掉后，她看到的是只煮熟的鸡蛋。最后，他让她啜饮咖啡。品尝到香浓的咖啡，女儿笑了。她怯声问道：“父亲，这意味着什么？”

他解释说，这三样东西面临同样的逆境——煮沸的开水，但其反应各不相同。胡萝卜入锅之前是强壮的，结实的，毫不示弱的；但进入开水后，它变软了，变弱了。鸡蛋原来是易碎的。它薄薄的外壳保护着它呈液体的内脏。但是经开水一煮，它的内脏变硬了。而粉状咖啡豆则很独特，进入沸水后，它们倒改变了水。“哪个是你呢？”他问女儿，“当逆境找上门来时，你该如何反应？你是胡萝卜，是鸡蛋，还是咖啡豆？”

你呢，我的朋友，你是看似强硬，但遭遇痛苦和逆境后畏缩了，变软弱了，失去了力量的胡萝卜吗？你是内心原本可塑的鸡蛋吗？你先是个性情不定的人，但经过失败，挫折，是不是变得坚强了，变得倔强了？你的外壳看似从前，但你是不是因有了坚强的性格和内心而变得严厉强硬了？或者你像是咖啡豆？豆子改变了给它带来痛苦的开水，并在它达到华氏212度的高温时让它散发出最佳香味。水最烫时，它的味道更好了。如果你像咖啡豆，你会在情况最糟糕时，变得有出息了，并使周围的情况改变好了。

问问你自己是否有信心对付逆境呢？你是否尝试着改变自己呢？而你又会是什么呢？是胡萝卜，是鸡蛋，还是咖啡豆？

据调查显示，大部分的高考状元都出自非常平凡的家庭，他们的父母很多都是农民、工人，但是，他们并没有被家庭环境所限制，反而较其他同学更加努力，更加勤奋。有一句话说的好：我们不能改变环境，但是我们可以改变自己对待环境的心态。

3 用积极的心态看待周围的一切

萧伯纳说：“人们总是责怪环境造成自己的困境，我不相信环境。人们出生在这世上，都在寻找自己所需要的环境。如果找不到，就应当自己去创造。”

> **延伸阅读：**
>
> 萧伯纳(1856～1950)，英国现代杰出的现实主义戏剧作家，是世界著名的擅长幽默与讽刺的语言大师。其名作有《人与超人》、《芭芭拉少校》、《圣女贞德》等。其中《圣女贞德》被公认为“最佳历史剧”，是“诗人创作的最高峰”。萧伯纳因其杰出的戏剧创作活动被誉为“20世纪的莫里哀”，并于1925年获得了诺贝尔文学奖。

我常听这样一些抱怨：

我家经济条件太差没法子给我买更多的参考书，交更多辅导费……

我家从来没有考上大学的，没有文化氛围……

学校宿舍太破，食堂的饭菜太差……

家庭条件不尽如人意，学校生活太艰苦，父母太爱唠叨等等，这些是我们能改变的吗？

不能！那就接受它，然后改变我们自己。我们可以做个改变的先行者，从而停止这些恶性循环。

有这样一个感人的故事：

这是一场为生命倾倒、与生命相遇的演讲会。

台上有这样一个女子……她站着，不时无规律地挥舞着她的双手；仰着头，脖子伸得好长好长，与她尖尖的下巴扯成一条直线；她的嘴张着，眼睛眯成一条线，诡谲地看着台下的学生；偶然她口中也会咿咿唔唔的，不知在说些什么。基本上她是一个不会说话的人，但是，她的听力很好，只要对方猜中，或说出她的意见，她就会乐得大叫一声，伸出右手，用两个指头指着你，或者拍着手，歪歪斜斜地向你走来，送给你一张由她自己制作的明信片。

她是一位自小就染患脑性麻痹的病人。脑性麻痹夺去了她肢体的平衡感，也夺走了她发声讲话的能力。从小她就活在诸多肢体不便及众多异样的眼光中，她的成长充满了血泪。然而她没有让这些外在的痛苦，击败她内在奋斗的精神，她昂然面对，迎向一切的不可能。终于获得了加州大学艺术博士学位，她用她的手当画笔，以色彩告诉人“寰宇之力与美”，并且灿烂地“活出生命的色彩”。全场的学生都被她不能控制自如的肢体动作震慑住了。

“请问，”一个学生小声地问，“你从小就长成这个样子，你怎么看你自己？你都没有怨恨吗？”在场的人都心头一紧，真是太不成熟了，怎么可以当着面，在大庭广众之下问这个问题，太刺激人了，大家都担心她会受不了。

“我怎么看自己？”女孩子用粉笔在黑板上重重地写下这几个字。写完这个问题，她停下笔来，歪着头，回头看着发问的同学，然后嫣然一笑，回过头来，在黑板上龙飞凤舞地写了起来：

一、我好可爱！

二、我的腿很长很美！

三、爸爸妈妈这么爱我！

四、我会画画！我会写稿！

五、我有只可爱的猫！

六、还有……

忽然，教室内一片鸦雀无声，没有人讲话。她回过头来定定地看着大家，再回过头去，在黑板上写下了她的结论：“我只看我所有的，不看我所没有的。”掌声由学生群中响起，女子倾斜着身子站在台上，满足的笑容，从她的嘴角荡漾开来。一种永远也不会被击败的傲然——写在她脸上，人们都不觉地两眼湿润起来。

“我只看我所有的，不看我所没有的。”虽然我们大多数人没有锦衣玉食的生活，但我们有的比她更多。我们有幸福的家庭，很爱我们的爸妈、相处和睦的同学，很多认识或不认识的支持我们的朋友，可以学我们喜欢的东西……我们真的没有理由抱怨什么。

生活中，很多青少年朋友总是在抱怨一些事情：“我们老师讲课方式不适合我，我该怎么办，我还是比较喜欢原来的那位老师。”

可是，我们为什么不试着改变一下自己呢，试着去适应新的老师，新的教学方法，适当地做出改变就会有意想不到的效果啊。

人都不可能是十全十美的，尤其是生理上的缺陷，很多是我们不能左右的。生活在继续，人的缺点也在不断地暴露出来，改正了旧的，新的很快就会被发现，这些都很自然。

学习上也是如此，没有天生的笨脑袋，不能因为一时的成绩差而自暴自弃。学习成绩只是个人素质的一个部分，而不是全部，学习不好的人，往往在其他方面有很多值得学习的优点。如果说成绩不好是一个缺点的话，那它比起先天的缺陷也是微不足道的。只要有了正视缺点的勇气和改正缺点的信心，刻苦一些，成绩一定会提高的。

4 你是你自己命运的主人

有这样一个老太太，她有两个儿子，大儿子是染布的，二儿子是卖伞的，她整天为两个儿子发愁。天一下雨，她就会为大儿子发愁，因为不能晒布了；天一放晴，她就会为二儿子发愁，因为不下雨二儿子的伞就卖不出去。老太太总是愁眉紧锁，没有一天开心的日子，弄得疾病缠身，骨瘦如柴。一位哲学家告诉她，为什么不反过来想呢？天一下雨，你就为二儿子高兴，因为他可以卖伞了；天一放晴，你就为大儿子高兴，因为他可以晒布了。

在哲学家的开导下，老太太以后天天都是乐呵呵的，身体自然健康起来了。

美国成功学者拿破仑·希尔关于心态的意义说过这样一段话："人与人之间只有很小的差异，但是这种很小的差异却造成了巨大的差异！很小的差异就是所具备的心态是积极的还是消极的，巨大的差异就是成功和失败。"

事物都有其两面性，问题就在于当事者怎样去对待它们。强者对待事物，不看消极的一面，只取积极的一面。强者把每一天都当做新生命的诞生而充满希望，尽管这一天有许多麻烦事等着他；强者又把每一天都当做生命的最后一天，倍加珍惜。

米歇尔说：问题不是在生活中你遭遇什么，而是你如何对待它。

我们来看看这个米歇尔的故事，他是一个白手起家的百万富翁、演说家、空中造型跳伞运动员。而这些成就都是在他遭遇事故之后获得的。我想在我们身边几乎没有人能有他的遭遇。他脸上移植了各种颜色的皮肤，两手的手指几乎只剩下残根，双腿瘫痪。他是在一次事故中变成这样的。那是1971年6月19日，他刚买了一辆崭新的摩托车，那天上午他刚完成一次单独飞行，他年轻、富有，到处受欢迎。

而当天下午，他骑着摩托车去工作的时候，在一个交叉路口与一辆洗衣店的卡车相撞。摩托车把他压在底下，压碎了他的胳膊和骨盆。油缸破裂，流到车身上的汽油被炙热的引擎点燃，他身上65%的皮肤被烧伤，总算留了一条命。他失去知觉，两个星期后醒来。他的英俊面容毁了，手指扭曲炭化，双腿几乎烧毁。他做了若干次恢复性手术，又开始了生活。然而四年后不可思议的事情发生了，米歇尔又遭遇了一次飞机坠毁事故，腰部以下完全瘫痪。

瘫痪后的米歇尔说："过去我可以干万种事情，现在只剩下9000种。我可以花剩下的整整半辈子去惋惜那失去的1000种，但我选择集中精力干那剩下的9000种。"

所以他成功了，他在瘫痪后还继续他的生活，先后做过代理市长，空中造型跳伞运动员等。他说自己成功的秘诀有两个：一个是朋友和家庭的支持；另一个是他强调：我是我命运的主人。这是我个人的盛衰沉浮，我可以选择把这种情况看做是一场挫折，或者是一个新的起点。

我们的遭遇都没有米歇尔这么悲惨。我们所遇到的无非是：成绩不好，家长老师朋友不理解自己，生活沉闷没有目标……既然他连那么悲惨的遭遇都能战胜，我们为什么还要垂头丧气呢？

学习上的挫折在学习中是经常发生的。当拿到考卷或成绩单后，有的同学因成功而喜悦；有的同学因学习受挫而伤心，特别是那些成绩优秀的学生在学习上受到挫折后，往往承受着更大的心理压力，尤其当对自己的期望目标过高，或实际成绩过差时，这种挫折感就更强烈。经受挫折以后，要想重新获得成功，应当采取的第一个积极行动就是认真寻找受挫折的原因，以便采取针对性措施，扭转这种局面。

无论我们多么努力，总会存在不足。有一些不足是我们平时很难及时发现和改正的，它们随着时间积累起来便会带来挫折。不要怕，也不要逃避这些挫折，因为这也是提高自己的机会，可以让你以后做得更好。

我们常常有这样的习惯，一次考试考砸了，我们会先把试卷上的分数核对一遍，看是不是老师把分加错了，然后才看自己错的地方。当被问及错的原因时，有的人会说：“不小心做错了！”有的人说：“粗心啊！”

只有少数的人会认真地找找原因。我们常常在给自己的错误找借口，从而一次次原谅自己。其实这是个致命的错误！我们在原谅自己的同时，那些错误也从我们身边雁过无痕地悄悄溜走了，当它们再出现在高考试卷上的时候，你会追悔莫及。

最后还是给大家重复一次：学习要想获得成功，要自始至终保持一个积极的态度。态度决定一切!

积极的心态让你更加出色

——美国亿万富豪约翰·洛克菲勒致儿子的信

我亲爱的儿子查理：

你好！我想在这封信里，接着和你谈谈心态方面的问题。你不会厌烦吧！

心态是一把双刃剑，是人人都有的精神物质。

心态这一看不见的法宝会产生两种惊人的力量：它既能让你获得财富、拥有幸福、健康长寿；也能让这些东西远离于你，剥夺一切使你的生活富有意义的东西。

在这两种力量中，前者——积极心态——可以使你达到人生的顶峰，尽享成功的快乐与美好；后者——消极心态——则可使你在整个一生中都处于一种底层的地位，困苦与不幸一直缠身。还有一种情况，当某些人已经到达顶峰的时候，也许会让后者将他们从顶峰拖滑而下，跌入低谷。

对成功而言，心态真可谓太重要了。如果保持积极的心态，掌握了自己的思想，并引导它为明确的目标服务的话，就能享受到这样的结果：为自己带来成功环境的成功意识；生理和心理的健康；独立的经济；出于爱心而且能表达自我的工作；内心的平静；没有恐惧的自信心；长久的友谊；长寿而且各方面都能取得平衡的生活；免于自我设限；了解自己和他人的智慧。

相反，如果保持一种消极心态，而且使之渗透到思想之中，影响了工作和生活，将会尝到这样的后果：贫穷与凄惨的生活；生理和心理的疾病；使自己变得平庸的自我设限；恐惧以及其他破坏性的结果；限制自己帮助自己的方法；敌人多，朋友少；产生人类所知的各种烦恼；成为所有负面影响的牺牲品；屈服在他人的意志之下；过着一种毫无意义的颓废生活。

也许你会说："我的学业正陷入低潮，我也试过积极心态这一招，但我的成绩依旧毫无起色，积极思想无法改变事实，要不然我怎么还会遇到失败呢？”

如果你对积极心态的力量持一种否定与排斥的想法，那说明一点，你并不完全真正了解积极心态力量的本质。一个积极心态的人并不会否认消极因素的存在，他只是学会不让自己沉溺其中。积极心态要求人在生活中的每时每事中学会积极的思想，积极思想是一种思想模式，它使人们在面临恶劣的情形时仍能寻求最好的、最有利的结果。换句话说，在追求某种目标时，即使举步维艰，仍有所指望。事实不也是这样么，当你往好的一面看时，你便有可能获得成功。积极思想是一种深思熟虑的过程，也是一种主观的选择。

积极的心态能使一个懦夫成为英雄，使心志柔弱变为意志坚强，把软弱、消极、优柔寡断的人变成积极的人。积极心态具有改变人生的力量，虽然人人皆可达成，但有些人在实行时会发生困难。这是因为某些奇怪的心理障碍会导致积极思想的无效。一个人若是不断的怀疑、质问，那是因为他不让积极思想发生作用。他们不想成功，事实上他们害怕成功。因为活在自怜的情绪中安慰自己，总是比较容易的。我们的大脑必须被训练成积极思考的模式。

积极思想只有在相信它的情况下才会发生作用，并且产生奇迹，而且必须将信心与思想过程结合起来。很多人发现积极思想无效，原因之一便是他们的信心不够，以怀疑和犹豫，不停地给它泼冷水。因为他们不敢完全相信一旦你对它有信心，便会产生惊人效果。

勇敢而大胆地信仰——这是一切成功的法则。没有任何东西可以永远阻拦它。信仰可以集中一切力量，不要迟疑，不要怯懦，不要猜疑，要勇敢而大胆地相信这一切，这就是胜利。

儿子，只要你愿意培养积极心态，积极心态便能发挥力量。但养成它并不容易，它需要艰苦的工作和坚强的信仰，它需要你诚实地生活，拥有想成功的欲望。同时，运用积极思想时，你必须坚持才能成功。当你确定已经掌握它时，你应再进一步发展积极心态。

事实上，人的整个生命可以变得更坚强、更快乐。 当你仔细研读并应用使心态积极起来的各项原则后，内心便会有重大的突破。更坚强的信仰、深刻的理解和无畏的奉献精神将会为你开启另一扇人生之门。你不仅会精力充沛，可以应付各种问题，你还有足够的余力和远见，对许多人产生创造性的影响。

不会再有失败，不会再有挫折，不会再有绝望，人生不会在瞬间变得轻松或浮华。人生是真实永恒的，有各种问题存在。以积极的心态去思考、去行动，就不会再被任何难题所控制、阻挠。积极心态一定有惊人的效果。

相信积极心态会给你带来好运。

深爱你的父亲

Chapter 7

兴趣永远是最好的老师

Study
For Your Own

1 兴趣是最好的老师

古今中外，凡是有成就的人物，不论是科学技术方面的，或者是文学艺术方面的，都跟他们对所从事的工作具有浓厚的兴趣分不开的。英国19世纪的伟大生物学家达尔文在自传中写道：“就我记得在学校时期的性格来说，其中对我后来产生影响的，就是我的强烈而多样的兴趣，沉溺于自己感兴趣的东西，了解任何复杂的问题和事物。”达尔文小时候的学习成绩并不太好，按照他父亲的说法，“是一个平庸的孩子”。由于酷爱大自然，对动、植物怀有特殊的兴趣，他以极大的热情和耐力到野外收集许多风干了的植物和死了的昆虫，把搜集到的贝壳、化石、动植物制成标本，挂上标签。他的小卧室简直成了一个小型植物馆。童年的爱好为他一生的事业奠定了坚实的基础。达尔文能成为世界著名的伟大生物学家，对人类文明作出巨大贡献，这是与他从小受到的家庭影响，以及他父亲的热情支持分不开的。

许多科学家、优秀的学生，谈到自己成功的原因时，都一再强调自己对学习有浓厚的兴趣。兴趣是学习成功最好的老师。

为什么指南针永远指着南北极？这个现象使童年的爱因斯坦大惑不解，也使他兴趣盎然，从此对科学着迷。罗曼·罗兰自幼酷爱写作，16岁时曾发誓：“不创作，毋宁死！”后来成为一代文豪。亨德尔5岁即对音乐发生兴趣，却遭到父亲的反对，强烈的兴趣驱使他夜晚趁家人睡觉时去屋顶练琴。

延伸阅读：

罗曼·罗兰（1866～1944），法国作家、音乐评论家。曾在巴黎高等师范学校和巴黎大学讲授艺术史，并从事文艺创作，试图以“革命戏剧”对抗陈腐的戏剧艺术。代表作有三部英雄传记：《贝多芬传》、《米开朗琪罗传》、《托尔斯泰传》，长篇巨著《约翰·克利斯朵夫》、中篇小说《哥拉·布勒尼翁》等。

著名女作家冰心，四五岁的时候，母亲教会了她识字，她便对读书产生了浓厚的兴趣。小冰心读书到了入迷的程度。有一次，她在澡房里偷着看书，时间太久，洗澡水都凉透了，气得她母亲把书抢过去，撕破，扔在地上。小冰心竟趔趄地走过去，拾起被撕残的书又看起来，生气的母亲只好笑了。小冰心看书成癖，哪怕是一张纸，只要上面有字，也要看看。

孔子曾说：“知之者不如好之者，好之者不如乐之者。”

爱因斯坦说：“兴趣是最好的老师。”

日本教育家木村久一说：“天才就是对兴趣的顽强的入迷。”他还说：“制造庸人的方法是极为简单的，那就是不让孩子热衷于某一事物，只这一点就够了，对任何事情都不着迷，都不感兴趣，这就是庸人的特征。”

兴趣是能量的调节者，它的加入发动了储在内心的力量。据研究，如果一个学生对学习有兴趣，积极性高，就能发挥其全部才能的80%～90%；反之，他的才能只能发挥20%～30%。法国著名昆虫学家法希尔说，兴趣能把精力集中到一点，其力量好比炸药，立即把障碍物炸得干干净净。

兴趣不明确的同学要开发兴趣，培养兴趣。根据心理学的研究，人的心理自我期待的力量是无穷的，为一种兴趣去努力，日后你有可能是这方面的专家，至少术业有专攻，可以丰富你的才能，提高生活质量。

发展我们的兴趣、爱好，会不会不利于我们的学习？

什么是兴趣？它有什么作用？心理学认为，兴趣是人积极探究某种事物的认识倾向。当一个人对某种事物发生浓厚而稳定的兴趣时，他就能积极地思索，大胆地进行探求，并使其整个心理活动积极化。这表现为积极主动地去感知有关事物，对事物的观察变得更加敏锐，记忆力加强，想象力丰富，情绪会高涨，克服困难的意志也会增强，长时间从事有兴趣的活动也不会感到疲劳。

不要担心你对某种活动产生了兴趣，会因分心而耽误学习。因为，如果你强迫自己忘掉爱好与兴趣，坐在书桌旁，难到你就可以专心致志地读书学习了吗？答案是否定的，强迫学习是不切实际的想法。学习是一种艰苦的脑力劳动，没有自觉能动性是学不进去的。这正如俄国19世纪著名教育家乌申斯基所说的：“没有兴趣的学习，被迫进行的学习，会扼杀学生掌握知识的愿望。”

2 要满怀兴趣地对待学习

前苏联学者西·索洛维契克曾对三千多名懒于学习的学生进行过“满怀兴趣地学习”的实验，取得了良好的效果。他的实验要求是：

1.学习前做好充分准备，对自己一再说：“我喜欢你——植物学（原来最不感兴趣的学科），我将高兴地去学习！”

2.一定要努力去学习，要比平时更细心一些，要花更多的时间。因为，细心就是热爱学习的主要源泉。

实验进行几周后，陆续收到参加实验的学生充满兴奋情绪的报喜信。绝大多数学生实验成功了，开始对原来最感头痛的课程产生兴趣了。

其中一位学生说：“每次，我开始学习俄语语法时，我就不断地打呵欠。我非常想打呵欠，可我紧闭住嘴。在开始准备语法课前，我故意让自己表现出高兴的心情，就像在预习历史课时那样（历史是我最喜欢的课程），我跳呀，唱啊！我想象着一定会像历史那样有趣。这样持续了12天。您知道，现在，这种自我寻找乐趣的方法已经成了我的习惯。俄语课也真的使我觉得是一门有趣的课程了！”

西·索洛维契克指出：“实验本身表明，满怀兴趣地学习收到了成效，并且要继续下去。成功给人以鼓舞，给人以力量，给人以兴趣。”“直到正常的学习变成习惯，实验也不再是实验了，它已成为一种常规。”

这种学习法，其实就是要让自己做情绪的主人。

获得兴趣的重要原因之一在于情绪。面对同一事物，不同情绪的人有不同的感受。同样面对明媚的春光，情绪高昂的人会为之欢欣鼓舞，奋发上进；情绪消沉的人则会为缤纷的落花而伤感，为纷飞的柳絮而惆怅。同样面临一座高山，情绪高昂的人会为自己战胜重重困难，攀上顶峰而兴奋激动；情绪低落的人，则会对在荆棘丛生的羊肠小道上跋涉感到苦不堪言，而最终望“峰”却步。

要善于控制自己不良的情绪，怎么控制？就从身边事、手头事、脚下事开始，从写一个字、记一个词、算一道题、理解一个公式开始。

硬是要施加一个快乐的意念，硬是不让低落的情绪干扰自己。快乐的意念施加久了，就成为习惯，成为一种在困难面前也满怀兴趣去思考、去实践的习惯。

3 让你的兴趣之花常开不败

青少年时期，每个人都兴趣广泛，心灵的田野里长满了各种各样的兴趣幼苗。

幼苗多了，你不让我，我不让你，争营养，争水分，争时间，结果谁也长不好。随着年龄的增长，我们应理智地分析一下自己这些兴趣的幼苗，哪些是有益的，哪些是有害的，哪些是没希望长大的，哪些根本没有培养前途，然后忍痛割爱，像菜地里的幼苗一样，锄掉那些没希望长大的幼苗。

当我们懂得分辨兴趣的好与坏后，再对自己保留下来的正确的兴趣进行除苗、护苗，将那些没希望的兴趣之苗除掉，有希望的兴趣之苗要细心呵护。

瑞士著名心理学家皮亚杰说："所有跟智力有关的工作都要依赖于兴趣。"

兴趣是智力活动的巨大动力，是人们进行求知学习的心理因素。兴趣比智力更能促进学习。强烈而稳定的兴趣是从事活动、发展才能的重要保证。教育家斯宾塞说："如果兴趣和热情一开始就得到顺利发展的话，大多数人将会成为英才或天才。"

全世界的青少年几乎没有不知道米老鼠和唐老鸭的。这两个活泼可爱的形象就是由美国人沃尔特·迪斯尼创造的。这个穷人家的孩子不仅创造了一系列卡通艺术形象，而且还创造了著名的迪斯尼乐园，而这一切非凡的创造源于迪斯尼天才的头脑、勤奋的劳动和不懈的努力，更得力于他对整个美好世界无限的兴趣。

1901 年，迪斯尼出生了，虽然家里很穷，但童年的迪斯尼过得很快乐。

他在广阔的农场上一天天长大。他对树林中的各种树木都充满了兴趣，对于各种动物更是感觉奇怪，每天他都会跑到树林里欣赏兔子、松鼠、浣熊们自由戏耍的动作形态，也喜欢乌鸦、鹰、啄木鸟、麻雀、燕子等鸟类的鸣叫与飞翔。平时他除了帮爸爸干活外，一有时间他就画自己喜欢的小动物们。童年的这些观察为他后来的卡通创作提供了丰富的素材。

有一次，小迪斯尼的妹妹得了麻疹，发着高烧。看到妹妹难受的样子，小迪斯尼很难过。怎么样才能使妹妹减轻痛苦呢。小迪斯尼一有空就陪在妹妹身边，给他讲笑话，还给妹妹画漫画，而且他还花了一番工夫，动了很多脑筋，为妹妹做了一套能够翻动的组画。这无疑是他制作卡通画的思想萌芽。他的卡通表演逗得妹妹咯咯直笑。

在迪斯尼幼小的心中深深明白这样一个道理：我喜欢画画，只要好好画画就行，这样我会很快乐，也会最终获得成功的。

心理学家认为："兴趣是一个人能量的激素。"对一件事物产生浓厚兴趣的人，他的智能会得到充分的发挥。

兴趣有一种神奇的力量，它能使你不觉得苦，忘记劳累。它会为你学习一门技艺，增添上一层斑斓的色彩。

英国大数学家麦克斯韦童年时，父亲有心将他培养成画家。一次，父亲让他画静物写生，对象是插满金菊的花瓶。麦克斯韦画完，父亲一看笑了，原来满纸画的都是几何图形，花瓶是梯形，菊花是大大小小的一簇簇圆圈，那些大大小小的三角形大概是表示叶子的。

从此父亲发现了麦克斯韦的数学天赋，于是因势利导，培养他学习数学，使他一步步走入神圣的数学殿堂，最终成为一个伟大的数学家。如果麦克斯韦的父亲一味培养孩子没前途的美术兴趣之苗，美术界也许会多一个三流画家，而数学领域却少了一位卓越的数学家。

列夫·托尔斯泰生长在一个贵族家庭里，父母都爱好文艺，家里有很多文艺藏书。在这种家庭环境的熏陶下，列夫·托尔斯泰爱上了读书。有一天，他放开喉咙，高声朗读普希金的《致大海》，他父亲听了，点点头，脸上露出了赞扬的微笑，这个愉快幸福的印象留在他的心坎上，直到晚年还没有消失。父亲及时发现了托尔斯泰文学兴趣的幼苗，及时地给予呵护。托尔斯泰自己又不断地回忆这微笑、这呵护，于是兴趣的幼苗越长越大。这个愉快幸福的微笑一直扶植着托尔斯泰心田上那棵参天大树。可以这么说，列夫·托尔斯泰之所以能成为一个享有世界声誉的伟大作家，有他父亲点头微笑的一份功劳。

兴趣是一种喜爱的情绪。一个对金庸武侠小说产生了浓厚兴趣的初中学生，他可以把中考的压力抛至九霄。一个对足球或歌星感兴趣到痴迷程度的少年，其言行可以接近疯狂。学习也是这个道理。如果你对学习的兴趣达到了“书痴”的程度，科学的道路不管如何艰险，你都能满怀信心地攀上顶峰。

兴趣是非智力因素，但它是事业的催化剂、兴奋剂。那么，我们如何来培养自己的兴趣呢?

一是要懂得给兴趣“定向”。学习和读小说、看足球、听歌曲不一样。前者如矿工的采金，后者是消闲求乐。每一个学习者都明白，每门课程中都有一些乏味的章节。但学习是一项环环相扣的工程，不能只拣有趣的学。所以要懂得，兴趣不是天生的，需要后天培养。一连串的数学符号，别人看来枯燥无味，但在陈景润眼里，却是乐章，是一个个美的音符。所以说，不要一味地跟着兴趣走，只去做感兴趣的事，而要感兴趣地去做一切应该做的事，把本来不感兴趣的事做出兴趣来。比如当哪一门功课你学不出兴趣或哪一章节你感觉枯燥时，首先不要抱怨老师，讨厌教材，你应该内心自我暗示：“这门课或这地方还没有学懂，再努力一下，它一定很有味的!”先给心理感受定个向。就像你喜欢看小品、听相声，不好的你也傻乐，就因为你事先给“乐”定了“向”。

二是要认真。“认真”是兴趣的重要源泉。认真就是要全身心地投入，全身心地投入就会取得一点成绩，取得一点成绩就会使你高兴一点，你高兴了就会增加你的一份自信，增加一份自信就会使你产生一些兴趣。不断认真，兴趣就会不断增加，如此良性循环，积少成多，兴趣就会浓厚起来。

三是要学会制订“小目标”来激励自己。有这样一个实验：甲乙两人比赛割麦子，任务一样，两人各方面条件相同，只是比赛时裁判先给甲隔几米插一小红旗，乙没有，比赛结果甲胜乙败。反过来，“小红旗”乙有甲没有，结果乙胜甲败。这个实验说明，只空喊“我要为祖国学习”、“我要成才”、“我要考最好的大学”等口号是没用的。要学会给自己的每个早晨、每个晚上、每节课、每节自习、每个假日制订力所能及的小目标，插上激励兴趣的“小红旗”，完成它，保证你的兴致会大增。

四是要学会调节自己的情绪。既然兴趣是一种情绪状态，那么当你学倦了时，为何不听听你喜爱的歌曲放松一下呢？当你做练习疲劳了的时候，为什么不读点唐诗宋词，感受一番诗歌里的唯美情怀呢？当你看历史提不起神，何不去看看有关的电影，以真实的画面来学习一回呢？

兴趣的魅力是无穷的，但要自己去寻觅；兴趣和爱好是最好的老师，但要自己去聘请。但愿你能拥有兴趣这位老师，让它的魅力永远伴你同行。

4 爱好与兴趣也是一种才能

世界著名的汽车大王亨利·福特，是美国十大行业富豪之一，1863年7月30日，生于密西根州的迪尔本。父亲威廉·福特，母亲玛丽都非常勤奋而又性格刚强。他们尊重和培育了儿子爱鼓捣机械的兴趣，终于使儿子成为汽车大王。

亨利·福特从小精力旺盛，母亲也较早地对他进行启蒙教育。

亨利的记忆力虽好，但就是缺少耐性。母亲抓住他的手，教他写字。可他写不了20分钟就不干了。面对好动的儿子，父亲可没那么多耐性，他的教导方式是拳头和巴掌。

为了管住儿子，亨利7岁时，父亲便把他送进苏格兰人开垦地的学校学习。在学校里，他的算术成绩一直名列前茅，其他各科的成绩平平，同时他又对各种机械有着强烈的兴趣。

那是一个北风呼啸的冬日，亨利跟父亲搭火车到8英里外的底特律去。在火车站里，他第一次看到火车头。这个庞然怪物，使他感到惊奇，也使他产生了强烈的兴趣。那位好心的列车长，看他那样着迷，就让他进入火车头，并为他开动了车头，满足了亨利的好奇心。他怀着激动的心情，坐在驾驶台上，把汽笛按得哇哇响。

他回到家里，兴奋得整夜没有睡着。第二天一早，他瞒着母亲，从厨房里偷来两个水壶，一个壶里放满烧得火红的煤炭，一个壶里装上烧开的水，然后从贮藏室里取来雪橇，把两个水壶放到雪撬上。他一边在地上滑动着雪橇，一边叫着：“喂，火车头来了，火车头来了！”他沉浸在欢乐之中，为自己的创作而自豪。

亨利在自己的房间里，藏有7种“秘密武器”：钻孔机、锉刀、铁锤、铆钉、锯、螺栓和螺丝帽。

亨利对一切机械都充满了好奇心，他不但研究火车头，还研究手表，想把全天下所有的手表都打开看看。这个“疯狂的破坏者”，引起家里人百般警惕，只要一看见亨利回家，便立刻慌忙地把所有的表全部“坚壁清野”，否则那些装饰华丽昂贵的怀表，顷刻便会“五马分尸”。

亨利家中饲养了牛、马、鸡、猪、羊、火鸡等各种动物，开始，父亲经常强制他照看这些家禽家畜。而他的全部兴趣，都在钟表上。父亲曾责备他，但父亲也看到，儿子有强烈的求知欲，有孜孜不倦的探求奥秘的精神，还有一份天赋的悟性。这才是一般儿童所难能具有的。他支持儿子，还特意把一块珍贵的“凯撒表”送给儿子。

亨利13岁那年，和父亲搭乘马车一同去邻村。突然，他眼前出现了一个庞然大物，发出巨大的吼声，并喷了亨利一脸蒸气。这是一辆无轨蒸汽机车，它的铁制的前轮很大，像战车一样的履带上，绕着粗铁链。前轮上方有个大汽锅，汽锅上横着水槽，上面还有顶棚。后轮比亨利还高，后面还拖着满载着石灰的拖车。亨利对这辆无轨蒸汽机车立刻产生了浓厚的兴趣，他又专心致志地研究起来。

一天，亨利突然从家中出走了。这一年，他刚满16岁。

美国人崇拜白手起家、奋斗不止的人。亨利要赤手空拳去创业。

他独自来到底特律城，到密西根车厂当了一名见习生，日薪1元1角。但在他上班的第六天，就被开除了。不是因为他偷懒和打架，而是因为他不费吹灰之力就修好了那些老资格的工人无法修理的机器，这使那些老资格工人非常恼火。

美国人也懂得什么叫嫉妒。

父亲听说儿子被辞退，火速赶到底特律，将儿子介绍到朋友开的一家黄铜工厂。可是他干了6个月，又主动辞职了。因为在这里已经再也学不到什么新东西了。

亨利第三次是在底特律的一家船舶修理厂工作。这里的工资每周只有2美元，而房租和伙食费每月就要3元5角，但可以学到技术，亨利还是决定留下来。为此，他不得不节衣缩食，并且到处打工。

在造船厂工作中，亨利对蒸汽内燃机又产生了极大的兴趣。两年后，亨利把该学到的技术都学到了，再没有什么新鲜东西可学了，他又辞去了造船厂的工作。

迪尔本制材厂的约翰，买了一台很贵重的蒸汽引擎，但无法启动。这是一台西屋公司出产的移动式蒸汽引擎，它和亨利早年所见的汽车一般大小，在四个车轮上安着圆筒形的汽锅，上面还有烟囱。

“亨利，你会弄吧？”约翰说明了来意，用期待的目光望着亨利问道。

望着那庞然大物，一向恃才傲物的亨利也失去了信心，但强烈的自尊心、一往无前的精神不容许他退缩，他决心试一下。

他怀着忐忑不安的心情，认真地看着说明，并试着发动，竟然意外地启动了。

约翰提出日薪 3 美元，请亨利来帮忙。这在迪尔本是很高的待遇了，同时这项工作又很有趣，亨利欣然同意。

三个月后，亨利又辞去了制材厂的工作。这一次不是因为工薪低，而是底特律的工业环境在吸引着他，他要创造自己的业绩，他不会为了高薪而长久地看守着一台机器。他去了西屋公司，担任移动式引擎的示范操作员。

在这里，亨利学到了许多蒸汽引擎的知识，终于在 1896 年试制了第一辆内燃引擎四冲程四汽缸式的福特汽车。三年之后，亨利成立了自己的公司。

1903 年，他创立了福特汽车公司。

1906 年，他自己设计制造的 N 型车投产。1908 年 T 型轿车开始生产，并获得巨大的成功。后来，福特汽车不仅占领了欧美市场，也推向了全世界。亨利 · 福特逐步走进了汽车老板的行列，成为美国著名的汽车大王。

可见，培养我们的兴趣与爱好，实际上就是培养自己的能力，当我们的兴趣与爱好越来越浓厚的时候，我们的能力也会得到相应的提高，这对我们日后的成功无疑是一种很好的帮助。

强化你的兴趣，就是给你的成功加分

——美国成功学家拿破仑·希尔致儿子的信

亲爱的儿子：

你好！你既然认识到加强兴趣可以让你的快乐升级，那就不要担心兴趣会影响到你的学业。任何学业得好成绩都与兴趣分不开，缺乏兴趣与爱好，只会给自己带来空虚和烦恼，一个有着正确兴趣的人，他的生活中愉快的事情却会不期而至，让人快乐不已。

世界著名博物学家达尔文，幼年时期和其他孩子一样，看不出有什么“天才”的灵感。但从7岁开始，他就很有兴趣地搜集许多风干的植物和死了的昆虫。他还搜集硬币、图章、贝壳和化石等许多杂七杂八的东西。他还爱好在家里自己做化学实验。为此，他曾经受到过他就读的施鲁斯伯里学校校长巴特勒博士的训斥。这是一所进行古典教育的学校，巴特勒博士警告他：“如果还玩这些与学习不相干的玩艺儿，就要把你从学校里赶走！”

可是，达尔文的父亲老达尔文却非常支持孩子有自己的兴趣和爱好。他把花园里的一间小棚子交给孩子，用来做化学实验。达尔文8岁的时候，母亲去世了，在家里一直支持和引导他的是他的父亲老达尔文和他的舅父韦奇伍德。10岁那年，父亲允许小达尔文同一位教师和一些同学到威尔士的海岸去度过三周的假期。他在那里观察和采集了许多海生动植物的标本。

小达尔文爱好幻想。一次，他在众人面前宣称，他搜集的几块化石是价值连城的奇珍，说有一块硬币是罗马造的。人们认为他养成了一种最不好的习惯——说谎，而他的父亲却不想制止他。老达尔文说：“这说明这个孩子富有想象力，这很可能是一种才能，有一天他可能会把这种才能用到正事上去。”

达尔文的舅舅韦奇伍德则鼓励达尔文把观察到的一切详细记录下来。达尔文对每一个标本都做了一些简单的记录，有时还画上一些插图。舅舅的要求却更高，他对达尔文说：“把你自己当做一个画家，但是要使用文字而不是用画笔与颜色。当你描述一种花、一种蝴蝶甚至一种苔藓的时候，你必须使别人能够根据你的描述立刻辨认出这种东西来。”

为了使他写的东西更流畅，老达尔文帮助他读了许多优秀的文学作品。他读了莎士比亚的全部戏剧和诗，读了司格特的小说和拜伦、柯勒律治、雪莱、华滋的诗歌。然而，他最喜欢的是弥尔顿的十四行诗。精彩的句子，他竟能倒背如流。

在父亲和舅舅的关怀帮助下，达尔文从小养成了搜集动植物标本的爱好，并富有幻想，学会了做严格科学的记录，也学会了用优美准确的语言来表达自己的观察所得。而这一切，正是他在日后作出成就所必需的东西。

由于达尔文对大自然有浓厚的兴趣，经过孜孜不倦的探索，他后来成了伟大的生物学家。

所以说，儿子，在生活与学习的过程中，缺少“兴趣”二字，你的心态也会变得灰暗不堪。

在你的身边，有许多同龄人，他们也许由于繁重的学业，也许由于父母的原因，也许还有诸多的缘由，让他们放弃了自己的兴趣。儿子，你要记住，兴趣是天空中的璀璨明星，在你生活的那片天空闪烁着，犹如闪亮而又欢乐的浪花，随着阵阵轻风摇曳着。真正的兴趣是你此生的“爱好”。

兴趣是指人们认识某种事物的热情，或对某种事物爱好的倾向。兴趣和个人需要以及情感有关。当人对某件事物感到需要时，就会千方百计地通过直接或间接的方法积极热情地去参与活动。一个人的兴趣，随所受的教育和社会、家庭的影响不同而有所差异。

兴趣有良好的兴趣与不良兴趣之分。良好的兴趣，不仅能增强大脑的功能提高工作效率，而且还可预防神经衰弱的发生。人们从事活动，如果怀有浓厚的兴趣，可以做得又快又好，且可持续较长时间而又不感到疲劳。

兴趣是一种非常现实而且活跃的心理成分，在学习、生活中起着极其重要的作用。当一个人对某件事情、某个学科产生浓厚的兴趣时，他一定会积极主动地怀着愉悦的心情去探索、学习，而从不会认为这是一种负担。

所谓“知之者不如好之者，好之者不如乐之者”就是这个道理。因此，学习的最佳动力乃是对学习某种事物的兴趣。

亲爱的儿子，你要永远记住：兴趣是最好的老师，它会指引你迈向成功的殿堂。

儿子，如果你希望成为一个有所建树的人，从现在开始，就在你的生命里种植一朵属于自己的兴趣之花吧，让它在你的人生之路上美丽绽放！

爱你的父亲

Chapter 8

拥有健康是读书的基础

Study
For Your Own

1 健康的体魄是学习的本钱

俄罗斯有句关于健康的谚语："一切好事都是'0'，唯独健康是'1'"。由此可见健康的重要性，所以大家都要珍惜自己的"1"，并在此基础上争取更多的"0"。

青少年朋友们，我们不要自恃青春年少，便忽略了自己的健康。我们照顾身体50年，它会照顾我们50年；我们折磨它50年，它也会折磨我们50年。如果将健康当成一个户头，而我们总是透支，不做投资，那么总有一天健康也会破产。

"健全的心灵寓于健康的身体。"这句格言可追溯到罗马时代，而且历久弥新，到今天仍然适用。健康是可以经营的，而老板就是自己。拥有健康不代表拥有一切，但失去健康就会失去一切，愿每个青少年朋友都能经营和管理好自己的健康。经营好你的健康，这是一个让你幸福一生的好习惯。

让我们先来看看有关毛主席注重健康的故事：

毛主席从学生时代开始就非常重视锻炼身体，一辈子坚持锻炼身体，非常值得我们学习。这里主要讲几个毛主席在湖南第一师范上学时刻苦锻炼身体的故事。

毛主席在12岁的时候曾经得了一场大病，开始体会到身体的重要，后来在湖南第一师范学习时，他特别重视锻炼身体，经常参加各种体育锻炼，并且把锻炼身体与磨炼意志结合起来。这就是他每天坚持冷水浴。

第一师范校门口有一口水井。毛主席的老师杨昌济天天坚持在这里进行冷水浴，毛泽东也尽力仿效。每天，天刚蒙蒙亮，毛泽东就起床穿一件短裤来到井旁，他一桶一桶地把水吊上来，从头浇到脚冲洗全身，然后用毛巾擦干，擦了又淋，淋了再擦，直至擦得浑身通红为止，即使在寒冷的冬天也坚持。

毛泽东洗冷水浴坚持多年，解放后，他年岁大了，洗澡时还用温水，不用热水。他对人说："一个经常注意锻炼身体的人，便不会为风雪的寒威所吓倒。我练习过冷水浴，现在年纪虽然大了，冬天也还可以不用热水洗澡，小小的寒冻也还经得住。锻炼的确是重要的事情。"另外毛泽东非常喜欢游泳，可以说一辈子坚持游泳。

韶山冲，毛泽东家门口有两个水塘，这是毛主席小时候经常游泳的地方，打水仗，游泳，曾给他带来无穷的乐趣。

在第一师范上学时，学校前面就是水面很宽的湘江，更是游泳的好地方。每年5月到10月，毛泽东和几个同学几乎每天都到湘江游泳，还横渡湘江。到了冬天，许多人都不敢下水，毛泽东和几个同学还坚持冬泳。

1918年3月，游泳家李石岑来长沙，毛泽东还专门请他到湘江水中教授游泳技术。当时，毛泽东还写过一首有关游泳的诗，可惜已经失传，只留下了两句："自信人生二百年，会当水击三千里。"到了70岁，毛泽东还横渡长江，真是了不起。

风浴、雨浴、日光浴、空气浴，也是毛泽东喜爱的运动。从第一师范前面过了江就是岳麓山，这是毛泽东和伙伴们进行风浴、雨浴、日光浴、空气浴的好地方。他们游过湘江，躺在烈日照射的沙滩上伸展开身子进行日光浴；遇到暴风雨，他们不去躲避，反而在大风大雨中奔跑呼叫，这叫风浴和雨浴；登上山峰，迎风高歌，这叫空气浴。

野外露宿。毛泽东经常邀集几个同学到妙高峰君子亭和岳麓山、爱晚亭附近露宿。他们尽情地游玩，尽情地高谈阔论，夜深人静了，他们分散开在枯柴杂草中露宿。有一天早晨，几个游人看到庙旁露宿着一个人，因为夜里蚊子多，头脚都用报纸盖着。游人吵醒了露宿的人，收起报纸就走开了，这个人就是毛泽东。

毛泽东不仅自己刻苦锻炼身体，还带动组织同学们参加各种体育锻炼，他担任学校学友会总务兼研究部长时，就组织过游泳，有百余人参加。毛泽东当时还写过一篇研究体育的文章叫《体育之研究》，对体育运动进行深入地探讨，把身体喻为"载知识之车"，"寓道德之舍"。他还提出强国必须重视体育，成才必须德智体全面发展。

1951年，毛主席在接见湖南的几位教育界人士时，也谈到进行体育锻炼的好处。他说："我认为有志参加革命的青年，必须锻炼身体，不去锻炼身体的人，就不配谈革命。大家不是读过《红楼梦》吗？《红楼梦》中两个主角，我看都不太高明。贾宝玉是阔家公子，饮食起居都需要丫头照料，自己不肯动手；林黛玉多愁善感，最爱哭泣，只能住在大观园的潇湘馆中，吐血，闹肺病。这样的人，怎么能革命呢？你们办学校，不要把我们的青年培养成贾宝玉和林黛玉式的人。我们不需要这样的青年，我们需要坚强的青年，身体和意志都坚强的青年。”

如果你想在未来成为一名出色的人，你一定要注意保持身体健康。为了健全的心灵，为了达到成功的彼岸，从青少年时期起就保持身体健康吧。因为，健康是成功之本。

2 心理健康要比肌体健康更重要

心安才有身安，如果一个人整天处于紧张、焦虑和失眠等不健康状态，那么身体肯定会受到损害。假如为读书学习而经常焦虑、压抑和烦恼，就会引发消化、神经、内分泌等系统的功能紊乱，甚至导致疾病。

要经常自己宽慰自己，提高学习信心。人的心理一时失去平衡并不可怕，可怕的是时常失去平衡，久而久之心理会扭曲与变态，从而做出许多傻事、错事和蠢事，致使自己陷入更加痛苦的境地。宽慰自己是保持心理平衡的良方：面对学习困境要充满希望，面对人际关系冷漠要努力改善，面对考试失败等不幸要坚强。总之，只有在心理健康的前提下，才有身体的健康。

学习竞争带来的压力，会让许多青少年感觉恐惧和害怕。因此，一个人的精神健康更显得重要。什么是精神健康？能够正确地评价自己，了解自己的长处和短处，充分地扬长避短；能够客观地评价学习和生活的环境，知道自己应该做什么；能够明智地调整自己的学习和生活的心态；能够乐观地看待人生；能够愉快地与人交往；能够积极地消除心理压力；能够承受学习和工作的负担；拥有充分的自信和自强能力；能够经受困难和挫折的打击；能够冷静听取别人的意见；如此这个人就算得上精神非常健康。

要保持精神健康，应该注意以下几个方面：

不要沮丧和忧虑

精神好，学习效果就好。精神差，学习效果就不好。心情沮丧，有损于一个人的身体健康，也有损于一个人的学习成绩。假如自己不学自厌，不考自垮，不推先倒，不思而困，不磨自愁，那么这样恶劣的学习生活状态，怎么能做到好好读书呢？

不要恐惧考试，不要厌烦读书，要去发现学习的快乐。如果情绪低落，心情抑郁，烦躁不安，寂寞苦闷，那学什么都提不起精神来。

一会儿怕学习出差错，一会儿怕流言四起，一会儿又怕别人脸色难看，一会儿怕考试失败，一会儿怕老师和父母责备……倘若整天胡思乱想，昼夜烦恼不已，那就会日日见清瘦，夜夜伴乏力，每每无精神，这样的人生有何幸福和健康可言？

好心情能增强免疫力。为什么乐天派多健康长寿？为什么“忧虑虫”多衰弱早亡？每个人都应明白一个浅显的道理：人的一生遭遇好坏与快乐无多大关系。有的人生活颇为顺利，却活得十分痛苦；有的人一生中吃过许多苦头，却能活得有滋有味。

克服娇气

生活上娇气不利于健康，心理上娇气更不利于健康。谁见过温室里能培养出参天大树？谁相信温室里的花能经受住狂风暴雨的吹打？娇生惯养无异于慢性自杀，表面看是享受，实质是一种痛苦的折磨。心理上娇气比生活上娇气危害多得多，脆弱的心灵何以面对人生磨难！

娇气往往是多余的，儿童时候撒娇是可以原谅的，但是青少年时期的撒娇行为有时候却是令人生厌的。不娇就会健康，不娇也能刻苦读书。对自己没有正确的认识，不肯去刻苦读书，不注意身体和心理健康问题，心理上娇气的副作用将会陪伴终身，那样产生的恶果往往令人痛苦不堪。

大度大量，有益健康

心胸狭窄的人经常烦恼不断，而且容易被各种疾病侵扰。中医认为：“气大伤肝。”那些气量小的人，常常会感到自己事事不顺心，学习和生活环境不够好、不宽舒，老师经常批评人，同学总是惹是生非。

人们不会忘记“诸葛亮三气周公瑾”的故事。周瑜身为三军都督，却无“宰相肚里能撑船”的度量，为“既生瑜，何生亮？”之气而夭亡。人们常说气量小是人生

延伸阅读：

“诸葛亮三气周公瑾”，出自名著《三国演义》。一气：赤壁大战后第二年，周瑜去夺取荆州，诸葛亮先他一步夺去了。二气：周瑜想借把孙权的妹妹嫁给刘备，把刘备扣下，威胁诸葛亮交出荆州，可诸葛亮用计使周瑜“赔了夫人又折兵”。三气：诸葛亮让周瑜向刘备讨荆州失败，率兵攻打失败，结果心脏病复发，活活气死了。临死前他说：“既生瑜，何生亮！”

的大敌，可事到临头却为何自己的心胸总是不够开阔，为人总是不够豁达呢？所以说，从青少年时期起，有意识地培养自己的气量，学习容忍别人，对我们将来成为栋梁之才是大有裨益的。

学会忍让

《论语》中说：“小不忍而乱大谋。”忍让是一种健康的心态，忍让是强者的意志，忍让是明察事理的表现，忍让是“吃小亏占大便宜”。学会忍让，可以使我们的麻烦降到最低水平，并且我们心理的不安能够减少到最低限度。其实，忍让不是懦弱的表示，而是一种宽恕的信号，也是智者的选择。不会忍让的人，肯定麻烦不断。

忍让可以避免许多学习和生活中的烦恼，可以摆脱很多为人处世的是是非非……让我们学会忍让吧。譬如对于学习上的困难，你既要自信地去忍让，又要有勇气去解决。

3 培养健康的生活习惯

俗话说，年少时人找病，年长时病找人。一个人在年轻时往往轻视健康的重要性，而到了中年才会体会到健康是人生之本。多数人在年少时因为缺乏健康观念，常无意识地损害自己的健康，到了年长时则会百倍珍惜健康，但是往往为时已晚。

当我们备受疾病煎熬的时候，是否想到许多疾病均是由自己引起的：譬如多少次借口学习时间紧而不吃早饭；多少次怒气冲冲，连一口饭也吃不下；多少次通宵达旦，尽情狂欢；多少次忧心忡忡，睡不好觉；多少次冲口而出又追悔莫及；多少次与人盲目攀比，不平之心难言；多少次与环境作对，弄得心力交瘁；多少次争强好胜，搞得头破血流。

我们应该从读书的时候就开始培养健康的生活习惯，尤其要注意以下几个方面：

合理膳食是健康的关键

每个人对食物的需求量都不一样，问题的关键不在于每天吃多少，而在于摄取食物中脂肪和纤维含量的多少。多吃有益健康的谷物、蔬菜和水果，少吃有害健康的高脂肪类和油炸食物，则精力充沛、身体健康。

不要愚蠢地吃喝，要科学饮食。俗话说，民以食为天。合理膳食能确保自己的健康，不仅能保持身材，而且使胆固醇适中，血脂也不会升高。每天喝一杯牛奶能补钙；饭前喝汤，胖的能变瘦的；饭后喝汤，瘦的也能变胖的；食物有粗有细，七八分饱即可。

肥胖基因并非是发胖的根本原因，不良的饮食习惯才是肥胖的罪魁祸首。体育运动的严重缺乏，加上食品摄入过于丰富，营养不均衡，是导致肥胖的主要原因。实际上，如果你在晚上还有心情吃喝，肥胖症已经离你不远了。

虚荣心太重容易损害健康

一个人虚荣心太重，既是健康的大敌，也是亡身之祸。人有一时的虚荣心不足为奇，是可以理解的，但是若有长期的虚荣心则是祸害。每天都要自欺欺人，而且时时都要虚撑面子，总是生活在百般伪装中——这样的学习和生活该有多累！

盲目攀比，可悲地欺骗，畸形的心态，不敢正视学习现状的恐慌，这样无疑会陷入苦海之中。家庭条件是什么样子，就是什么样子，不要去攀比生活条件，应当向读书成绩好的同学学习。学习他们的刻苦，学习他们的认真，学习他们的专心。

青少年重在好好学习，没有必要去逞能争强，到处去显示自己的所谓那些本事。如果这样去做，不仅说明你的无知，而且容易给自己带来不幸。安心读书，不要到处去逞能当英雄、打肿脸充胖子，因为这样做实在没有必要。在读书上应该多花工夫，多用时间，一心一意为自己的美好未来刻苦学习。

不用心读书却到处指手画脚，容易招致别人的怨骂。爱出风头是个坏毛病，虚荣心理害死人。出头露面多了易出现丑陋的本相，烦恼不断容易伤害身体。为什么不让自己的内心保持宁静，安心读书呢？

不要过度任性

过度任性容易滋生烦恼，当然也影响一个人的学习和生活，更影响一个人的身体健康。有人说，漂亮的女生往往任性；有人说，有才华的人往往任性；也有人说，骄傲的人更容易任性。大概因为他（她）们的优点容易受到赏识，而他们的缺点容易被谅解，所以他们的精神总是处于放松的状态。

放任自己的性子，不加约束地胡闹，到头来难免搬起石头砸自己的脚，不但麻烦不断，而且对健康也不利。总是随着自己的性子来学习或者生活，这肯定是糟糕的。

嫉妒是学习的大敌

在学习上应该刻苦，一心去努力读书，而不是光知道嫉妒那些成绩好的同学。在生活上应该保持艰苦朴素的本色，自己原本就出身贫困家庭，却偏偏要去嫉妒那些家庭条件好的同学，那么容易烦恼痛苦，没有好心情去读书，容易走上人生的绝路。

多与人为善，宽容待人，不要去恶意攀比。嫉妒是现代人常见的一种恶劣心态，这是极端狭隘的。嫉妒会使人面目可憎，嫉妒会使人丧失亲情、友情，嫉妒会增加无尽的烦恼。

摆脱抑郁症的泥潭

如果总想逃避现实的学习生活，如果经常为了读书而感到绝望，如果每每为考试而惊慌失措，如果时有苦闷无比的厌学情绪，如果时时对老师充满愤怒和敌意，如果经常瞧不起同学、感觉他们时刻与自己作对，如果自己越学越觉得无意义、越活越觉得没意思——那么我们就要提高警惕了，有可能厌烦读书的学习抑郁症已经悄悄地缠上你了。我们一定要走出抑郁读书的“沼泽地”，否则就不可能去安心读书了。

睡眠是健康的最好保证

一般情况下，保证良好的睡眠，比保证良好的饮食还要重要，因为它能对大脑和整个神经系统进行调节。莎士比亚曾把睡眠比喻为“生命筵席”上的“滋补品”。良好的睡眠不但是身体健康的保证，而且也是获得优异学习成绩的保证。

一个人如果经常睡眠不足，往往后患无穷，会严重影响学习效果，以及身心健康。老是睡不好，如果时间长了会有生命危险。健康不觅仙方觅睡方；春夏宜晚卧早起，秋冬宜早卧晚起，“先睡心，后睡眼，头北脚南睡得香”。睡眠好则身心爽快，一觉好眠百病消。

要保持良好的“生物钟”

我们最忌讳的是学习生活没有规律性，随自己的性子去读书学习，譬如今天学习到半夜三更，明天却蒙被睡到正中午。没有计划，没有规律，既危害健康，读书效果也不好。应该吃饭的时候不去吃，饿到半夜才想到，这样最损害我们身体的健康，对学习也极为不利。

切莫随意造成自己“生物钟”紊乱。人体都有一个神秘的“生物钟”，学习和生活起居无常容易打乱“生物钟”，会导致自己精神萎靡不振，内分泌失调，甚至免疫力也下降。长期下去，不但对身体不利，而且学习成绩也会下降。

> **延伸阅读：**
>
> “生物钟”，叫生物节律、生物韵律，指的是生物体随时间表现出来的周期性变化，包括生理、行为及形态结构等现象。科学家发现，生物钟是多种多样的。就人体而言，已发现100多种。生物钟对人健康的影响是非常巨大的。

坚持“乐观、营养、运动和节制”的健康之道

乐观有益健康，这是许多人都明白的道理。著名医学专家洪昭光教授开出的健康处方，第一条就是”养心汤”。俗话说：笑一笑，十年少；愁一愁，白了头。笑不仅能增添欢乐情绪，增添肺活量，而且能够缓解心理压力，提高人的免疫能力，还能给自己和别人一种温馨的感觉。运动是为了强身，最终目的是确保健康。“常锻炼，常运动”应该作为我们的座右铭。生命在于运动，贵在日常坚持锻炼。锻炼要避免误区，要根据不同体质、年龄等，选择最佳的锻炼方式。

4 我们的健康全靠我们自己

“生命在于运动”，这是法国作家伏尔泰创作的名言。伏尔泰本人也是一位热爱运动、有健康生活规律的人。伏尔泰信守一生的格言是：“我们的健康全靠我们自己。”伏尔泰年轻时并不懂得健康对于生命的意义，身材瘦削，生活无规律，后来因为患病影响了写作，他才创造了自己独特的养生方法，并持之以恒。人们渴望健康，有健康意识，但不代表所有的方式都正确，有些人家里的健身书籍非常多，但他们究竟能把一种健身活动坚持多久呢？生命不息，运动不止，仅有3分

延伸阅读：

伏尔泰(1694～1778)，18世纪法国资产阶级启蒙运动的旗手，被誉为“思想之王”、“法兰西最优秀的诗人”。伏尔泰才思敏捷，多才多艺。他的作品以尖刻的语言和讽刺的笔调而闻名。其名作有史诗《亨利亚德》、《奥尔良少女》，悲剧《欧第伯》、喜剧《放荡的儿子》，哲理小说《老实人》，历史著作《路易十四时代》、《论各民族的风俗与精神》等。哲学代表作有《哲学辞典》、《形而上学论》、《牛顿哲学原理》等，其中《哲学通信》被人称为“投向旧制度的第一颗炸弹”。

钟热度是不管用的。

英国现代杰出的现实主义戏剧家萧伯纳不仅才思敏锐，有着“当代人中最清楚的头脑”，而且还有一副可与著名运动员相比拟的体格。萧伯纳保持健康的原因有二：一方面在生活上非常规律，不吸烟，不喝酒，而以粗面包和蔬菜为主；另一方面，他一生都坚持体育锻炼。

萧伯纳每天早起，洗冷水浴、游泳、长跑、散步，他还喜欢骑自行车、打拳。七十几岁时，萧伯纳曾和当时世界著名的运动家丹尼同住在波欧尼岛上的一家旅馆里，每天起床后洗冷水浴，接着是一段数里的长途游泳，然后躺在海边享受日光浴，再一起长途散步。

萧伯纳常说：“大夫不能治病，只能帮助有理性的人避免得病而已。人们倘若正规地生活，正当地饮食，就不会有病。”

其实，在生活中，进行锻炼是非常简单方便的事情，其中散步是最方便和实用的运动。这是一种不拘形式、闲散、从容的踱步。

根据专家的研究，每天散步30分钟，每星期3天，就提供了足够一个人维持健康的活动量。舒适轻松地散步，不仅可以增强心肺和呼吸系统，还可让头脑清醒和缓解疼痛。散步同时也为人们提供和大自然接触的机会，有利于心情舒缓。

散步是恩格斯锻炼的方法之一，这几乎是他每日的必修课。恩格斯每天吃完早饭，阅读报刊杂志，处理来往信件，午饭后就到附近的丘陵地带或公园散步，接着工作直到吃晚饭，晚上可以工作到12点以后。从曼彻斯特搬到伦敦居住后，恩格斯的住所与马克思的较近，常常下午1点左右和马克思一起外出散步，有时还去很远的郊外。

散步使恩格斯消除疲劳，保持旺盛的精力。直到晚年，他仍将散步作为健身的方法。养成步行的习惯，也可以增进健康。安步当车是一种健康的运动方式，只不过因为高速生活被人们所忽视了。

美国的办公室大部分都在高楼大厦里。一位集团董事长的办公室在20层楼，每天光是等电梯就要花好长的时间。于是他下决心把爬楼梯当做每天的例行工作。事实证明，这的确是一个相当好的方法。以前他在等电梯时，经常因等得不耐烦而猛抽香烟。当电梯下来时，又急急忙忙把烟熄掉，冲进电梯。从改走楼梯后，吸烟量减少了，而且由于白天的运动量增加，晚上一到十点就想睡觉，再也不失眠。结果不但身体健康状况变好，连性格都变得积极而有朝气。

由此类推，也可以减少坐车的机会，把步行当作一种固定的生活规则，一定可以增进身体健康。

我们常说“身心健康”，也就是说健康包括两个方面的含义，一个是“身”，即生理健康，另一个是“心”，即心理健康，两者同等重要，缺一不可。有关心理健康的问题如今受到了越来越多的重视，这是个好现象，表明了时代的进步与人们观念的改变。

过去我们对生理健康强调过多，只有生了病才会去医院进行治疗，从没想过如果人患上了心理疾病，同样会危害我们的一生。

只有那些行为异常的精神病，我们才把它们视为心理不健康，而对其他的人呢，都视为心理健康的正常人。这种看法未免有些片面了；常见到报刊上报道某个中学生离家出走、服毒自杀。这些令人痛心的现象，不正说明他们的心理已经不大健康了吗？可惜的是，人们不能及时地察觉，才致使悲剧一再地重演。

震惊全国的马加爵杀害同学案，不也是这样一个鲜明的例子吗？马加爵的身体十分健康，但就是不能与同学很好地相处，自卑心理严重，性格孤僻，对别人的非议耿耿于怀，报复欲望极强，才酿成了杀人害命的惨剧。

这些都向我们揭示了心理健康的重要性。我们都有这样的经验，身体的疾病是容易发现的，而心理上的疾病却隐藏很深，如果不爆发出来，就很难发现。但是等到爆发出来的时候，就已经太晚了，悲剧往往已经酿成了。

国外早已有了“心理诊所”，具有专业知识的心理医生为病人排忧解难，化解病人心中的疾患。在我国，类似的研究也已蓬勃开展起来，为无数心理患者带来了福音，处于青春发育期的青少年由于生理发育较快，给心理上带来的波动较大，因此我们一定要重视自己的心理健康，时刻保持乐观的心态，团结互助，助人为乐，努力学习，尊老爱幼，做一个思想美、语言美、行为美、品德高尚的好学生。

世界卫生组织曾对“健康”下过一个定义：“健康不仅仅是指没有身体疾病或

残缺，而是要在生理上、心理上和社会适应能力以及道德等方面都处于良好状态。”这个定义是比较完整、准确的，而且特别强调了心理健康的重要，我们可以与自己做一对比，看看自己的心理是否处于健康的范围内。

我们要能适应社会，正确地认识现实，自觉地接受社会道德规范，能较好地适应自己的学习生活与周围环境，保持积极乐观的心态，遇到问题不悲观、不退缩、不怨天尤人，而是积极地想办法，在老师或长辈的帮助下，解决好自己所面对的一系列问题，表现出朝气蓬勃、积极进取的良好精神风貌。

只有重视了自己的心理健康，保持着积极乐观的健康心态，我们才能健康地成长起来，在学习和生活中取得一个又一个的成功。

任何时候都不能忽视你的身心健康

——美国著名企业家迈克尔·戴尔写给儿子的信

亲爱的儿子：

你妈妈昨天给我来电话，说你最近一段时间情绪低落，脸色也很憔悴，这让我对你的身心健康尤为担心。现在已近午夜，我却无法入睡，所以干脆给你写下这一封信，希望你在看完后能有所体会。

其实，强健的心理、情绪与精神，都来自健壮的身体。一个人若想功成名就，首先就要关注自己的健康问题。因此，当你在为成功做各种准备之前，首先需要学习的一个简单而重要的课题，就是让自己保持身心健康。因为只有一个身心健康的人，才能具有精明的脑子和旺盛的精力，没有好的身体，就不能采取任何行动，当然也就无法实现理想。简单地说，身体健康是一个人获得成功的硬件基础，一个人成功的必备条件之一便是身心健康。

居里夫人有句名言："科学的基础是健康的身体。"她不仅自己注意锻炼身体，而且要求两个女儿也坚持"严格的知识训练和体格锻炼"。居里夫人的大女儿伊蕾娜于1939年荣获诺贝尔化学奖，小女儿艾芙日后成为杰出的音乐教育家和传记作家。

当伊蕾娜和艾芙还在幼年时期，居里夫人就带领她的女儿到国内外旅行，并让她俩给战士织毛衣。为了从小培养她们勇敢并有主见的独立人格，居里夫人还让两个女儿加入收获队，代替男子冒着危险去抢收麦子；不论天气如何，居里夫人都让伊蕾娜和艾芙步行很长的路；居里夫人还在花园里设置了一个横架，上面有吊杆、一条滑绳、一副吊环，让她们在家里进行体育锻炼。

在世界名人对其子女进行的家教中，居里夫人是最为成功的一位，因为她从小培养孩子独立自主的人格，强化体魄训练，锻炼意志和力量，使女儿的身心健康得到全面发展，最终成为杰出人物。

由于时代的变迁，现代人最常见的缺点，就是不珍惜已经拥有的，失去时才想起挽留，这一点在对待健康方面尤为明显。

当一个人无病无灾时，总觉得自己是个高速运转的机器人，他们不懂得爱惜自己的身体，天天为赚钱而奔波，总想着出人头地。当过度疲劳时，他们的精神和体力都会明显衰退，又可能要花上大量的时间来休养，用无数的金钱进行治疗。其实，如果在还拥有健康时就注意自己身体的保养，你就会轻松拥有一个强健的体魄。

儿子，你看我现在的年纪也大了，但身体却一直很棒，这就是我一直注重体魄锻炼的结果，现代社会的商业竞争日趋激烈，如果身体跟不上去，对自己的事业将会带来沉重的打击。要使自己的事业稳步发展，首先要保证自己拥有健康的体魄。

从统计数字上看，人的寿命确实是随着医疗条件的改善而有所延长，但是人的健康状况却并不乐观。人被许多现代“文明病”，比如超负荷的工作、人际关系的复杂等压力死死地纠缠着。据有关资料显示，很多病都与人的情绪有关，如糖尿病、忧郁症、关节炎、高血压、哮喘、心律不齐、综合疲劳症等，很大程度上都是由于心原性因素引起的。

其实，健康就是财富，人不应该为了追求身外的财富而忽略了自身最大的“财富”——健康。只要合理安排，健康与事业丝毫不会产生矛盾，有时一个微小的举动或者一个很简单的改进，都会令我们享受到健康的快乐。

儿子，你一定要记住：一个青少年要学会对自己进行积极的健康管理。良好的健康，并不是仅仅指身体健康而已。除了消除生理疾病以外，还要能善于控制情绪和精神痛苦，才算是健康良好。

从现在开始，我希望你学会自我健康管理，因为健康管理是自我发展中很重要的一环。至于如何进行自我管理，我可以提供以下几条建议供你参考：

首先，要认清自己有哪些不良习惯。人都善于自我保护，不愿面对令人不愉快的事实，对于坏习惯的态度也是一样。所以，人不单要让自己知道不良习惯，还要保持着这样的认识，同自我保护的反应抗争，才能革除有害的习惯，以健康的习惯来代替。

其次，人要相信能控制自己的健康，人并不是对自己的健康无能为力。虽然我们改变不了天生的资质，但采用的生活方式和所做的事情，还是会影响到自身的健康。

然后，要时刻保持快乐的心境。人不健康的大部分原因是没有让自己过得快活一点，不知道自己有时候需要过得快活一点，就好像人必须学会克制自己才算成功一样，实则让自己生活在人为的圈套中，越来越累；让自己过得快活一点，是保持心理健康不可或缺的一环，也只有这样，才能提高生活质量。

最后，要争取别人的支持。这是养成健康习惯的又一个重要方面。倘若你希望戒除一些不健康的生活习惯，自制力又不是太强，那么最好是能找到支持你的健康计划的人，或者是自我发展的小团体。

儿子，我相信你是一个有着非凡自制力与意志力的人，短期的情绪郁闷与身体不适对你来说，只不过是一种生活的历练而已，你一定可以很快恢复到最佳的状态，将你的学业完成得更加出色。

等你的好消息！

牵挂你的父亲

Chapter 9

培养良好的品格

Study
For Your Own

1 敬爱父母，懂得孝顺

在人类社会中，“孝心”使得每个家庭幸福美满，使得我们的生活充满情调，更有意义。

你的财富可以粉饰住处，但只有美德能装扮自己；你的服饰可以点缀外在，但只有行为能够代表你。品格的好坏决定人一生的成就，而青少年时期对养成一个人的品性非常重要。因此，我们在读书的时候不仅要努力学习，更要培养我们的品格。一个人最基本的品格就是要懂得孝顺，因为，一个人如果连自己的父母都不孝顺，怎么可能去关心别人，感恩别人呢？

让我们先来看一个故事：

仲由是周朝春秋时候鲁国人，字子路。非常孝敬父母。他从小家境贫寒，非常节俭。经常吃一般的野菜，吃得很不好。仲由觉得自己吃野菜没关系，但怕父母营养不够，身体不好，很是担心。

家里没有米，为了让父母吃到米，他必须到百里之外才能买到米，再背着米赶回家里，奉养双亲。百里之外是非常远的路程，也许现在有人也可以做到一次，两次。可是一年四季经常如此，就极其不易。然而仲由却甘之如饴。为了能让父母吃到米，不论寒风烈日，都不辞辛劳地跑到百里之外买米，再背回家。

> **延伸阅读：**
>
> 甘之如饴，出自于宋·文天祥《正气歌》诗：“鼎镬甘如饴，求之不可得。”意思是感到象糖那样甜，指为了从事某种工作，甘愿承受艰难、痛苦。

冬天，冰天雪地，天气非常寒冷，仲由顶着鹅毛大雪，踏着河面上的冰，一步一滑地往前走，脚被冻僵了。抱着米袋的双手实在冻得不行，便停下来，放在嘴边暖暖，然后继续赶路。

夏天，烈日炎炎，汗流浃背，仲由都不停下来歇息一会，只为了能早点回家给父母做可口的饭菜；遇到大雨时，仲由就把米袋藏在自己的衣服里，宁愿淋湿自己也不让大雨淋到米袋；刮风就更不在话下。

如此的艰辛，持之以恒，实在是极其不容易。

后来仲由的父母双双过世，他南下到了楚国。楚王聘他当官，给他很优厚的待遇。一出门就有上百辆的马车跟随，每年给的俸禄非常多。所吃的饭菜很丰盛，每天山珍海味不断，过着富足的生活。

但他并没有因为物质条件好而感到欢喜，反而时常感叹。因为他的父母已经不在了。他是多么希望父母能在世和他一起过好生活；可是父母已经不在了，即使他想再负米百里之外奉养双亲，都永远不可能了。

尽孝并不是用物质来衡量的，而是要看你对父母是不是发自内心的诚敬。孝无贵贱之分，上自皇帝下至百姓，只要有孝心，在任何情形之下，不计千辛万苦，你都能曲承亲意，尽力去做到。

“父母之爱子，则为之计深远。”父母希望你刻苦学习，成才报国，你心不在焉，庸庸碌碌，心不专，志不诚，学业无成，就是不孝。父母含辛茹苦，从牙缝里挤出钱供你读书，你却不念家境，跟别人比吃比穿，奢侈浪费，就是不孝。父母巴望你遵纪守规，做一个省心的人，你却大错三六九，小错天天有，拉帮结派，吸烟酗酒，打架斗殴，网吧玩通宵，游戏厅立户，谈恋爱争风吃醋，让老师寒心，令父母伤心，就是不孝。一个连父母都不知道孝敬的人，奢谈热爱集体、关心同学、热爱祖国，岂不是滑天下之大稽吗？

一个人，可以没有钱，没有地位，没有姿色，没有人爱，但绝对不可以没有对父母的孝心，因为你的生命是他们给的，而没有生命也就没有一切。作为人，我们不能没有孝心。虽然在青少年时代，我们还需要父母来养育我们，不能给父母以物质上的报答。但是，对父母来说，我们努力学习，听父母的话，让自己成为一个有用的人才，就是最大的孝顺。

让我们再来看看孟子小时候的一个故事：

孟子是我国战国时代著名的思想家，他以其卓越的思想成就而与孔子齐名，并称孔孟。

孟子的成就与其母亲是分不开的，在民间就流传着“孟母三迁”和“孟母断织”的故事。孟母倪氏在丈夫死后，和儿子孟子生活在一起，为了教育儿子曾经三次搬家。到孟子年龄大一点，有一次逃学回家，孟母正在织布，孟母问他：“读书学习是为了什么？”孟子说：“为了自己。”孟母非常气愤，就把织布机上的线割断，对他说：“你如果不好好学习，就会像这些断线一样，成不了布。”孟子从此勤读，后来成为仅次于孔子的亚圣。

这个故事告诉我们，父母对我们的期望就是希望我们能够在青少年时期努力学习，成为一个有作为的人，这就是对父母最好的报答。

现在，有的青少年在外地读书，不可能每天跟父母亲在一起；甚至远离父母，跟父母相聚的时间都很短。但我们可以借助电话问候，可以借助 e-mail，一句关怀的话语都可以让父母欣慰。所以孝不分贵贱，也不分时间有无，只要你能真诚地付出，任何方法都足以让父母得到安心，都足以安慰父母。

2 做一个有爱心的人

一个人从呱呱坠地到长大成人，无时无刻不享受着父母之爱、亲友之爱和来自方方面面的关爱。因此，我们在得到他人关爱的同时，一定也要学会关爱他人。

一个人，只有在青少年时期有一颗善良的爱心，长大后才能有仁慈的品质，才能真正成为一个正直的公民。一个拥有爱心的人，走到哪里都受人欢迎，也容易获得成功！

让我们来看一个小故事：

一座寺庙，香火旺盛，烧香拜佛的香客络绎不绝。一天，一位身材肥胖的老太太跨越寺庙大门时，被门槛绊倒在地，几次想起身都因太胖而挣扎不起。身边的善男信女想扶却又纷纷缩手，大约是怕老太太有个什么闪失，扶的人反而脱不了干系。也难怪，大家被那些施救反被诬陷的报道弄怕了。此时，一个正在颂经的小和尚见状，丢下手中经卷飞奔而来，将老太太搀扶起来。一位香客对小和尚说："今天小师傅又做了一件善事，积了功德。"小和尚的回答却是："不思善！"小和尚又进一步解释："在我的眼中，只有跌倒的老太太，没考虑是做善事还是修功德。"

在助与非助之间，小和尚什么也没想，他想的就是助人。人的一些本性总会在关健时刻展现出来。小和尚的行为就是爱心的自然流露。爱心是良知，是人的天性。

也许你的学习成绩不是最好，也许你的交谈有些木讷，也许你的穿着不漂亮，也许你的长相有人不喜欢，但是你的爱心一定能温暖别人。爱心将使你心胸宽阔，使你美丽。

林肯为什么能成功呢？原因就在于他在任何可能的情况下都会帮助别人，这使得他在任何情况下，都能和别人打成一片。林肯曾经在律师事务所工作，他的合伙人亨恩顿说："在林肯先生的住所住满人了的时候，他会把床让给别人，然后自己到店里的柜台上去睡。"

为什么一个具有爱心的人更容易成功呢？因为你的动作，你的行为举止，你的眼神，你的语言流露和表现出的爱心，向别人表达的信息表明你是个可信的人，是一个受人尊敬的人。因此别人也愿意帮助你，与你合作。

延伸阅读：

亚伯拉罕·林肯(1861～1865)，美国第16任总统，伟大的民主主义政治家。他出生在社会低层，具有勤劳、俭朴、谦虚和诚恳的品格。在他任职期间，签署了著名的《解放宣言》，解决了当时美国社会经济政治生活中存在的主要矛盾。在美国南北战争中，他亲自指挥作战，领导联邦政府同南部农场奴隶主进行了坚决斗争，维护了国家的统一，有力地推动了美国社会的发展。林肯于1865年4月15日遇刺身亡。由于他在美国历史上所起的进步作用，人们称赞他为"新时代国家统治者的楷模"。

第一，做一个有爱心的人，要学会爱自己。

人类进化到今天，已经趋于完美。而你自己降临到这个世界上，生命只有一次，因此要使自己过得有价值才对。

你的相貌、你的身材、你的言谈举止、你的思想，没有人会和你一模一样，现在没有，将来也没有。你是独一无二的。黄金昂贵，世界上还有；钻石无价，还可以挖掘；而你不可再造，生命只有一次。因此，你要珍惜自己的身体，要用清洁和节制来珍惜自己的身体；要珍惜自己的思想，要用智慧和知识使自己升华；要珍惜自己的行为，要使自己行为高雅、魅力无穷。

第二，我们要爱我们的父母。

父母对我们的爱是不求回报的。现在我们也许体会不到这句话的含义，但是我们要学会爱父母。

爱父母的一方面就是体谅父母。其实，你开始一直坚持做家务就是体谅父母的表现。爱父母的另一方面就是尊重父母，当爸爸、妈妈休息的时候，轻轻关门、走路；吃饭的时候，请他们先动筷子；主动为爸爸、妈妈倒杯水、捶捶背、揉揉肩；星期天早起，掌勺给爸爸、妈妈做早餐，让父母享受有儿女的幸福。

有时候我们的父母也会做错事情，毕竟他们也是普通的人，也许他们的喜怒哀乐会表现出来，也许他们的教育方式并不一定恰当，出现令我们不适的事情，我们要学会沟通、学会交流、学会体谅、学会宽容。把内心的不愉快和他们交流，不要闷在心里，寻求发泄，和他们大吵或者生闷气都是不良表现。

遇到学习、生活上的事情，学会同爸爸、妈妈交流。有不少同学放学回家，把房间门一关，同父母没有共同语言。我们大多数都是独生子女，本来可以交心的朋友就少，能和自己的父母自由交流，那是多么幸福啊！父母的批评往往是人生经验的总结，能帮助我们少走不少弯路。

第三，我们要爱我们的老师。

老师的爱，感动一生；老师的教导，一生受益。它是我们人生道路上活力的源泉，生命的力量。

3 除了要有爱心，还要懂得感恩

感恩是人的一种美德，学会感激养育我们的父母，感激给予我们各种知识的老师，感激给予我们帮助的同学和朋友，感激生活中一切美好的事物。学会感恩，将使我们一生受益无穷。

有一次，某中学老师给学生布置了一个作业——“给妈妈洗脚”，学生作出的反应大概有三种：一是，“天啊，这是什么作业，脚很脏啊，我怎么能够接受呢？”二是，“莫名其妙，父母自己都会洗，用得着我洗吗？太形式化了吧？”三是，“父母给了我们生命，就算我们用生命来回馈，都无法报答父母的恩情，洗脚又有何难？”

我们通常认为感恩父母就是要对父母尽孝道，难道感恩仅仅就是报答、回报吗？感恩其实讲的是一种人际关系，是人与人之间情感的一种表达。它绝不是简单地仅仅给父母洗一次脚，端一次茶；当然它也绝不是虚无缥缈的概念，而是要懂得给予和珍惜，要在生活的点点滴滴的积累中慢慢养成的一种良好的感恩心态。

现在，让我们静下心来，好好地想一下：我们的父亲，我们的母亲，还有我们的老师。

从小到大，父亲也许打过你，骂过你；也许非常关心你，爱你，呵护你；也许父亲没什么文化，只会用慈爱的目光给予你关怀和支持。有一个小孩和同学吵架，同学把他父亲也一起骂了，骂父亲是乌龟王八蛋、像一条狗，小孩当时气得狠狠地扇了对方一耳光，打得对方鼻青脸肿，小孩父亲知道这件事后要小孩立即去道歉，因为对方的父亲是有权有势的，惹不起，小孩不肯去，小孩的父亲拖着小孩登门道歉。小孩就是不肯开口说一句“对不起”。最后父亲是跪下去跟对方说了句：“对不起”，才平息了这件事。为了家庭稳定，事业基础，不惜忍辱负重，而这一幕永远留在小孩的记忆中。

曾经也有一位父亲给孩子写过这样一封信：

孩子，在你还小的时候，父亲是你的一匹马，一匹骑着开始你的人生之旅的马。

孩子，当你长大一点的时候，父亲是你的一把锁，一把让你一次次开启知识之门的锁。

孩子，当你上学的时候，父亲是你的一扇门，一扇等待你归家的门。

孩子，当你离开家门的时候，父亲是你的一道坎，一道让你历尽人生磨难的坎。

亲爱的朋友……想想你的母亲现在在哪里？你眼前现在浮现出母亲的样子，母亲从小到大无私的抚养着你，那一幕幕好像就在眼前，请把眼睛闭上，回想从小到大，妈妈对你无私付出，妈妈对你的爱足以感动天地，这么多年，在你的成长的路上，妈妈一直在暗暗地爱与支持我们，无论你走到哪里，她都在牵挂着你。

在你小的时候，妈妈也曾经漂亮过，今天，岁月却在她的脸上留下痕迹。你长大了，妈妈却老了，你长大了，妈妈却白发苍苍，手粗了，脸皱了，曾经就是那双手，为你做饭、洗衣、洗澡、梳头，也曾无数次在半夜里起来给你盖被子，把你爱吃的东西放进你的碗里，送进你的嘴里，这一切的一切，你还记得多少。你有没有看到灯光下的妈妈，已满头白发，满脸沧桑。

想起这一切，我们心中一定要有爱，我们一定要明白一个道理，人活着不仅为自己，你的生命不属于你，是属于你的父母，属于你的亲人，你活着是一种责任，一种使命。你要感谢父母，给予你生命，你要感谢他们把你养大，让你成才。

除了我们的父母，还有一个人，值得我们永远感恩，这个人，就是我们的老师。

当我们犯错误而受到惩罚时教导我们的是老师；当我们遇到一道难解的题而汗流浃背的时候，为我们细心讲解的是老师。一个赞扬的眼神，使我们万分开心；一句温暖的问候，使我们感受到第二种亲情。

虽然我们只是一轮初升的太阳，我们也要学着释放温暖，更要怀着对老师感恩的心去思考、行动，毕竟老师为我们付出的太多太多。

老师曾经说过这样的话："我们不需要太多的荣誉和赞美，我们只喜欢'老师'这两个字……"这质朴的语言无疑是老师们共同的心声，是他们内心世界最真实的情感流露。我们感谢老师辛勤的教育，感恩于他们的谆谆教诲，然而，再多赞美的言语，华丽的词藻，也比不上我们用爱和行动来感恩老师。

感恩老师，并不需要我们去做惊天动地的大事，它表现在日常生活中的点点滴滴：

课堂上，一束坚定的目光，一个轻轻的点头，证明了你在全身心投入，你在专心致志地听讲，这便是感恩；下课后，在走廊里遇到了老师，一抹淡淡的微笑，一声甜甜的"老师好"，这也是感恩；放学了，向老师招招手，说一声"老师再见"，这依然是感恩；当然，认真地完成每次作业，积极地举手发言，靠自己的努力换来理想的成绩，取得更大的进步，获得更好的发展，这更是对老师辛勤工作的最好回报，也是老师最大的欣慰，最快乐的满足。

亲爱的青少年朋友，无论你将来生活在何时何处，或是你有着怎样特别的生活经历，只要你胸中常常怀有一颗感恩的心，就必然会不断地涌现出诸如温暖、自信、坚定、善良等这些美好的处世品格。

4 要有一颗责任心

1920年，有个11岁的美国男孩踢足球时，不小心打碎了邻居家的玻璃。邻居向他索赔13美元。在当时，13美元是笔不小的数目，足可以买125只生蛋的母鸡！闯了大祸的男孩向父亲承认了错误，父亲让他对自己的过失负责。男孩为难地说：“我哪有那么多钱赔人家？”父亲拿出13美元说：“这钱可以借给你，但一年后你要还我。”从此，男孩开始了艰苦的打工生活。经过半年的努力，终于挣够了13美元这一“天文数字”，还给了父亲。这个男孩就是日后的美国总统里根。他在回忆这件事时说，通过自己的努力来承担过失，使我懂得了什么是责任。

> **延伸阅读：**
>
> 罗纳德·里根(1981～1989)，美国第40任总统。1984年4月26日至5月1日，里根应邀对中国进行国事访问，他是中美两国建交后首位在任时访华的美国总统。

我们先看看下面这个故事：

查尔斯·詹姆斯·福克斯是英国著名政治家，他以“言而有信”获得了政界极高的赞誉。

当福克斯还是一个孩子时，有一次，福克斯父亲打算把花园里的小亭子拆掉，再另行建造一座大一点的亭子。小福克斯对拆亭子这件事情非常好奇，想亲眼看看工人们是怎样将亭子拆掉的，他要求父亲拆亭子的时候一定要叫他。小福克斯刚巧要离家几天，他再三央求父亲等他回来后再拆亭子，福克斯父亲敷衍地说了一句：“好吧！等你回来再拆亭子。”

过了几天，等小福克斯回到家中，却发现旧亭子早已被拆掉了，小福克斯心里很难过。吃早饭的时候，小福克斯小声地对父亲说：“你说话不算数！”父亲听了觉得很奇怪，说：“不算数？什么不算数？”原来父亲早已把自己几天前说过的话忘得一干二净。老福克斯听到儿子的话后，前思后想，决定向儿子认错。他认真地对小福克斯说：“爸爸错了！我应该对自己说过的话负责！”

于是，老福克斯再次找来工人，让工人们在旧亭子的位置上，重新盖起一座和旧亭子一模一样的亭子，然后当着小福克斯的面，把“旧亭子”拆掉，让小福克斯看看工人们是怎样拆亭子的。后来，老福克斯总是说：“言而有信，对自己的言语负责，这一点比万贯家财来得更为珍贵！”

父母对自己的言行是否负责，会直接影响到孩子的人品和性格。不要轻易对孩子许诺，一旦许下诺言，就要尽可能照此执行。实在做不到，也应该给孩子解释清楚，有条件的话，尽快将此补上。这看起来像是小事，可如果父母总也不实现自己的诺言，孩子便不会再听信父母的话，因为他们会觉得父母在欺骗他们。

学习是一个互动的过程，关键还在自己的责任心。学习学得好，也是一种责任，既是对自己的生存和发展负责，也是对社会负责。当然，只有首先对社会负责，为社会做出贡献，社会才能承认你的价值，社会才会回报你生存和发展所需要的东西，社会才对你负责。这也就是对自己负责。

另一个故事也发生在美国。

汤姆搬进新家不久，有一天，门铃响了，汤姆打开门，一个小男孩站在门前，他自我介绍叫亨利，并指着斜对面那栋漂亮的房子，告诉汤姆那是他家。然后问：“我可以帮你剪草坪吗？”汤姆看着他那瘦小的身材，很难相信他能够剪这前院、后院面积颇大的草坪，不过，既然是他主动要求做，就点点头说：“好啊！”

男孩很高兴地推来剪草机，开始工作。他把笨重的机器推来推去，剪得相当整齐。完成工作后汤姆付给他 10 美元，好奇地问他：“你挣的钱做什么用？”男孩说：“上个星期我过生日，爸爸送我半辆自行车，我要赚另一半的钱。如果下个星期再让我给你剪草坪，我就可以去买了。”从那以后，汤姆家剪草的工作就给男孩承包了。慢慢地，附近几家的草地也都包给他去做……

在我们成长的过程中，随时随处培养自己的责任心，不推诿，不逃避，使我们在承担责任的过程中完善自己的人格。这对我们日后的独立与自信无疑会产生巨大的作用。

责任感是人间最高贵的情操。一个人能承担多少责任，就能成就多少事业。在学习的过程中，最怕的就是自己没有负责任的勇气，不负责任的人不管能力多强，因为无法持之以恒，让人无法安心托付重责大任，最后，与成功失之交臂。人生是由许多经验累积而成，所以只要肯承担责任，就会有成就。如何培养承担责任的力量？首先要从自我认识、自我训练做起，不逃避自己的短处，能够勇于面对自己的错误，并加以改进。

人生需要美丽的人性

——美国遗传学家摩尔根致儿子的信

亲爱的威廉：

在与你正式交谈之前，请让我问你几个问题：你曾经问过自己是一个怎样的人吗？你曾经反思过自己平时的言行举止吗？在这封信里，我想和你谈谈有关人性的话题。

人性是什么？

随着人们社会阅历的增多，每个人都会无数次地在生活中提出这个问题。我认为人性就是人的一切美德的总和。它包括坚强、刚毅、同情、公正、善良等等一切值得歌颂和赞扬的品质。一个人是否是一个有人性的人，只要从他在生活中的点点滴滴的所作所为中就能看出来。有的人意志薄弱、游手好闲、欺善怕恶，而有的人却意志坚强、勤劳刻苦、正直善良，前一种人没有人性，而后一种人却是有人性的好榜样。那么，如何才能使自己具有人性呢？

要让自己有人性，首先要让自己拥有美好的人格。

林肯去世几十年了，然而他的名字却依然享誉世界。为什么？这是因为林肯拥有伟大人格。他生前公正自持、廉洁自守，从来没有践踏过自己的人格，糟蹋过自己的名誉。

儿子啊，你要时刻记住："坚守人格，是世界上最伟大的一种力量。"当你在开始自己的事业时，假如你能将自己的人格力量当作事业的资本，做任何事都不背叛人格，那么，你今后即使不能事事顺心，也不会在事业上失败。相反，你一旦丧失了最基本的人格，就根本谈不上事业的成功啦。一个能够真正成就事业的人，绝对是一个富有人格力量的人。我们常说要学做事先学会做人，可见培养自己的美好人格多么重要！因此，你还是认识到：人格力量是最可靠的事业资本。

你现在还处在重要的学习阶段，美好的青春年华正是你培养自己的人格的最佳时期。许多年轻人总是认识不到这一点。在学生时代，不勤奋刻苦地学习科学文化知识，反而学到了一些不良的生活习惯：懒惰、自私、欺骗老师和家长，对自己的未来极不负责任。他们今后走向社会一定不是一个合格的人，更别谈开创一番事业了。相反，那些一心向学、诚实守信、品学兼优的学生，他们日后一定会有一番美好的前程。

诚实和守信是人格魅力中最重要的品质，是世界上最可靠的东西。生活中的不少人，就因为抛弃了诚实才最终走向失败。在牢狱中，就关了不少这样的人。成功的关键在正直、公平、诚实及信义，离开了这些，就不会得到真正的成功。不管是在学习阶段还是今后参加工作，这些品质都会帮助你获得你想要的成功。

儿子，你要懂得捍卫自己的人格，人格是所有财富最最宝贵的东西。必要的时候甚至宁可牺牲自己的生命也要保全人格的完整。

林肯做律师时，有人请他为一件诉讼案中理亏的一方辩护。他镇重地回答说："我不能做这种事。因为到了法庭陈词时，我的心中一定会不住地这样想：'林肯，你是说谎者，你是说谎者！'我相信，那时我会忘形，而这样高声说出来！"林肯就是这样一个时刻想到要维护自己人格的人，所以他才受到世人的无限景仰。

一个没有人格的人，在做任何事情的时候都要戴上了假面具，比如那些干着不正经的、损人利己的职业的人，虽然他得到了他想要的金钱，但实际上他的内心是痛苦的，因为他做的事没有人性。所以，他的良心会受到谴责，他会觉得很羞惭，以至于痛苦万分。总有一天，他的这种抹杀人格的行为会让他失去做人的力量，失去自尊和自信。

儿子，你一定要明白：世界上没有任何东西可以诱惑你去做"不应该做的事"。不管将来你从事何种职业，你都必须尊重自己的人格，保持自己的操守。今后，不管你是做律师、医师、商人，还是做伙计、农夫，或者做议员、政治家，你都没忘记，你始终是在做一个"人"！

此外，要让自己具备美好的人性，还必须具有一颗高贵的心。你可以让自己的心胸变得开阔、乐观，你可以让自己的心胸贮满"美丽"，你更可以以你坚强勇敢的心灵去抵制一切邪恶的东西。你要铭记：宁可一千次容许窃贼从你的居室盗去你最有价值的收藏品、窃去你的财物，也绝不容许精神上的敌人——混乱、病态的思想，忧虑、嫉妒、恐惧的思想闯入你的圣洁的灵魂、窃去你心中的平安、盗走你心中的恬静。失掉了心中的平安与恬静，生活不过是一座“活坟墓”而已！

人的生活就是不断地将种种精神意象，翻译在自己生命中的品格上而已。我们一生成就的大小，主要是看我们能否维持生活的和谐、能否拒绝一切足以损害能力、减低效率的精神敌人。各种不同的思想或暗示能生出各种不同的影响来，一个乐观、积极、愉快的思想，可以给予人一种快乐、幸福、向上、更新的感觉。它仿佛是一股欢乐电流，能迅速遍布人的全身。它能带给人新的希望、勇气与生活的动力。

我们说“性格决定命运”，每个人的生活环境都是他自己造成的。他可以将忧郁、痛苦、恐惧、失望等等情绪充满他的世界，让他的生命变得愁苦、悲痛；也可以排除一切悲愁、恶意、恐惧等情绪，使自己的生活充满阳光。

一个能够统治自己思想的人，一定能够以希望替代失望，以积极替代消极，以决心替代怀疑，以乐观替代悲观。一个成为自己思想的俘虏的人，一个做忧郁、颓丧、恐惧等思想的奴隶的人，只能是个失败者。前者生命中的成就，一定可以超过后者。

所以，在任何情形之下，儿子，你都不要容许那些悲惨、病态、混乱的思想侵入你的心灵！假使一个人从小就能知道在心中怀着使自己愉快、积极、乐观的思想，而将一切有破坏性、腐蚀性的思想拒于心灵之外，则他的一生中就会减少许多不必要的损害与耗费。你要学会驱赶精神上的种种敌人，肃清心中不良的思想，拒它们于自己的意识之外，使它们不来叩响你的心门。

思想观念也具有同性相吸、异性相斥的特性。乐观会赶走悲观，愉快会赶走悲愁，希望会赶走失望。心中充满了爱的阳光，怨憎与嫉妒的念头自然会逃之夭夭。当一个人很坚决地认定自己的生命应该充溢着真、善、美时，他的生命就会表现出这些美好的事物。

所以，要常常对自己说：“每当有一个憎恨、恶毒、自私、报复、悲愁、懊丧的思想侵入我的心胸时，我必须立刻用相反的思想去赶走它们！”

儿子，只要你让自己的心灵里不断地充溢着善良忠厚、爱人助人、真实和谐的思想，一切不良的思想就会望风而逃。爱人助人、亲善友爱的思想，可以唤起你生命中的最高尚的情操。它能给予你健康、和谐和力量，会帮助你成就自己的事业和美好人生。

一个小孩子赤脚走在乡间的小路上，他总会避开那些尖锐的石子与砖块，这样脚底才不会受伤；然而我们为什么不知道去避免人生中那些使我们受伤、受苦的石子与砖块呢？这不是一件困难的事，只要用许多好思想去战胜那些坏思想就可以了！

我的孩子，我真的非常希望你能健康成长，拥有属于你自己的美丽的人性和崇高的人格。

祝你一生幸福！

永远挚爱你的父亲

Chapter 10

习惯的力量不可小觑

Study
For Your Own

1 将制订学习计划变成一种习惯

人们常说，好习惯，好人生。如果自己希望出类拔萃，也希望生活方式与众不同，那么，你必须明白一点——你的习惯决定着你的未来。

常言道：三岁定八十，哪怕是一个年龄很小的孩子，我们也可以从他身上看到未来推销员、医生、律师或政府高官的影子；哪怕只是一句话，我们也能够从中分辨出细微的主观思维模式以及特定的行为方式。而这些都表明，我们的性格就像塑料，一旦被塑造成形就很难改变。如果强行改变，就得彻底打破原有的形态。

所以，我们一定要养成良好的习惯，无论是生活、学习还是为人处世上，习惯都将会对我们有很大的帮助。

习惯是人生的主宰，任何成功都是从养成好习惯开始的。好习惯是人们走向成功的钥匙，而坏习惯则是敞开了通向失败的大门。

每个成功的人背后都会有一个或者很多个助他成功的好习惯。事实上，我们可以看到，拥有越多好习惯的人，他成功的可能性也就越大。

一位美国心理学家说：播下一个行动，你将收获一种习惯；播下一种习惯，你将收获一种性格；播下一种性格，你将收获一种命运。

在学生时代，我们要养成的第一个好习惯就是要懂得有计划性地去学习。一位成功学家说：如果你没有计划，你就是在计划失败。同样，如果我们连学习计划都没有，怎么可能成为优等生呢。

没有计划性的学习，就像没有目标而盲目地去做一些事情一样，不仅得不到想要的结果，反而事倍功半。所以我们都应制订合理的学习计划，养成有计划、有条理地复习和学习的良好习惯。

让我们来看看田忌赛马的故事。

战国时候，齐国人田忌奉齐王命令，与秦国国王赛马。

秦王的马个个膘肥体壮、威风凛凛，而齐国的马和秦国的马一比较，就相差得太远了，所有看热闹的人都看好秦国的马。比赛开始前，田忌非常沉着地将自己的马队分成了3个小组：好马一组、中等马一组、劣马一组。

比赛开始后，第一轮，田忌用自己的劣马和秦王的好马比赛，结果可想而知。

第二轮开始了，这一次，秦王用的是劣马，田忌就用中等马与之较量。虽然田忌的马从整体上来讲并没有秦王的马好，但田忌的中等马的实力还是要比秦王的劣马跑得要快一些，所以这一局田忌取得了胜利。第三轮，秦王用了自己的中等马，而田忌用上了自己的好马与之较量，结果田忌大获胜利。三轮比赛，田忌赢了两轮，也就赢得了比赛的最终胜利。

由此，我们可以看出，田忌计划的细致程度，直接影响了他在比赛中的成绩。如果他没有好好地作出计划，是不可能赢得比赛的。

学习中的计划性也同样重要，如果我们分不清学习的重点和要点，只是一股脑地进行学习，学习的重点与难点得不到充分的理解与消化，就难以收到预期的学习效果与目的。

英国有一句谚语说："只工作而没有计划，只能事倍功半，让人变得平庸。"

我们对自己一生的学习，也应该有一个计划：初中毕业了，考进一所高中；高中毕业了，考进一所大学；大学毕业了，是否还要读研究生、是否还要读博士等等。心中有了一个计划，才有可能为了这个理想全力以赴地去拼搏。

古人说："时光如水无返时，立志当从今日始。"就是这个道理。

如果不合理地制订学习计划，学习起来眉毛胡子一起抓，东一榔头西一棒槌，即使每天都花费很多的精力放在学习上，其结果也会事倍功半。因为只有有计划、有目的、有条理地学习，才能发挥出智力的最高水平，收到最佳的学习功效。

一位即将参加中考的学生订了一个复习计划，他的语文水平稍差，想用星期六一天的时间复习语文。星期日上午复习英语，下午、晚上复习数学。他的父母对他讲：你抓紧时间学习很好，你对弱项语文拿出较多时间进行复习也是恰当的。但是，你的复习安排不太合理。你用星期六一天时间复习语文，长时间复习同一类内容很容易产生疲劳。如果把星期六下午的语文与星期日上午的英语对调一下，这样效果就会好些，星期六上午复习语文，下午复习英语，两类不同课程的材料能使你的头脑得到更好的调剂。

后来这个孩子采纳了父母的建议，考上了重点高中。他学习很有计划，每天放学回家后，都列出当晚的功课复习计划，几点到几点复习什么。他主动跟父母讲：上次中考复习课程安排得很好，我现在明白了，我晚上复习功课，先复习数学，再复习语文，接着休息一会儿，再复习物理，而后复习英语。父母听后欣慰地对他说："你已经明白了合理安排复习时间的重要性。"

合理安排学习时间，会使大脑皮层的不同部位轮流兴奋与抑制，对学习者本身有调剂作用，有助于提高记忆效果。

因此，在复习功课和学习新课时，长时间学习同一材料，长时间复习同一课程，不如交替学习不同课程的记忆效果好。内容相似的课程，不要紧接着学习或复习，文科、理科的课程交错学习或复习，效果会更好。

要提高学习效率，保证计划有效进行，首先就要学会控制自己的意志。不管是听课还是阅读，都要集中自己的注意力，不让各种杂念来扰乱自己的思想感情，认真进行思考。同时还要注意遗忘的规律，根据艾宾浩斯的遗忘曲线，我们可以知道，在学习的最初12小时，如果能够及时地复习，就会很快记住所学的东西。接下来，隔三天复习一次，然后隔一周再复习一次……这样，就可以把知识牢固地记在心里了。

习惯是从一点一滴培养起来的，无论是好习惯还是坏习惯都不是天生的。为了使自己智力水平和学习成绩不断提高，我们一定要学会合理用脑，养成有计划、有条理的学习习惯。

2 养成专心学习的习惯

青少年时期是人生中思想最为活跃的阶段，所以，要懂得在此时期培养好习惯，剔除坏习惯。现实当中有许多同学都存在着注意力不集中的不良习惯，他们没有取得好成绩，大多都是由于不能集中注意力、学习不专心导致的。他们坐在书桌旁发呆，捧着书本心系别处，或者望着天空想入非非。这样的状态，怎么能学好知识呢？

所以说，一个人学习成绩的好坏，是否专心学习起着很重要的作用，专心是学好知识的前提。

我国伟大的地质学家李四光工作时非常专注。有一天，时间已很晚了，李四光还没有回家，女儿到办公室叫他回家吃饭，谁知他却一边专心地工作，一边亲切地说："小姑娘，这么晚了还不回家，你妈妈不担心吗？"

等到女儿对她说："爸爸，妈妈让你回家吃晚饭了！"他才抬头，不由得笑了，小姑娘不是别人，正是他自己的宝贝女儿。

我国数学家陈景润一边走路一边想他的数学问题，不知不觉中和什么东西碰上了，他连声说"对不起"，却没听到对方反应，抬头一看，原来是棵大树。

为什么这些大科学家会发生这样的事呢？原因很简单。因为他们一心想着自己热爱的科学上的问题，对他们所思考的科学问题反应清晰，对于这些问题之外的事情一点也没有考虑，没有在意，这就是他们闹笑话的原因。

延伸阅读：

李四光（1889～1971），中国地质事业的奠基者和领导人。他毕生从事地质科学的研究和教育事业，成就卓著，蜚声海内外，是我国冰川学研究的奠基人。他独创的地质力学理论，为我国的地质、石油勘探和建设事业做出了巨大贡献。

陈景润（1933～1996），1953年毕业于厦门大学数学系，中国科学院数学研究所研究员。主要从事解析数论方面的研究，并在哥德巴赫猜想研究方面取得国际领先的成果。1966年5月证明了命题"1+2"，将200多年来人们未能解决的哥德巴赫猜想的证明大大推进了一步。

学习专注是所有学者的共同特征。事实证明，专心可以集中精力，调动整个大脑神经系统来解决问题，可以更加高效率地完成任务；而分散注意力只会降低学习效率，甚至对本来简单的问题感到迷茫。每个孩子的头脑里都有专注的成分，只不过由于引导上的差异，才导致了后天这方面的差距。只有做事时专心致志，才能取得成功。所以，我们要想提高学习成绩，养成专心学习的习惯是必不可少的。

但专心致志的习惯是通过训练才能形成的。

要养成专心学习的习惯，首先要尽量保证学习环境简单整洁，不要长时间地进行同一种活动等。另外也可以通过听来训练自己的注意力，因为"听"是人们获得信息、丰富知识的重要来源，会听讲对自己来说是相当重要的。

有的同学说学习任务过重容易产生心理压力，容易引起心理负担。但是在相同的学习课程压力下，有些同学会产生心理疲劳，有些同学仍然精力充沛，注意力集中，心态非常好。他们在繁重的学习压力下、在题海战术中艰难跋涉，却知道自己控制自己。尽管他们也很累很苦，但是他们还是能够承受学习负担带来的压力，他们通过自我调节来放松自己，这样，他们就能在课堂上集中注意力。而有些孩子在相同的课程压力下感到苦不堪言，缺乏自我调节能力，缺乏自我适应能力，在课堂上常常神思恍惚，根本无法集中精神。所以，学会自我心理调节，学会信心提高法，学会情绪调节法，学会身心放松法，是培养我们专心学习的习惯的良好方法。

3 养成及时复习的习惯

复习是巩固记忆的基本途径，从某种意义上说，善于复习的人也是善于总结的人。今天的功课今天复习完，不能等到明天。

校园歌曲《童年》中有这么一段歌词："总是要等到睡觉以前，才知道功课只做了一点点；总是要等到考试以后，才知道该念的书都没有念。"这正是许多学生的生动写照，而这种坏习惯，不知误了多少学生的青春光阴。

因此，我们一定要培养自己及时认真地复习习惯，复习不仅仅是对自己所学知识的进一步加深与巩固，并且不会让我们因为一时的疏忽而影响到自己的整体状态。说白了，复习是对自己的所学负责，也是检视学习成果的手段。

中世纪时期的英国，曾经出现过一次意想不到的战争，战争的胜负非常具有戏剧性，同时也是一场让所有人感到悲痛的战争。

国王查理三世准备要拼死一战了，因为里奇蒙德伯爵亨利带领的军队正迎面扑来，这场战斗将要决定由谁来统治英国。

战斗进行的当天早上，查理派了一个马夫去准备好自己最喜欢的一匹战马。

马夫满口答应，来到马房一看，才发现国王的战马蹄子上的马掌铁全部掉落了。没有了掌铁，这对战马来说是一件致命的事情。于是马夫急忙拉着战马去找铁匠。

"快点给它钉上马掌。"马夫对铁匠说，"国王希望骑着它打头阵。"

“你得等等，”铁匠回答说，“我前几天给国王全军的马都钉了掌，现在我首先得找点铁片来。”

“我等不及了，”马夫不耐烦地叫道，“国王的敌人正在推进，我们必须在战场上迎击敌人，你手里头有什么你就用什么吧。”

铁匠埋头干活，从一块铁片上弄下 4 个马掌，把它们砸平、整形，固定在马蹄上，然后开始钉钉子。钉了 3 个掌后，他发现没有钉子来钉第四个马掌了。

“我需要钉子，”他说，“得用点时间砸出两个来。”

“我告诉过你等不及了，”马夫急切地说，“我听见军号了，你能不能凑合着钉一下得了。”

“我可以把马掌钉上去，但是不能像其他几个那么结实牢固，因为那需要专门的掌钉。”

“能不能挂住？”马夫问。

“应该能，”铁匠回答说，“但是我没有把握它能坚持多长的时间。”

“好吧，就这样，”马夫叫道，“快点，要不国王会怪罪到我们头上的！”

两军上阵交锋，查理国王冲锋陷阵，鞭策士兵迎战敌人，通过一段时间的浴血苦战，国王的军队终于占了上风。

“冲啊，冲啊！”他大喊着率领部队冲向敌人的阵营，他想一鼓作气地将敌人制服。可是，他还没冲到一半，一只马掌掉了，战马翻倒在地，查理也被掀在地上。国王还没来得及抓到缰绳，惊恐的战马就跳起来逃走了。查理环顾四周，由于自己的战马倒地，敌人的气势大振，自己的士兵纷纷退败，敌人的军队包围了上来。他在空中挥舞宝剑，疯狂地大叫：“马！一匹马，我的国家倾覆就因为这一匹马！”

他没有马骑了，他的军队已经分崩离析了，敌人俘虏了查理王，战斗结束了。

从那时起，人们开始感慨地说：

少了一个铁钉，掉了一只马掌，

掉了一只马掌，少了一匹战马，

少了一匹战马，败了一场战役，

败了一场战役，丢了一个国家。

所有的损失都只是因为少了一个马掌钉。

国王的故事非常悲壮，这个故事让我们看到的是一件微小事情“多米诺骨牌”一样地扩散着它的影响，最终酿成大祸的过程。或许有同学要问：这和我们要谈到的“忽视复习”有什么关系呢？的确，不能用什么充分的理由把两件事情强拉硬扯到一起去，可是整件事情的关键就在于——如果马夫是个有心人，能够时常对马匹的情况进行检查，那么也就不会当冲锋在即之时才去钉马掌了，虽说不能把整场战争的失败全都归咎于这个糊涂的家伙，但是他的不经意却造成了整件事情的成败。

而我们这样输掉的“战争”恐怕也不在少数，不是吗？想象一下，在一场数学考试的时候，你很清楚这道题的解题思路，但是公式或者证明原理在脑子里七上八下，不能确定，那么等待你的只有遗憾了。

如此看来，及时复习对我们来说是多么重要，放学后抓紧时间复习，可以有效地提高学习效率，所以，对学过的东西要养成及时复习的习惯。

这里说的复习不是简单机械的重复，否则，会使复习变得枯燥、单调无味，影响记忆的效果。应当对复习内容做到理解，力求通过听、读、写、说等多种途径来提高复习效果。

把记住的东西运用到实际中去，通过使用进一步加深印象，加强记忆。因此，有些同学背英语单词，简单重复，效果不明显。如果把英文翻成中文，再把中文翻译成英文，这样通过中译英、英译中的练习，会有利于单词记忆的巩固。

有的同学放学回家，先复习一些功课，饭后看电视，剩下的功课就想留到明天再复习了。其实，这样也是会影响记忆效果的，如果当天晚上把它复习完，就都记住了，如果等到第二天晚上再复习就会遗忘一些东西。打个简单的比喻：你第一天晚上用 30 分钟复习可能完全记得住，如果放到第二天晚上再复习，你可能用 60 分钟才能把要记的东西记住。

这些看来都是小事情，但是，不要放任和迁就自己，以免养成不良的学习习惯。

要力争做到今日事今日毕，安排今天复习的课程绝不能放到明天再去完成。只有这样，才能强化自己复习功课的意识，养成及时复习的良好习惯，学会同遗忘作斗争，掌握提高记忆效果的方法。

4 养成认真思考的习惯

学会思考，是人的一生中最有价值的本钱。一个擅于独立思考的孩子，才能品尝到成功的琼浆玉液，享受到思考带来的丰收与喜悦。

有一天，哲学家罗素问哲学家穆尔："您的学生中谁最优秀？"

穆尔说是维特根斯坦。

"为什么是他呢？我听说他是一个调皮捣蛋的家伙。"

"因为在我的所有学生中，他是最喜欢思考的人，而且老有一大堆问题。"

不久，维特根斯坦的名气超过了罗素。

于是有人问维特根斯坦："为什么罗素落伍了？"

维特根斯坦说："因为他已经没有问题了。"

学起于疑，行成于思，思成于惑。独立思考、大胆质疑是学习知识的前提，是创新的萌芽和基础。大文学家巴尔扎克曾说过："打开一切科学的钥匙，都毫无疑义的是问号。"我国著名教育家陶行知也曾说："发明千千万万，起点是只一问。"任何一项成果的创造，都是从酝酿、提出新课题起步的，直到有所发现。

英国科学家波普尔也说过："科学和知识的增长永远始于问题，终于问题——越来越深化的问题，越来越能启发新问题的问题。一部科学发展史，就是对奥秘的探索与对问题解决的历史。"由此可见，具有敏锐的问题意识，善于发现问题，并能孜孜以

延伸阅读：

伯特兰·罗素（1872～1970），英国哲学家、数学家、社会学家，也是20世纪西方最著名、影响最大的学者和社会活动家，世界和平运动的倡导者和组织者。他还是逻辑原子论和新实在论的主要创始人之一。代表作有《西方哲学史》、《神秘主义与逻辑》、《怀疑论》、《婚姻与道德》等。1950年获诺贝尔文学奖。

巴尔扎克（1799～1850），19世纪法国伟大的批判现实主义作家，欧洲批判现实主义文学的奠基人和杰出代表。一生创作96部长、中、短篇小说和随笔，总名为《人间喜剧》。其中代表作为《欧也妮·葛朗台》、《高老头》。

陶行知（1891–1946），中国伟大的人民教育家。陶行知的一生，是在人民涂炭、国家多难、民族危急之秋度过的，他以"捧着一颗心来，不带半根草去"的赤子之心，为人民教育事业、为中国的民族解放和民主斗争事业鞠躬尽瘁，奋斗终生，做出了不可磨灭的贡献，堪称中国近代教育史上的"一代巨人"。

求地探索解决问题，对一个人的学问的增长是非常重要的。

德国数学家高斯，是近代数学奠基人之一，在历史上影响之大，可以和阿基米德、牛顿、欧拉并列，有“数学王子”之称。高斯非常善于思考，这种良好的思维习惯在他小时候就已经表现出来。

高斯的父亲是泥瓦厂的工头，每星期六，他都要发薪水给工人。在高斯3岁时，有一次当父母正要发薪水的时候，小高斯站了起来说：“爸爸，你弄错了。”然后他说了另外一个数目。原来小高斯趴在地板上，一直暗地里跟着爸爸计算该给谁多少工钱。计算的结果证明小高斯是对的，这把站在那里的大人都惊得目瞪口呆。

高斯10岁时，有一次他的数学老师要他们全班解答一道习题：立即计算出1＋2＋3＋4……＋100的结果是多少？这个题目在今天早已家喻户晓，可是在那个时候、那个场合，对于一群小学生来说，还真不容易。

要算出这么长的算术题耗时不少，孩子们都想争取第一个算出来，立刻在草稿纸上做了起来。

只有小高斯还没有开始动手，不是他想偷懒，也不是发呆，他在想，难道一定得经过这么复杂的计算过程吗？从客观上说，他在思考，目的是要找一种能够成倍提高计算效率的策略，这个过程花去了相当于其他同学进行加法计算的二分之一的时间。这时候，老师看见了他，走上前来问他怎么了，为何还不开始计算。小高斯说他已经知道答案了，是5050。老师十分诧异，问他是否提前做过这道题。高斯于是告诉老师，他通过观察发现这一组数字中1加100等于101、2加99等子101……这样的等式一共有50个，因此这道题可以化简为“101×50＝5050”。

“真是太精彩了！”老师赞扬他。

这种“精彩”并不取决于一个人的智商。事实上，一个人的智力与学业成就的相关系数并没有直接关系，成功的好坏，很大程度上取决于良好的思维习惯，使智力的潜在能力得到了充分发挥。认真的思考虽然为我们解决问题的过程增加了一个环节，却使解决问题的时间缩短了很多倍，大大提高了学习的效率。

小高斯进行思考花去了相当于别人解题所耗时间的一半，然而计算出“101×50＝？”只需要1秒钟。从这里边，你难道还看不出善于思考的优势吗？

伟大的物理学家爱因斯坦说：“学会独立思考和独立判断比获得知识更重要。

不能下决心养成思考习惯的人，便失去了生活的最大乐趣。”

我们再来看一看贝聿铭的故事。

贝聿铭从小就十分喜欢做实验性游戏，当听爸爸妈妈说要做有趣的实验游戏时，他就会非常高兴。

与往常一样，有一天，由爸爸说，他动手，父子俩开始一场新游戏。

“聿铭，从你的玩具中，找出两个同样大的杯子，一个比杯子大的碗或者是锅都行。”

小聿铭将三样东西拿来了：“爸爸，你看行吗？”

爸爸满意地说：“行，你用锅装些水来，并将水分别倒进两个杯子，要求两个杯子的水一样多。”

小聿铭按示意进行完成后，然后爸爸问小聿铭：“你看两个杯子的水，是不是一样多呀?”

小聿铭左看看右瞧瞧，说：“啊，是一样多。”

“你将一个杯子的水倒进锅里，你再看看，是锅里的水多呀，还是杯子里的水多？”谁知小聿铭不假思索地给了爸爸满意的答复：“一样多。”

“为什么？你看锅里的水这么少，杯子的水那么多，怎么是一样多呢?”

小聿铭从容地说：“爸爸你看，这是两个同样大的杯子，我倒进的是同样多的水，然后再把这个杯子装的同样多的水倒进了锅里，因为锅比杯子大，所以看起来锅里的水好像少些，其实它们一样多。”

谁能相信，这是一个年仅4岁的孩子对液体容量守恒定律如此肯定的回答，而且思维清晰，语言表达准确、完整。

上小学二年级的时候，数学教学正进入直式运算阶段，学生们都能按照老师的要求，从低位向高位顺序运算，唯独小聿铭别出心裁从高位到低位进行逆向运算，经老师指出后，他仍旧一意孤行。

爸爸妈妈问他时，小聿铭振振有词：“从左边算到右边是我想出来的窍门。”

正是由于小聿铭举一反三的能力，同时培养了小聿铭的思维、判断和推理能力，才造就了日后的一代建筑大师。

学习有两种类型：一种是不经过思考的学习，一种是经过深思熟虑的学习。我们可能有这种体验。没经过思考的东西，即使学了，也会很快忘得一干二净。理解了再加上自己思考后的东西记得最牢，往往会一生受用无穷。这就是“学而不思则罔，思而不学则殆”的道理。

养成认真思考的学习习惯对我们是非常重要的，它可以加深对知识的理解和记忆，把散落的知识点连结成有机的整体，从总体上把握知识体系，提高学习质量。

养成认真思考的学习习惯，有利于对书本知识的有利吸收，可以防止“死读书”，提高个人的学习能力。

养成认真思考的学习习惯，还可以不断解开疑团、激发灵感，有所发现，有所发明，有所创造。

良好的习惯，成就你伟大的梦想

——美国成功学家戴尔·卡耐基致儿子的信

亲爱的儿子：

有关习惯的问题，我一直想写封信和你谈一谈。因为习惯对一个人的前途太重要了！好的习惯使人立于不败之地，坏的习惯把人从成功的神坛上拉下来。习惯直接影响一个人的命运。

人的思考取决于动机，语言取决于学问的知识，而他们的行动则多半取决于习惯。一切天性与诺言都不如习惯更有力。在这一点上，也许只有宗教狂热的力量才可与之相比。

如果说个人的习惯只是把一个人变成了机械，使他的生活仿佛由习惯所驱动，那么社会的习惯势力却具有一种无比可怕的专制力量。

古代的斯巴达青年，在习惯风俗的压力下，每年都要跪在神坛上承受笞刑，以锻炼吃苦的耐力。在伊丽莎白女王时代的初期，曾有一个被判死罪的爱尔兰人，请求绞死他时用荆条而不用绳索，因为这是他们本族的习惯。

由此可见，习惯真是一种顽强而巨大的力量。它可以主宰人生。

每个人都有自己后天所培养的习惯，而成为与他人有所不同的个体。但是有的时候必须审查自己所有的习惯是否有益，如果是好的习惯，请坚持下去；如果发现习惯是不好的，一定要改变它。

纽约有位贫困工人约瑟夫，长期以来养成了抽烟的习惯，最终他也为此受到了惩罚。有段时期，约瑟夫抽烟抽得很凶。一次他在度假中开车经过法国，而那天正好下大雨，于是他只得在一个小城里的旅馆过夜。当约瑟夫清晨两点钟醒来时，想抽支烟，但他发现，烟盒是空的。于是他开始到处搜寻，结果毫无所获。这时，他很想抽烟。然而，如果出去购买香烟要到火车站那边去，大约有6条街以外那么远。因为此时旅馆的酒吧和餐厅早已关门了。他抽烟的欲望越来越大，不断地侵蚀着他。被迫无奈，他决定出去买烟。然而，当他经过路口时，一辆汽车急驶而过，而此时他已被烟瘾折磨得神志不清，被汽车撞倒，还好没有受到很重的伤害。

事后，约瑟夫承认，这一切都是烟造成的，如果不是长期养成抽烟的坏习惯，也许他不会得到这样的结果。有时候一个坏的习惯一旦定型，它所产生的后果是难以想象的，尤其是习惯这种力量往往是巨大而无形的，当你感觉到它的坏处时，很可能想抵制已经来不及了。

但是，一个好的习惯也可以产生巨大的力量，如果你反复地重复着一件有益的事情，渐渐的，你就会喜欢去做，这样一来，所有的困难都显得微不足道了。因为，习惯的力量可以冲破困难的阻挠，帮助你走上成功的道路。

著名画家史迪芬森每天都要抽出大量的时间作画，有一天风雨大作，他心情不好，没有作画，整日坐卧不宁。第二天，雨过天晴，阳光灿烂。他一早起来，推开窗户，阳光明媚，情绪来了，早餐没吃，拿起画笔，一连画了4幅画，中午也不肯休息。待画完最后一幅画时，才心有所安。不教一日闲过，史迪芬森就这样保持自己的习惯，无一日虚度光阴，这就是他成功的历程。

“不教一日闲过”，这句话成了鼓舞多少人前进的座右铭。它说出了“业精于勤”的道理。

习惯的力量是一种使所有生物和所有事物，都臣服在环境影响之下的法则。这个法则可能会对你有利，也可能对你不利，结果如何全看你的选择而定。

当你运用这一法则时，连同积极心态一起应用，所产生的力量是巨大的，而这就是你思考、致富或实现任何你所希望的事情的根本驱动。

也许你并没有很好的天赋，但是，你一旦有了好的习惯，它一定会给你带来巨大的收益，而且可能超出你的想象。

儿子，你一定要养成良好的习惯，并很好地驾驭它！因为，一个人一旦养成了良好的习惯，最终会成就自己伟大的梦想。

永远爱你的父亲

Chapter 11

分散精力是世界上最大的浪费

Study
For Your Own

1 专心读书，一心不要二用

有很多的青少年，他们一致认为读书是一件又苦又累的事情，时常被面前的许多事情搞得眼花缭乱、精力不济。为什么呢？我想就是因为他们的追求或者爱好太多，在太多的目标中迷失了自己。

有这样一个故事：

有两个学生去跟国际象棋大师摩根学习下棋。其中一个学生每次听课都全神贯注，一心一意地听大师讲解棋道；而另一个学生虽然很聪明，但上课时总是心不在焉，而且他今天想学下棋，明天又想学画画，不时地有新想法冒出来。一次上课时，有一群白天鹅落到窗外花园里，那个专心的学生连头都没有抬一下，浑然不觉。而心不在焉的学生虽然看着也在认真听讲，但心里却想着去花园看天鹅，而且想着有一天要做一名出色的动物学家。若干年后，那位专心致志的学生成了一名出色的棋手，而另一位呢，却一事无成。一般情况下，人对生活的迷失都是所要或所想的太多，而又一时达不到目标造成的。

心里的想法过多使很多人不能将精力专注于一项事业，他们总是目标多多，反而错过了许多近在眼前的景色，丢掉了一些可以马上把握的机会。人无法专注，总是做着这件事，又想着那件事，结果什么都做不好。内心的挫折感不断加大，结果只能是脚步匆匆再也没有成功的机会。

一个人的精力是有限的，把精力分散在好几件事情上，不是明智的选择，而是不切实际的考虑，因为在通常状况下，这样几件事情都不会做得很好。而如果每次专心地只做好一件事，精力便能够集中，也必定有所收益。等这件事做完后，再去做下一件事，这样每件事都能够做得很好了。

实际上，在学习的过程中，只要你专注下来，一心一意地去学习，你就会变得快乐而又有成效，也不会被那么多的目标所淹没。

几十年前，波兰有个叫玛妮雅的小姑娘，学习非常专心，不管周围怎么吵闹，都分散不了她的注意力。

一次，玛妮雅在做功课，她姐姐和同学在她面前唱歌、跳舞、做游戏，玛妮雅就像没看见一样，在一旁专心地看书。

姐姐和同学想试探她一下。她们悄悄地在玛妮雅身后搭起几张凳子，只要玛妮雅一动，凳子就会倒下来。时间一分一秒地过去了，玛妮雅读完了一本书，凳子仍然竖在那儿。从此姐姐和同学再也不逗她了，而且像玛妮雅一样专心读书，认真学习。

玛妮雅长大以后，成为一个伟大的科学家，她就是居里夫人。

我们每天都花一点点时间问一下自己的内心：你真正想要的是什么？什么才是你人生中最主要的？

慢慢地，你会发现，那些遥远的、不切实际的东西都是你行动的累赘，而那些离你最近的事物才是你的快乐所在。把精力集中在最能让你快乐的事情上，别再胡思乱想而偏离了正确的人生轨道。

一次只专心做一件事，全身心地投入并积极地希望它成功，这样就不会感到精疲力竭。不要让自己的思维转到别的事情、别的需要或别的想法上去，专心于自己正在做着的事。选择最重要的事先做，把其他的事放在一边。做得少一点，做得好一点，专注一件事，循序渐进，一件一件地做，就会得到更多的收获。

2 两耳不闻窗外事，一心只读圣贤书

有一次，一个青年苦恼地对昆虫学家法布尔说：“我不知疲劳地把自己的全部精力都花在我爱好的事业上，结果却收效甚微。”

法布尔赞许说：“看来你是一位献身科学的有志青年。”

这位青年说：“是啊！我爱科学，可我也爱文学，对音乐和美术我也感兴趣。我把时间全都用上了。”

法布尔从口袋里掏出一块放大镜说：“把你的精力集中到一个焦点上试试，就像这块凸透镜一样！”

你要是做过凸透镜聚焦的实验，一定知道，酷暑的阳光，不足以使火柴自燃，而用凸透镜聚光于一点，即使是冬日的阳光，也能使火柴和纸张燃烧。随着科学的发展，人们又进一步把光汇集一束，这就成了无坚不可摧的激光武器。

你看，这一散一聚，使光的作用和力量发生了多么大的变化！

一个人的精力和时间是有限的，在这种情况下，如果选不准目标，到处乱闯，几年的时间会一晃而过。如果想取得突破性的进展，就该像打靶一样，迅速瞄准目标；像激光一样，把精力聚于一束。

有人把勤奋比做成功之母，把灵感比做成功之父，认为只有两者结合起来，才能得到成功。而专注则是勤奋必不可少的伴侣，专注使人进入忘我境界，能保证头脑清醒。全神贯注，这正是深入地感受和加工信息的最佳生理和心理状态。

法国科学家居里说：“当我像嗡嗡作响的陀螺般高速运转时，就自然排除了外界各种因素的干扰，一旦进入专注状态，整个大脑围绕一个兴奋中心活动，一切干扰统统不排自除，除了自己所醉心的事业，生死荣辱，一切皆忘。灵感，这智慧的天使，往往只在此时才肯光顾。没有专注的思维，灵感是很难产生的。”

延伸阅读：

亨利·法布尔(1823～1915)，法国著名科学家，科普作家。他以其生花妙笔写成的《昆虫记》誉满全球。这部巨著在法国自然科学史与文学史上都占有重要地位，书中所表述的是昆虫为生存而斗争时表现出的妙不可言的、惊人的灵性。

皮埃尔·居里(1859～1906)，法国著名的物理学家、“居里定律”的发现者。1903年，居里夫妇与放射性的发现者贝克勒耳共同获得了诺贝尔物理学奖。

你不用为自己没有超人的智力和才华而烦恼，因为，你只要执著于一个目标，也一定会取得成功。其实世界上许多成大事者都是一些资质平平的人，而不是才智超群、多才多艺的人。

一些人取得了远远超过他们实际能力的成就，使很多人感到疑惑不解：为什么那些看上去智力不及很多人一半、在学校排名末尾的学生却取得了巨大成功，在人生的旅途上把那些才智超群、多才多艺的人远远地抛在了后面？

原因是这些人，尽管在学校里被人嘲笑，但后来却能专心一个领域，想方设法保持领先，一步一步地积累了自己的优势。而那些所谓智力超群、才华横溢的人却仍在四处涉猎，毫无目标，最终一无所获。

伊雷尔身材不高，相貌平平，没有什么过人的天赋，但在学习中有股近乎痴迷的专注劲儿。小时候在法国、家境还很宽裕的时候，他受拉瓦锡的影响，对化学着了迷。那时候他父亲皮埃尔是路易十六王朝的商业总监，兼有贵族身份，谁也想不到这个家庭在未来的法国大革命中会险遭灭顶之灾。拉瓦锡和皮埃尔谈论化学知识的时候，小伊雷尔稳稳当当地坐在旁边，竖起耳朵听着。他对“肥料爆炸”的事尤其感兴趣。拉瓦锡喜欢这个安安静静的孩子，把他带到自己主管的皇家火药厂玩，教他配制当时世界上质量最好的火药。这为他将来重振家业奠定了基础，若干年后，他们全家人逃脱法国大革命的血雨腥风，漂洋过海来到美国。他的父亲在新大陆上尝试过7种商业计划——倒卖土地、货运、走私黄金……全都失败了。在全家人垂头丧气的时候，年轻的伊雷尔苦苦思索着振兴家业的良策。他认识到，目前战火连绵，盗匪猖獗，从事商品流通有很大的风险，与其这样，倒不如创办自己的实业。

但是有什么可以生产的呢？这个问题萦绕在他脑海里，就连睡觉时他也在想。有一天，他与美国陆军上校路易斯·特萨德到郊外打猎，他的枪哑了3次，而上校的枪一扣扳机就响。上校说：“你应该用英国的火药粉，美国的太差劲。”一句话使伊雷尔茅塞顿开。他想：在战乱期间，世界上最需要的不就是火药吗？在这方面，我是有优势的，向拉瓦锡学到的知识，会让我成为美国最好的火药商。后来，他就靠着一股专注劲，克服了许多困难，把火药厂办了起来，办成了举世闻名的杜邦公司。

尼采说：“始终全神专一的人可免于一切的困窘。”历史上，平庸者成功和聪明人失败一直是一件令人惊奇的事。专家通过仔细分析，发现出现这个现象的原因在于，那些看似愚钝的人有一种顽强的毅力，有一种在任何情况下都坚如磐石的决心，有一种从不受任何诱惑、不偏离自己既定目标的专注力。是专注力使所谓的平庸者最终获得成功，而所谓的聪明人恰恰由于聪明而缺乏专注力最终导致失败。专注对于人生太重要了，有化腐朽为神奇之功力。无论是谁，如果不趁年富力强的黄金时代养成自己善于集中精力的好性格，那么他以后一定不会有什么大成就。世界上最大的浪费，就是把一个人宝贵的精力无谓地分散到许多不

延伸阅读：

弗里德里希·威廉·尼采（1844～1900），德国著名的哲学家、西方现代哲学的开创者，同时也是卓越的诗人和散文家。他最早开始批判西方现代社会，但他的学说在他死后的20 世纪才激起深远的影响。其代表作有《希腊悲剧哲学》、《查拉图斯特拉如是说》、《华格纳事件》、《偶像的黄昏》等。

同的事情上。一个人的时间有限、能力有限、资源有限，想要样样都精、门门都通，绝不可能办到。如果你想在某一个方面做出什么成就，就一定要牢记这条法则，专注于一个目标上。

作为青少年，怎么才能培养专注的习惯，克服“今天想干这个，明天想干那个”的朝三暮四的毛病呢？以下3点建议可供借鉴：

1.不要为别人的某些成功所诱惑，最忌见异思迁。

造成见异思迁的原因很多，其中一个原因就是为别人的某些成功所动。正确的做法认清自己的特长，认准自己的目标，执著地追求成功。

2.不要为一时成绩不佳所动摇

许多青少年一心想在短时间里将成绩提高，这种心情是可以理解的。但过于急切地盼望成功，则容易走向反面。事实上，学习是一个循序渐进的过程，成绩的提升也有水到渠成的问题。英国作家约翰·克里西开始写作时，收到退稿743篇，但这并没有动摇他的信念和决心。他坚持写下去，终于取得成功，一生中出版了560多本书。如果他看到七百多篇退稿而退却下来，也就不可能有后来的成就了。

3.不要怕艰辛，要舍得吃苦

有些同学对爱因斯坦在物理学领域的杰出贡献羡慕不已，却很少琢磨他所用掉的几麻袋的演算草纸；有些同学对NBA球员的声誉津津乐道，却很少去想他们究竟洒下了多少汗水。因此，千万不要光羡慕别人的成果，要准备下苦工夫才行。

3 激发自己的学习热忱

热忱是学习的动力。一个学生如果对学习失去了热忱，他不仅不能取得优异的成绩，而且难以完成学业。因为当你觉得学习是为了完成任务，是为家长、老师而学，学习是枯燥乏味的时候，你的中枢神经就不会兴奋、就无法高度集中，你的学习效率就会低下。当你遇到学习的困难时，你容易气馁。反之，你对学习充满热情，你全心身投入到你所学的知识中，不仅钻研它、记忆它、而且热爱它，那么即使遇到一些困难也一定会被你的满腔热情所淹没。热忱是你学习的好伙伴，它不仅能让你学得更轻松愉快，而且会大大提高你的学习效率。

一个充满热忱的青少年，无论是在课堂上或者课堂外，都会认为自己的学习是一项神圣的任务，并对读书产生深切的兴趣。对自己的学习满怀热忱的人，不论学习的过程中有多少困难，或需要多少的努力，他始终会用不急不躁的态度和持续旺盛的精力去进行。只要抱着这种态度，他一定会取得好成绩，一定会成功，一定会达到目标。

爱默生说："有史以来，没有任何一件伟大的事业不是因为热忱而成功的。"拿破仑·希尔告诉我们，热忱是一种意识状态，能够鼓舞及激励一个人对自己的学习采取行动。特别是对于可塑性极强的青少年，热忱具有强大的感染性，不只对自身产生重大影响，所有和他有过接触的同学也将受到影响，并且，这种影响会营造出一个非常好的学习环境，在这种良好的学习与读书氛围中，不仅你自身会得到提高，身边的其他同学的读书热情也会得到提高。

热忱和人类的关系，就像是蒸汽机和火车头的关系，它是行动的主要推动力。人类最伟大的领袖就是那些知道怎样鼓舞他的追随者发挥热忱的人。

把热忱和你的学习结合在一起，那么，你的学习将不会显得很辛苦或单调。热忱就像一个打气筒，会使你的整个身体充满活力，使你只需在睡眠时间不到平时一半的情况下，学习量达到平时的2倍或3倍，而且不会觉得疲倦。

大仲马的写作速度是惊人的。他一生活了68岁，到晚年自称毕生著书1200部。他白天同他作品中的主人公生活在一起，晚上则与一些朋友交往、聊天。有人问他："你苦写了一天，第二天怎么仍有精神呢？"他回答说："我根本没有苦写过。"

"那是怎么回事呢？"

"我不知道，你去问一棵梅树是怎样生产梅子的吧！"看来大仲马是把写作当作乐趣，当作生活的全部。

北大校园中有一尊塞万提斯的铜像，这是西班牙马德里市送给北大的礼物。透过这座铜像，很容易使人联想起那个骑着一匹跛马、手舞长矛、满腹雄心壮志的堂吉诃德兴冲冲地奔向风车，但却遭遇到惨痛的失败的样子。可

延伸阅读：

大仲马（1802～1870），法国19世纪浪漫主义作家。他自学成才，一生著作达300卷之多，主要以小说和剧作著称于世。大仲马信守共和政见，反对君主专政。由于他的黑白混血人身份，其一生都受种族主义的困扰。代表作有《三个火枪手》、《基度山伯爵》等。

是面对伤痛，他却根本没有任何畏缩的迹象，在短暂的痛苦过后，他依旧是那么兴高采烈，依旧充满自信地向自己的假想敌冲击。他是不合时宜的，他的理想在这个坚固传统的国家一次次地受碰撞，一次次地被那些庸俗的人嘲笑。可是他却从来没有学会放弃，他的精神也最终会被后人理解。这种对理想热忱的精神是这尊铜像给予中国人最宝贵的财富。

热忱是我们最重要的财富之一。不管我们是3岁或30岁，6岁或60岁，9岁还是90岁，热忱使我们青春永驻。这意味着任何年龄的人只要具有自我完善的强烈愿望，他都可以找到永不衰老的源泉。不管你是否意识到，每个人都具备着火热的激情，只是这种热情深埋在人们的心灵之中，等待着被开发利用，为建设性的业绩和有意义的目标服务。

4 克服干扰，把精力集中在学习上

一个人注意力不集中，那么学习效率会相当差，我们在精神散漫无法读书的时候，往往会归咎于环境不适合。常可听到这样的抱怨："没有一间像样的书房，想学习可是心有余而力不足。"或者说："附近噪音太大，所以看书的效率就很差。"等等。并且强调："如果住在一个环境幽静，没有人车的地方，学习效率不知会提高多少倍！"乍听起来，这种想法似乎很有些道理，但隔绝了外界的刺激，我们就能精神集中吗?

科学实验表明，如果与周围的环境隔绝，刺激太少，太过于局限性的话，很难有正常的精神活动。问题的关键在于我们如何找出妨碍精神集中的干扰因素，并能用适当的方法加以排除，使精神的集中力能持续下去。

在日常生活中，你也许有过这种体验：当你在看书的时候，有人在附近讲话，虽然只是悄悄话，却会使你看不下去书；然而在火车上，虽然车子在隆隆地向前开，你却很容易就能集中精力看书，可见周围的音量的高低、强弱与对精神集中的妨碍度并不成正比，反而是其他的因素影响较大。此外，如感冒了身体不舒服，或其他烦恼事，都会影响精神集中。因此我们必须想办法消除和避免这些因素。如果一本正经谈集中注意力，很容易被人认为是一种特殊能力，其实不是的，只要你多用心想办法消除会妨碍“集中精神”的因素，就可以办得到，你只要对当前问题的重点加以适当的处理，使身心保持最佳状态，集中精力就可以提高很多。如果你还是觉得精神不能集中，就必须客观地分析目前的情况，找出其中的原因，当你能够觉察到“哦，我在这种状态容易分散注意力”的话，也就能想出对付的办法了。如果你觉得周围细小的声音干扰你，你可用尝试发出声音的学习方法来加以对抗（如朗读课文）。声音与声音之比，因为远近的原理，远处的声音会让你觉得更小更不在乎这些。有的人面对各种干扰，只要一做自己喜爱的习题，精神就会很集中。

集中精力的技巧需要通过实践来获取，有经验的人也许只用几分钟到半小时就能进入精力高度集中状态，而且这种状态一口气持续几个小时。正在学习怎样集中精力的人要做到这一点不会这么容易，集中精力的程度达不到这么高，也不能保持长时间。也许他们每隔一个小时就不得不休息一下。如果你感觉身体疲乏，肚子饥饿，双脚发麻，眼睛困倦等等，就到外面去散散步，呼吸点新鲜空气。但是，休息时间不宜过长，否则，待到再回来学习时，你又将不得不重新集中精力。

当你学会了如何集中精力以后，你就会发现你的学习兴趣在不断增加，精力集中保持的实践在不断延长。为使这种时间保持得更长一些，你还可以强迫自己在两次休息之间再增加额外的 5 分钟学习时间。久而久之，你就能把自己锻炼成一个好的精力集中者，因而成为一个学习兴趣更浓、学习自觉性更强的学习者了，你的学习效益也肯定会自然而然地得到提高。

保持良好的注意力，是大脑进行感知、记忆、思维等认知活动的基本条件。在我们的学习过程中，注意力是打开我们心灵的门户，而且是唯一的门户。门开得越大，我们学到的东西就越多。而一旦注意力涣散了或无法集中，心灵的门户就关闭了，一切有用的知识信息都无法进入。正因为如此，法国生物学家乔治·居维叶说：“天才，首先是注意力。”

当你因注意力无法集中而影响学习，倍感苦恼时，不妨采用以下方法来矫治：

养成良好的睡眠习惯

一些同学因学习负担重，因此，一到晚上便贪黑熬夜，有的同学甚至在宿舍打电筒读书，学到深夜；有的同学不能按时睡眠，在宿舍和同学闲聊等等。结果早晨不能按时起床，即便勉强起来，头脑也是昏沉沉的，一整天都打不起精神，有的甚至在课堂上伏桌睡觉。作为学生，主要的学习任务要在白天完成，白天无精打采，必然效率低下。所以，如果你是“夜猫子”型的，奉劝你学学“百灵鸟”，按时睡觉，按时起床，养足精神，提高白天的学习效率。

学会自我减压

现在学生的学习任务本来就很重，老师、家长的期望，又给同学们心理加上一道砝码；一些同学自己对成绩、考试等看得很重，无异是自己给自己加压，必然不堪重负，变得疲惫、紧张和烦躁，心理上难得片刻宁静。因此，我们要学会自我减压，别把成绩的好坏看得太重。一分耕耘，一分收获，只要我们平日努力了，付出了，必然会有好的回报，又何必让忧虑占据心头，去自寻烦恼呢？

做些放松训练

舒适地坐在椅子上或躺在床上，然后向身体的各部位传递休息的信息。先从左脚开始使脚部肌肉绷紧，然后松弛，同时暗示它休息，随后命令脚脖子、小腿、膝盖、大腿，一直到躯干部休息，之后，再从脚到躯干，然后从左右手放松到躯干。这时，再从躯干开始到颈部、到头部、脸部全部放松。这种放松训练的技术，需要反复练习才能较好地掌握，而一旦你掌握了这种技术，会使你在短短的几分钟内，达到轻松、平静的状态。

做些集中注意力的训练

我国年轻的数学家杨乐、张广厚，小时候都曾采用快速做习题的办法，严格训练自己集中注意力。这里给大家介绍一种在心理学中用来锻炼注意力的小游戏。在一张有25个小方格的表中，将1～25的数字打乱顺序，填写在里面，然后以最快的速度从1数到25，要边读边指出，同时计时。研究表明：7～8岁儿童按顺序寻找每张图表上的数字的时间是30～50秒，平均40～42秒；正常成年人看一张图表的时间大约是25～30秒，有些人可以缩短到十几秒。你可以自己多制作几张这样的训练表，每天训练一遍，相信你的注意力水平一定会逐步提高。

分散精力是世界上最大的浪费

——法国哲学家福柯致儿子的信

亲爱的儿子：

你在信中的谈论有一定道理。天才、运气、机会、智慧和态度的确是成功的关键因素。但是，仅具备一些或者所有这些因素，而没有精力集中的品质，并不能保证成功。那些取得辉煌成功的人都有一个共同特征，即精力专注、目标明确、不屈不挠、坚持到底、不达目的绝不罢休。

专注就是力量。

人们都会信任一个目标专注、意志坚定的人。不管他做什么事情，还没有做到一半，人们就知道他一定会赢。因为每一个认识他的人都知道，他一定会全神贯注善始善终。人们知道他是一个把前进路上的绊脚石作为自己上升阶梯的人；他是一个从不惧怕失败的人；他是一个从不惧怕批评的人；他是一个永远坚持目标，永不偏航，无论面对什么样的狂风暴雨都镇定自若的人。

儿子，你很喜欢的法布尔就是这样的一个人。法布尔在他的巨著《昆虫记》中表现的才华确实令人折服。达尔文说他是一个“难以效仿的观察家”，人们称他为“昆虫世界的荷马”。他没有爱迪生、贝尔这些人的商业头脑，也从来不参与商业活动，但他在自己投身的学术领域中，具备一个成大器者的基本素质——对事业充满热爱、对学习十分专注。

他4岁时就迷上了大自然中的花鸟鱼虫，常常蹲在池塘边观察鱼虾、蝌蚪、水蜘蛛，在草丛中追蜻蜓、捉甲虫、捕蝴蝶，口袋里装满小昆虫、小动物。上小学时，他一有机会就溜到郊外，捉蜗牛、捡贝壳、捉各种小虫子，还采集植物标本。这种兴趣他持续了一生。他对事业的热爱达到了如此专注的程度，以至于当拿破仑三世接见他，邀请他出任宫廷教师时，他说：“谢谢陛下的一片好意，我宁愿终身与昆虫相伴。”

对事业的热爱，促使他心无旁骛地进行观察和研究，获得了大量的新发现。他年轻时发表的一些论文，以详尽的事实向当时学术界的权威观点提出挑战，他的观点得到承认，他赢得了声誉。他在著名昆虫学家迪富尔的著作中看到，砂蜂杀死吉丁虫，储存在巢内喂养幼虫，吉丁虫的尸体既不腐烂，也不干瘪，迪富尔认为砂蜂给吉丁虫注射了致命的、具有防腐作用的毒汁。法布尔对此事产生了浓厚的兴趣，于是他决定亲眼看看砂蜂怎么给吉丁虫打针。他一动不动地蹲在砂蜂的巢穴边观察，结果他意外地发现，被砂蜂俘获的吉丁虫，脚和翅膀在可怜巴巴地抖动，它在蜂巢中活着，它只是被麻痹了，没有死。随后，经过多次的观察，法布尔慎重地推翻了迪富尔这个学术权威的观点，他断定，砂蜂给吉丁虫注射的不是致命的毒药，而是一种麻醉剂。他发表了《砂蜂的习性及吉丁虫不腐败的原因》这篇论文，引起了昆虫学界的关注。

他就是以这样的全神贯注精神几十年如一日地学习着，卷帙浩繁的《昆虫记》就是他一次次聚精会神观察的结晶。他常常趴在地上，如痴如醉地观察，把衣服都磨破了。一天早晨，法布尔起床后，像往常一样往外走，他妻子提醒他，今天有客人来，法布尔这才想起他和教育部长、内阁大臣的约会。他回到客厅等着。妻子看见法布尔的衬衫上有破洞，说："你就穿这身衣服见客吗？"

法布尔耸耸肩说："我哪件衣服没有破洞呢！"他妻子一想，确实如此，于是法布尔就这样迎接了内阁大臣。

法布尔在自然环境中追踪昆虫的生命活动，这种学习比起在实验室里解剖昆虫的尸体、研究静态的结构要艰巨得多。只有深深的迷恋和高度的专注才能让一个人坚持这条道路，坚持一生，并创造出前所未有的成就。当有人对《昆虫记》的科学价值提出质疑时，法布尔写道："你们这些带着蛰针的和盔甲上长着鞘翅的，不管有多少都到这儿来，为我辩护、替我说话吧！你们说说我跟你们是多么亲密无间，我多么耐心地观察你们，多么认真地记录你们的行为。你们会异口同声地作证说：是的，法布尔的作品没有充满言之无物的公式、一知半解的瞎扯，而是准确地描述观察到的事实，不多也不少。谁愿意询问你们，就去问好了，他们只会得到同样的答复。"法布尔的一生集中精力致力于昆虫的研究学习，他不仅热爱这项事业，而且也专注于这项事业，从不被无谓的事情来打扰和分散自己的注意力，这使得他取得了伟大的成就。

一个人若能正确认识自己，深知自己才能有限，于是发奋图强，从不幻想做一个全才，也没有十八般武艺样样精通的野心，而是专注于发展自己某一方面的才能，并且充分利用这项才能，这样，他比那些多才多艺的人更容易集中精力。他不必经常担心自己能否同时做好其他事。他知道，要取得成功必须专心发展某一项才能。于是他一步一步地踏踏实实地走向了成功。

有些人每天都在做自己并不热爱的工作，既没有勇气解脱，又自叹时运不济，幻想适当的机会到来，宝贵的岁月和激情就这么被一点一点地消磨掉了。

有一次我收到一位年轻朋友的来信，他说打定主意研究法律，但在研究法律之前，他要先做另外一件事情。世界上不知有多少年轻人被这种不专一的想法耽误了！对大多数人来说，精力正在白白地消耗掉，如同小水坝的裂缝里流失的水一样。注意力不集中、对琐事过于关心、焦虑和猜疑等消极情绪都在消耗人们的精力。儿子，要学会把精力集中到关键事物上，就像让水坝里的水流集中到水轮机上成为动力，不让它白白消耗。一个人在年轻时没有学会集中精力，就很难在任何事情上取得显著的成功。当一个人试图在同一时间去做过多的事情时，精力的浪费令人可惜。通常，学习紧张的大忙人都希望设法赶走那些来与他海阔天空地闲聊、消耗时间的人，不希望宝贵的光阴受到损失。

儿子，你现在正处于宝贵的青春年华，精力十分充沛，要尽快地把精力集中在对你有价值的学习中。如果不趁年富力强时集中精力去学习，以后就很难有什么大成就。

切记：世界上最大的浪费，就是把宝贵的精力无谓地分散在许多事情上。人的时间、能力与资源都是有限的，不可能面面俱到。儿子，你说是不是这个道理呢？

爸爸希望你可以集中精力，做一个学有所长的人才！

永远爱你的父亲

Chapter 12

珍惜同学友谊，正确看待爱情

Study
For Your Own

1 正确看待青春期的恋爱

曾经天真烂漫、无忧无虑的儿童，从某一天起，他的一切都会悄悄地发生巨大的变化：身体长高了，代表着性别特征的某些器官成熟了；思绪多了，情感丰富了，爱激动且烦恼也多了；开始关注异性了；学习、生活等方面的压力大了，感到做人难了……这些变化都表明，昔日的儿童已渐渐长大了，开始步入青春期了。习惯上，我们把12～18岁左右这个时期称为青春期。

在讨论“青春期恋爱”这个问题之前，让我们来看一首汪国真的诗《妙龄时光》：

不要轻易去爱
你是快乐的
让友情成为草原上的牧歌
更不要轻易去恨
因为你很单纯
让敌意有如过眼烟云
让自己活得轻松些
你是迷人的
伸出彼此的手
让青春多留下些潇洒的印痕
因为你有一颗宽容的心
握紧令人歆羡的韶华与纯真

正如诗中所说，当我们还处在未成年的时候，不要轻易去爱，也不要轻易去恨，因为我们都还很单纯。最好的做法是“伸出彼此的手，让青春多留下些潇洒的印痕”。

中学时期正是长身体、长知识的最好时期，绝大部分学生都会面临一些“少年的烦恼”，而青春期男女同学之间的微妙关系也是社会、家庭和学校非常关注的敏感问题，是家长和老师十分关心的问题。那么我们应该怎样看待青春期恋爱呢？

在青春期的这个阶段，由于种种因素，男生与女生之间会产生一定的好感，逐渐转变为喜欢，随着接触时间的延长，喜欢逐渐升级，而后便成为了通常所说的“早恋”，社会学家通常称之为青春期恋爱。

青春期恋爱是时代的产物，是少男少女这个年龄段的一个突出特征。只要我们正确地去认识它，对待它，男女生之间的这种“朦胧感情”是有助于深化同学间的友谊的，也可以促使我们对异性心灵的了解，同时让异性了解我们自己，从而真正地认识自己，知道自己的现实使命是刻苦读书，成就美好未来。

伟大的爱情可以与上帝相媲美，但青春期的恋爱是达不到这种境界的。那什么是爱呢？爱的分类很多，对祖国的爱，对母亲的爱，夫妻的爱……而青春期恋爱中的“爱”，是一种对爱的不成熟的、不正确的理解。

青春少年的身心都还没有完全成熟，过早谈恋爱，会产生不容忽视的危害，不但会影响双方的学习，还会造成很大的心理问题。青春期恋爱是同学之间只为了一时的激情和幼稚的想法，而全然不顾后果。所以，我们应该正确认识青春期的“恋爱”，不应该过于投入，因为青春期恋爱不会有爱的结果。

人的一生中，有许多美好的事物，每一个年龄段都有其生活的重点，中学生时期应该是以学业为重，而不是去“谈情说爱”。等到自己有足够的能力去承受一份感情的时候，等自己有足够的经济基础去建立家庭时，再来精心经营一段美好的爱情，成立幸福的家庭。

面对青春期的感情困惑，我们都应该坦然面对，拥有正确的人生态度，是砺练人生、挑战未来的必然选择！

青春期的初恋只是爱情的萌芽，并不是成熟的爱情，没有深刻和丰富的社会内涵，只是一种纯粹的自然的爱，幼稚的脆弱的爱，盲目的冲动的爱。真正的爱情应该有着丰富的社会内涵，它并不是像我们经常向往的那样：“如果有来生就让我们做对小老鼠，笨笨的相爱，呆呆的过日子，纯纯的依偎，傻傻的在一起。”不管是小老鼠还是公主王子，都是童话里的故事。真正的爱情是和婚姻、家庭、道德、责任分不开的；但是还处在青春期的学生双方的肩膀往往过于稚嫩，承担不起这些，因此，他们的爱情常常夭折，并带来一系列心理问题和社会问题。

因为爱情没有这么简单，花季少男少女们青春期对爱情产生好奇，产生萌动。他们认为爱情是美好的，所以他们对异性的言行举止产生好感以后，就认为是爱上对方了。但是有好感并不等于有爱，爱情要和彼此的性格、爱好、事业联系在一起。只有男女双方性格契合，事业相佐，情趣相投，才能酿成美满持久的爱情。

而青春期的少男少女无论是学识还是个性都没有定型，正处于多变期。

一个女孩子说过："一个人在每一个阶段都会喜欢不同的人，小时候会喜欢帅帅的，再大一点会喜欢活泼运动型的，再后来工作以后，就会选择成熟型的了。"你说，这时的爱情能恒定吗？

其实青春期的恋爱的危害是很大的，大致可以分为以下几点：

使人情绪不稳，经常烦躁不安

青春期的早恋与成年人的恋爱不同。早恋带来很大的盲目性。处在青春期的青少年由于其涉世未深，对爱情的理解肤浅，加之青春期情绪的易变性，使得过早恋爱的人常常表现为患得患失，以致他们经常受消极情绪的困扰。

学习兴趣下降，影响未来

青少年正处于一生中学习知识掌握本领的最关键阶段，应当努力地学习，取得优异成绩，为自己将来的事业和前途打好基础。而早恋会极大地分散精力，浪费时光，使青少年最终两头落空，恋爱没有结果，学习受到贻误，从而严重地影响青少年一生的生活和个人的前途。

所以在青春期，你们还是要以学业为重。当然，如果你对某位女生产生了朦胧的好感，那也很正常。不要为此而忧虑。因为这种好感只要处理得当，可以给你一个好心情，促进你的学习。

当然，也许你不能很好地控制自己的感情。那么，你可以尝试着以下几种方法：

转移对恋情的注意力

中学生活泼好动，精力充沛，如果没有丰富多彩的课余生活，他们旺盛的精力难以发泄，无聊之余，难免想入非非，让各种低级庸俗的东西乘虚而入。因此，你要参加班上的文体活动、科技活动，发展广泛的兴趣爱好，把剩余的精力和时间放在追求高尚的精神生活，丰富文化知识，发展智力，强壮体魄上来。这样能够转移你对恋情的注意力，克服精神上的空虚，减少青春期的生理变化带来的较大波动和冲动。

多结识品学兼优伙伴，扩大交际圈

多认识一些品学兼优的同龄伙伴，既可以减少两人单独相处的机会，分散对“恋人”的注意力，又可扩大交际圈子，让自己在交往中，不知不觉地拓宽眼界和胸襟，激发上进心，同时感到局限于个人小圈子、卿卿我我真是相形见绌。

总之，我想对这些正值花季年华的少年们说一句话：爱情是人间最美好的感情，她应该在适当的时候降临，但不是现在。请相信，你们曾有过的快乐或烦恼、温馨或牵挂，以后都会成为最珍贵的回忆。

2 不要过早采摘青春涩果

青少年正处在人生中至关重要的阶段，其生理和心理都处在一个飞速发展和变化的时期，他们的身材不断地长高长大，内脏器官日趋成熟。而这时也正是积累知识的最佳时期，他们的知识越来越丰富，对外部世界的认识也越来越多，逐渐地形成了自己的一套想法和看法。伴随着生理上的变化，他们的体内荷尔蒙分泌也发生了变化，性器官开始快速发育，于是，产生了对异性的朦胧好感。

美好的青春韶华会让每一个青少年们念念不忘，因为从这开始，他们渐渐地有了一个成人的感觉，对许多事情都有了自己独特的理解。随着媒体的广泛宣传和影响，他们对男性和女性之间的秘密也不再陌生。年轻的中学生们，甚至是初中生少男少女搂抱在一起，旁若无人的亲热镜头在城市的大街小巷随处可见。也许他们自己会觉得自己这样做很光荣、很大胆，也很刺激，但是，过早地去采摘青春树上的“青涩果子”是合适的举动吗？我们先来看一个小故事吧。

小蝶是我们小区里美丽的“公主”，她那一头乌黑飘逸的长发和一双水汪汪的大眼睛总是给许多人留下一种十分美好的印象。小蝶今年刚刚满15岁，但她的身材已经发育得像个成人一样。不认识她的人，肯定以为她是一个成熟而富有风韵的女子，怎么也猜不到她还是一个刚刚满15岁的少女。小蝶从小就是小区里的宠儿，没有哪一个爷爷奶奶叔叔阿姨不喜欢她的。因为她不但长得漂亮可爱，还非常懂礼貌，一张小嘴儿更是甜得像蜜一样。

人美心也美的小蝶，自从上中学之后，随着生理上的变化，她就像公主期待着自己的白马王子一样开始渴望自己心目中的王子快快出现。她开始疯狂般地爱上了琼瑶小说，尽管对现今的许多人来说那些爱情故事都已成“老土又老土”、“幼稚又幼稚”的小玩艺儿，可小蝶却依然深深地被小说中的“生死相许”的爱情感动得不得了，并越来越期望自己也有那样的一天。

也许小蝶的渴望太强烈了，不久后她真的看到了希望——她收到了一封情书。男孩的信中满是甜言蜜语，不停地表达着他对小蝶的欣赏与爱慕。从此之后，小蝶每天都能收到这个男孩的情书。这种“情书攻势”一直持续了两个月，小蝶再也按耐不住自己年轻的心，她开始心动了，在她的心里，男孩就是自己的白马王子了。一天，他们终于见面了。在校园旁边的公园里，小蝶对自己的“王子”一见钟情。原来，男孩是小蝶的学长，是学校学生会体育部部长。这天，两人就这样相互微笑着凝望，期待已久的爱慕之情溢于言表。

从此以后，他们两人一块放学回家，每逢星期天就一起出去逛街、郊游，跟琼瑶小说里的情节很相似，两颗年轻的心碰撞在一起总是能激荡起阵阵涟漪。最让小蝶激动的一次是男孩吻了她，初吻的感觉也如小说里描写的一样天旋地转。小蝶完全忘我地沉静在了浓浓的幸福当中。可是，自从两人有了拥抱、亲吻等亲密动作后，小蝶渐渐发觉自己竟然有了强烈的性冲动，每当男孩拥抱她时，她总能感觉到男孩的身体在发抖，男孩似乎也有性冲动。有了这种想法后，小蝶心里有种说不出的味道，既害怕又甜蜜，总感觉有事情要发生了。一天，小蝶到男孩的家玩，刚好男孩的父母都不在家。两人说说笑笑、打打闹闹，互相挠对方玩，小蝶忍不住痒就滚到了床上。这时，男孩扑过来一把抱住了小蝶，有些紧张地在她耳边说道：“我爱你，我会照顾你一辈子……”小蝶浑身发热，颤抖着点了点头。就这样，他们偷吃了禁果。

自从那次之后，小蝶和男孩又趁着双方父母不在家时，发生过好几次关系。但是，过早地摘吃树上未成熟的果子，这些果实都是苦涩的。小蝶所谓的爱情也根本不像她想象中的那样甜美和幸福。

偷吃禁果的惩罚终于来了，在学校的一次身体检查中，小蝶被查出已怀孕2

个多月。懵懂无知的小蝶竟然完全不知道自己已经怀孕了。最后，校方给予了小蝶严厉的处分，小蝶的父母知道此事后也痛苦万分。

小蝶到医院做了流产后，那个男孩从此再也没来找过小蝶了。原来她曾经倾心去“爱”的“白马王子”居然转学去了另一个城市。小蝶欲哭无泪，她不但遭受了身体的重创，还受到了来自学校、社会和家庭等方方面面的压力和歧视。昔日好友离开了她，一些知晓内情的人们总在她的身边指指点点，妈妈原来美丽的双眼变得失望又悲伤，小区里那些疼爱自己的叔叔阿姨们也投来异样的眼光，小蝶再也无法承受这些有形无形的压力，她彻底地崩溃了，在一个没有星星的夜晚，小蝶服下了一整瓶安眠药……

青少年还处在不成熟的年龄段，他们的人生经历非常有限。他们所知道的东西大部分是在学校里学到的。虽然他们的知识面不一定窄，但较之成人，青少年对社会和人生的认识还是很肤浅的，这就直接导致了他们对社会上人和事的看法较为片面和幼稚。对真正的恋爱和婚姻的理解很不切实际。固然异性间的吸引力是爱情的一个显著特征，但由于青少年对爱情的真正内涵缺乏客观的、正确的认识，便误把异性之间的相互吸引和好感当成爱情，从而生出对美好生活的憧憬之情，不知不觉步入自己给自己编织的危险的情网中。因此，青少年要正确认识异性间的吸引，尤其是那些满脑子浪漫幻想的少女们。

随着年龄的增长，青少年朋友会渐渐地变得成熟起来，看问题的角度、方式也会发生很大的变化。也许，他们会为自己以前所做的一些事情感到懊悔，但要想改变自己以前的错误却为时已晚了。因为婚姻毕竟不是完全建立在个人感情上，它还受许多其他社会因素的影响。所以，“早熟的果子不甜”，自己酿下的苦酒就只得自己一个人去品尝了。如上文中的小蝶，就是一个典型。

青少年正值青春发育期，性生理逐渐成熟，性意识开始觉醒。在意识到男女有别后，在男女之间的交往方式和内容上，不自觉地产生一种戒备心理。然而，正是这种强烈的意识，少男少女们反而对异性产生了一种朦胧的好奇心，渴望了解彼此，就产生了对异性的一种青涩的爱恋之情。少女们开始有意识地修饰自己的仪表，注意自己的谈吐，少男们也处处表现出一股英雄气概和对女孩子的体贴之情，以此来吸引异性对自己的关注。科学研究指出，青少年的这种变化都是青春期异性之间相互吸引的表现，是一种正常的心理变化。

虽说这是一种正常的心理变化，但青少年们不能任其自然发展，更不能把这种异性之间的吸引当成爱情去盲目地追求。面对这种心理变化，青少年们必须理智地、自觉地运用道德和法律规范自己的言行、克服头脑中的一些不正当的欲念，战胜一时的感情冲动，通过积极参与丰富多彩的文体活动来充实自己。在与异性交往时，要自觉地将注意力放在学习、兴趣、爱好方面的交流上，同时要注意不要与某个异性关系过于亲密，要有意识地扩大自己的交友范围，做到相互学习、相互促进，建立纯真的友谊。

爱情之花是圣洁的，只有到了一定年龄，正确理解她，懂得珍惜她的人，才能栽培并以真诚之水浇灌，使之永远盛开。

所以，对于青少年来说，在还没有具备爱情生长的土壤时，最明智的办法是筑好理智的防线，集中精力学习，树立正确的人生观，培养高尚的情操，学会自尊、自重、自爱和自制，使自己的行为符合社会道德规范，用健康的思想、积极的生活和社会法制观念来指导自己的行动，让自己的青春岁月真正留下快乐和美好的回忆。

3 独学而无友，则孤陋而寡闻

《学记》中有这样一句千古名言：“独学而无友，则孤陋而寡闻。”意思是说，如果学习中缺乏学友之间的交流切磋，就必然会导致知识狭隘，见识短浅。古今中外许多善于读书治学并且成大器者，大多十分重视结交学友，并在讨论与交流中获益匪浅，道理就在于此。

三国时，孟宗就学于南阳李肃，他母亲特意为他缝制了厚褥大被，为的是孟宗多交些学友，厚褥大被就是为夜晚同寝的同学准备的。宋朝大文学家范仲淹在写作过程中，经常请同时代的许多名士同床共读，油灯的烟把蚊帐顶熏得漆黑。

法国有两位著名的科学家，一位是普鲁斯特，另一位是贝索勒，为了探索化学上的“定比定律”，他们激烈地争论了9年，最后，普鲁斯特获得了成功，但他把一半功劳归功于贝索勒，他说，由于贝索勒对他的观点提出的种种质疑，才激发了他的智慧，迫使他更加深入研究“定比定律”。著名的流体力学家冯·卡门的寓所，经常宾客满堂，有知名教授，也有学生和助手，他们用不同国度的语言交流，进行无拘无束地争论，洁白的桌布上写满了各种数学方程式，宝贵的思想火花就在这种讨论、争论中不断地迸发。有人担心自己的观点因在讨论中公之于众而被人据为己有，但冯·卡门坦然地说，与人交流讨论，只会丰富自己的思想，开拓自己的视野，纠正自己的失误，收获总会大于输出的。

延伸阅读：

《学记》，为《礼记》中的一篇，约写于战国晚期，是中国最早的体系极为严整的教育专著。《学记》文字言简意赅，比喻生动，系统而全面地阐明了教育的作用和目的任务，教育和教学的制度、原则和方法，以及在教育过程中的师生关系以及同学之间关系。

冯·卡门（1881～1963），美国工程力学大师、航天技术理论的开拓者，曾提出著名的“卡门涡街”理论。1938年指导钱学森等人成立火箭研究小组，这个小组后来发展成为闻名于世的加州理工学院喷气推进实验室。1963年2月18日，美国政府向他颁发“国家科学勋章”。

维纳（1894～1964），美国数学家，控制论的创始人。

美国数学家维纳在哈佛大学学习和研究期间，经常和从事数学、工程学、心理学、生物学等方面研究的学者和专家相互交流，后来创立了被称为“三论”之一的控制论。大科学家爱因斯坦在年轻时也喜欢用晚上时间，约请一些志同道合者在一起，一边喝茶，一边讨论学术问题，他把这种聚会冠以“奥林比亚科学院”的美称。他早年的一些重要论文，几乎都在这个“科学院”讨论过，爱因斯坦在创立相对论的前前后后，更是经常和朋友一起讨论哲学和物理问题，为创立相对论奠定了基础。20世纪初，法国一群十八九岁的学生，组织了一个名叫“布尔巴尔的事业”的数学研究团体，激烈地争论和研究数学问题，被人戏称为“疯子会”。而正是他们出版了可与欧几里得的《几何原本》相媲美的《数学原本》，形成了“非欧几里得”新学派之一。更有意思的是，20世纪30年代，美国哈佛医科大学每个月都有举行一次“科学聚餐会”的习惯，各方面的学者和专家都来发表自己的意见并参加讨论。后来，参加这个“聚餐会”的学者和专家都各自在自己的研究领域中获得了相当大的成就。

我们正处在一个崭新的信息时代，一个人要依靠个人的寒窗苦读了解的知识和信息，是难以适应飞速发展的社会要求的。一个人的学习虽然有所收获，但难免也有一知半解的时候，倘若在学习的过程上能够形成同学之间相互帮助、讨论、切磋的氛围，就能真正做到“集思广益、取长补短、扬长避短、共同进步”，达到丰富自己的知识，开拓自己的视野，完善自己的知识结构的目的。

孔子说：“三人行必有我师。”英国戏剧大师萧伯纳也说过：“如果你有一个苹果，我有一个苹果，彼此交换，那么每人只有一个苹果，如果你有一个思想，我有一个思想，彼此交换，我们每个人就有了两个思想，甚至多于两个思想。”

无机化学家游效曾院士在回忆他的中学时代时，对师生间教学相长的经历记忆犹新。游效曾院士中学就读于江西南昌第一中学，当时生活条件比较艰苦，睡的是头顶瓦砾的统铺，吃的是清淡寡味的蔬菜，但这所历史悠久的著名中学有着严格求实、艰苦朴素的学风，有着一批从严要求、教学经历丰富的教师，至今留在他记忆中的不是生活的艰辛，而只有对知识的追求。那时，同学老师间经常找些数、理、化的难题互相磋商、辩论，从奥妙的“黄金分割”到矿石收音机的制作，都紧紧吸引着这群热爱学习、刻苦求学的少年，同学们都觉得生活非常充实有意义。在年轻共和国成立的日子里，游效曾和同学们一样对未来都充满了憧憬，向往成为科学家、工程师和作家。少年游效曾由于在一次酸碱滴定实验中指示剂所呈现的奇异色彩转变而萌发了对化学的兴趣与迷恋。就是在这样一种艰苦的，然而却是催人奋发向上的环境中使得一批十几岁的青少年奠定了良好的学风，造就了不怕艰难的心理素质，走上了正确的人生轨道。

在学习过程中，人各有所长，也各有所短，但同学间互教互学，相互讨论和交流，就能取长补短。在交流和讨论中，能促进自己对知识的深刻理解。知识是否理解透彻，有时候自己是难以自我检验的，而在互相质疑、讨论和争辩中，就可以轻松解决这些疑难，在学业上就会前进一步。交流讨论中，还能促进自己思维能力的提高。在交流讨论过程中，每个人最容易发现自己知识的不足和困惑所在，从而提醒和激发自己深入钻研，力求弄懂弄通的积极性；要积极主动地参与讨论，也会逼迫自己多学一点，理解得全面一点、深入一点，对关键部分和知识要点也必须了如指掌，而要做到这一点，就会自觉地去深入思考，使自己的思考能力不断得到锻炼和提高。参与交流和讨论，也能锻炼自己的语言表达能力。在交流和讨论中，不仅要求参与者能迅速听懂别人的论点和问题，善于抓住要点和实质，而且要善于准确而有条理地表达自己的概念、判断，严格而合乎逻辑地进行推理、论证，表达中要求措词恰当、提纲挈领、言简意赅，还要富于生动性和启发性，这对于锻炼和提高同学们的语言表达能力是非常有益的。当然，同学们之间的交流与讨论，不能替代自己的独立钻研和独立思考，而只能是一种促进和补充。单纯依靠他人或不懂装懂，好为人师，都必然得不到真正的知识，会有害于同学们的进步与成长的。

同学之间的交流与讨论，有利于交流心得，互相学习，集思广益，取长补短，开拓思路，提高学习效率；交流与讨论，也有利于激发学习热情，调动学习的积极性，加深印象，巩固已学过的知识；还有利于发展思维能力，培养口头表达能力。交流学习方法，是一种富有启发性、研究性的学习方法。同学们采用这种学习方法时，除了具备积极主动的态度外，还需要掌握一定的技巧和方法。

讨论交流前要做好充分准备。为了使自己在讨论交流过程中正确表达自己的观点和阐明自己的理由，并让参与者心悦诚服地接受，每个同学在交流前都要做好准备工作，最好是把自己要讲的内容写成发言提纲，尽量做到胸有成竹。

在交流讨论中，同学们要有效地听，必要地记。在听其他同学发言时，要耳、手、脑并用，记要点，记疑点，记难点，记他人发言中有启发意义的闪光点。

要做到每参加一次交流讨论，就有一次收获的话，同学们还应在交流讨论完后，及时进行小结。将在讨论交流中对自己有启发的观点、思路、方法、意见等记录下来，用以启迪自己的灵感，更有成效地学习和掌握知识。

4 建立黄金般的美好友谊

毕业多年后，
我始终认为同学之间最珍贵的是友谊，
哪怕当初发生了什么不愉快的事情。
在那些共同奋斗的日子里，
充满激情和欢乐。
那是逝去单纯、纯真的往昔。

怀旧是成长中一个美丽的情绪。

珍视这份友谊，珍视这份情谊。

这是人生最珍贵的财富。

会让我们更加热爱生活，

生活也会因此而更美好，更精彩。

西方哲人说："那些能爱你的长处，了解你的缺点，并且随时准备原谅你的过错的人，就是朋友。"这种友情来之不易，有了这样的友情，我们该好好去珍惜它，去维护它，千万不要随便糟蹋了它。

说起友谊，人们能讲出许许多多感人肺腑的故事，能举出许许多多震憾心灵的佳话。是的，友谊是一个永远也说不完的永恒话题。在同学之间，尤其是那些从幼儿园直至小学、中学都在一起度过的同学，友谊更是真实的、珍贵的，是其他友谊所无法取代的。

友谊在哪里诞生无关紧要，只要人没有拥有过友谊，它就会成为一种生命的遗憾，不管是尊贵的国王，还是贫贱的乞讨者，生命的道理都是一致的。两个贫贱的乞讨者凑到一起，也会有说有笑的，两个尊贵的国王意见相左，也会怒发冲冠。友谊是医治心灵创伤的灵丹妙药，它的作用简直是妙不可言。培根说："你把快乐告诉一个朋友，你将得到双倍的快乐。而如果把你的忧愁向一个朋友倾吐，那么你的忧愁将会被分掉一半。"这是友谊的好处所在，在友谊面前，黑铁也能闪烁金子的光芒。培根又说："缺乏真正的朋友乃是最纯粹最可怜的孤独，没有友谊的世界不过是一片荒野。"如此说来，没有友谊不仅仅是一种遗憾，而且也是一种生命的缺失。这就像口腔溃疡是由于缺乏维生素 B_2 导致的一样，孤独的疾病也是由于缺乏友谊的营养而导致的。

历史上有无数关于友谊的典故，体现出了友谊在人的一生中的重要性，演绎出了许许多多脍炙人口的友谊佳话。

春秋时期，俞伯牙善弹琴，但终日弹琴，却无人赏识。一日，子期听到伯牙的琴声，听到激越之处，便说浩浩乎志在高山。听到回转千叠处，便说荡荡乎志在流水。子期能听懂伯牙的琴声，也便有了"俞伯牙摔琴谢知音"的故事，知音是产生友谊的一种音符。

与伯牙相比，春秋初期的政治家、经济学家管仲更幸运。管仲有一个好友鲍叔牙，是春秋时齐国大夫，官至宰相，并以知人善交著称。鲍叔牙自青年时即与管仲交，知管仲贤。管仲和鲍叔牙做生意，管仲分钱多拿一倍多，鲍叔牙说管仲不是贪财，是因为家里穷。管仲为鲍叔牙出主意办事，事情也办得很糟糕，鲍叔牙说管仲不是愚笨，是因为客观条件不好。管仲三次当官三次被罢免，鲍叔牙说管仲不是没出息，是机会不成熟。管仲三次作战三次失败，而且冲锋在后，逃跑又跑在前面，鲍叔牙说管仲不是胆小，而是因为有老母亲需要奉养。管仲在当上齐国丞相后无不感慨地说："生我者，父母也；知我者，鲍叔牙也。"理解是产生友谊的火花。

延伸阅读：

管仲（？～前645），即管敬仲，春秋初期齐国政治家。早年曾经商，后由鲍叔牙推荐，被齐桓公任为卿。在任四十年，帮助齐桓公富国强兵，以"尊王攘夷"相号召，成为春秋时首位霸主。

而《三国演义》中"桃园三结义"的关于友谊的故事更是耳熟能详、感人肺腑。关羽过五关、斩六将、千里走单骑，终于回到大哥刘备身边，体现了义气所产生的友谊。

对于世界伟大的思想家马克思与恩格斯的不同寻常的友谊，我们也一定不会陌生。

马克思与恩格斯长达40年的伟大友谊曾被列宁称颂为"超过了古人关于友谊的一切最动人的传说"。马克思于1883年逝世，12年后恩格斯也与世长辞。这12年的最后岁月，因为恩格斯的宽阔胸怀和正确人生态度而变得绚丽多彩。

1890年11月28日是恩格斯70岁生日，来自世界各地的党组织和朋友纷纷表示要为他祝寿。但恩格斯婉言谢绝了这份盛情，他认为所有的荣誉都应该归功于马克思，自己承受不起太多的赞誉。后来，在德国社会民主党人倍倍尔等人的一再要求下，恩格斯勉强同意在家中搞一个私人宴会。生日这天是星期五，恩格斯家中高朋满座，他也十分高兴，频频与朋友干杯畅饮。喝到兴致高涨时，他用洪亮的声音唱起《饮酒歌》，随后用俄语背诵了一大段普希金的长诗《叶甫盖尼·奥涅金》，把宴会推向高潮。寿宴一直持续到次日凌晨3点多，客人们才依依不舍地离去。

生日过后，恩格斯给德国、匈牙利等国的媒体去信，答谢朋友并表达对马克思的怀念之情。他在给俄国朋友拉甫罗夫的信中说："人们在上星期五纷纷向我表示的那些尊敬，大部分都不属于我，这一点谁也没有我知道得清楚。因此，请允许把您对我的热情赞扬大部分用来悼念马克思吧，这些赞扬我只能作为马克思事业的继承者加以接受。”

恩格斯 71 岁生日时，一个组织为他准备了一场音乐会。恩格斯坚决谢绝了，他说：“马克思和我从来都反对为个别人举行任何公开的庆祝活动，除非这样做能够达到某种重大的目的；我们尤其反对在生前为我们举行庆祝活动。”“我将以我余下的有限岁月和全部精力，一如既往地完全献给我为之服务近 50 年的伟大事业——国际无产阶级事业。”

马克思与恩格斯的友谊创造了巨大的成就，为人类社会的发展做出了卓越贡献。我们都应该向他们学习，以健康、伟大的友谊和合作造就属于我们的美好人生。

中学阶段，正是建立美好友谊的黄金时期。良好的友谊不但能够沟通同学之间的感情，还能提高学习时的理解力。因为，在情感上，友谊能使人整天心情舒畅，即使是在烈风暴雨的恶境；而在理解力上，又能赋予人智慧之光，走出黑暗与困惑。通过与朋友们的交流，一个人能借言谈的力量了解自己，把自己的思想表示出来，并且把自己的机智磨得更为锐利。

不要过早品尝爱情这杯酒

——美国著名战地记者詹姆斯·赖斯顿致儿子的信

我亲爱的理查德：

收到你的来信后，我才突然发现你已经长大了，开始对青春时期的情感变得敏感起来。我在为你高兴的同时，心里也有了一丝担心，深思熟虑之后，我才决定给你写这封信，希望你可以从我的文字中找到属于你的青春心态。

儿子，青春期是每一个人都要面对的一种微妙的经历，我不赞成对青春期的恋爱，特别是对异性的朦胧爱意一棒子打死，我主张面对这份单纯的感情时，要学会自我把握，让这份情感变得纯洁而高尚。

爱情是一件美好的东西，有它自己的时间，有它自己的季节，也有它自己来去的原因，你不能因为它的诱惑而完全迷失自己的人生方向，也不能对它采取粗暴态度而将之拒于千里之外。爱情是一杯酒，但当它还没有达到醇美的时候，过早地喝下它，只会被它的浓烈的酒味呛住，以至于伤害你的身心健康。所以，当你还不具备可以承受它的力量时，最好不要提前端起这杯酒。

人为什么会陷入爱河，这是一个谜；人们会在何时陷入爱河，也是一个谜；同样，为什么有些人的爱情美满，有些人的爱情失败，这更是一个难解之谜。

年少轻狂的时候，每个人都会对爱情产生不可抑制的渴望。青春的冲动与向往使我们强烈地渴盼爱情之花在自己的心里怒放，你会抓住它并为它的美丽而欢呼雀跃。这是我们共同的梦想。然而多数情况却是：爱神的来临使你一时不能自已、兴奋万分，但它却很快地溜走了。

当爱神降临在年轻人身上时，他们总是希望抓住并拥有它，不愿看到它悄悄地来，又悄悄地走。所以，他们为了将这种迷人的感觉保留得更加长久，不惜耗费大部分时间，甚至绞尽脑汁想方设法为这份最初的情感保鲜。事实上，这种青春期的爱情并不能算作真正的爱情，它只是你内心的一种朦胧而美好的自我感受。

如果知道了这样一个道理，你就会冷静地面对它的降临，当它离去时，你也可以保持一份平静，而不至于搅乱你的心绪，从而对自己的学业造成负面影响。

儿子，看起来，你现在正被这一种情感困扰着。听我说，儿子，既然它来了，你也不必惊慌失措，勇敢而正确地面对它，用你自己的智慧，将它安顿在你心里一个最佳的地方，既可以使它不至于影响到你的学习生活，也不会因它的到来而徒添无数青春的烦恼。如果你处理得当，这份早到的情感就不会造成你内心的困惑，并且可以给你带来巨大的动力。

儿子，如果你试图在这个时节拥有爱情，你也许不但不能品尝到它的美妙，而且会因它而滋生无尽的烦恼与痛苦。

如果发现哪个姑娘爱上了你，一定要记住，采取一种最委婉的方式来拒绝对方，不要因为有了这份你不能回报的感情而沾沾自喜、神气活现，更不能用生硬冷漠的形式来伤害对方。爱是一种美好的情愫，就算你不愿意接受对方的示爱，你也要怀着感恩的心态来婉拒对方给予你的好感与喜爱。如果你这样做了，你们之间的同学友谊就不会出现裂痕，而你也更能获得他人的理解与尊重。

如果是你对对方产生了好感，你也不必过于紧张，因为喜欢一个女孩子是一个青春期男孩在成长过程中的正常心理表现。只是，你要清楚地认识到青春期男女的感情并不是成人的爱情，而是一种对异性的朦胧的好感。你可以把自己对她的好感表现在与她共同学习、共同进步上，也可以把这份美好的感情暂时放在心中的某个角落，等到自己真正长大成熟后再向她表白。

总之，你要学会正确处理学习和青春期恋爱的关系。在学习的年龄以学习为重，学好知识本领，才有能力去爱一个人，去给对方幸福。

儿子，人的一生其实是非常短暂的。俗语云：人生难得好时光，三分之一在梦乡。除去吃饭、睡觉等维持生命活动的必要时间外，人一生总共剩下不到30年的时间用于学习和工作。而人生的真正意义就是在这不到30年的时间里实现的。那么，在这有限的时间里，你打算怎么度过自己的一生？你又打算怎样度过自己的青春时光？是把大好青春年华花费在没有结果的“恋爱”上呢，还是一心一意努力学习、为将来拥有更有意义、更幸福的人生而奋斗呢？

青春是美好的，青春期少男少女们的美好情谊更是每一个过来人都难以忘怀的。爸爸也有过和你一样的美好青春，爸爸在少年时也有喜欢的姑娘，但是爸爸知道，那个时候的主要任务是多多学习知识和技能，多多接触广阔的社会，为自己的梦想奋斗不息。也许那时爸爸的思想比你成熟得早，知道什么时候才最适合谈恋爱、最适合组建家庭。所以，爸爸没有把时间浪费在与女孩子谈情说爱上，而是废寝忘食地汲取丰富的知识营养，以备日后工作时派上用场。

亲爱的儿子，你也要像爸爸一样，抓紧有限的青春时光，勤学苦练，学到一身本领，为以后建设自己成功的人生大厦添砖加瓦。我相信，我的儿子会建造一座最美丽最辉煌的成功殿堂，我更相信，我的儿子在事业成功的同时会获得一份美好的爱情，娶上一位迷人的姑娘，过上世界上最幸福的生活！

我时刻在为你加油！

挚爱你的父亲

Chapter 13

珍惜读书时光，学会时间管理

Study
For Your Own

1 少年正是读书时

我国历史上的著名书法家颜真卿曾经说，“三更灯火五更鸡，正是男儿读书时。黑发不知勤学早，白首方悔读书迟。”

延伸阅读：

颜真聊（709～785），唐代大臣、书法家。其曾祖、祖父、父亲都工篆隶，母亲殷氏亦长于书法。开元713～741年间中进士，登甲科，曾4次被任命为监察御史，迁殿中侍御史。因受到当时的权臣杨国忠排斥，被贬黜到平原（今属山东）任太守。人称颜平原。肃宗时至凤翔授宪部尚书，迁御史大夫。代宗时官至吏部尚书、太子太师，封鲁郡公，人称“颜鲁公”。

一个人的少年时代，是最佳的读书时光，一旦错过了，你的一生就会后悔不已。因此，我们要珍惜自己的读书时光。

人生苦短，读书学习的时间更是有限，所以我们应该珍惜宝贵的读书时光，不断充实自己，提高自己，为即将展开的更加绚丽的人生打下坚实的基础。

没有知识，只会处处碰壁；没有知识，只会寸步难行。珍惜现在，珍惜美好的读书时光，是我们正确的选择。只有认真读书，才能改变我们的命运！

相信很多孩子在家中，一定常常听长辈说起不识字的痛苦。因为他们小时候家里穷上不起学，只能“面朝黄土背朝天”地干农活。现在生活好了，却不能上学了。这样的事实也在提醒我们读书是多么重要，要珍惜读书的机会，“莫等闲，白了少年头，空悲切。”

现在的生活条件改善了，有些孩子反而不想读书了。许多同学总认为读书太苦，负担太重，承受不了，常常中途辍学或者干脆在校园虚度时光。抽烟摆酷，聚众打架成了“家常便饭”。不以为耻，反以为荣。

人生的道路很长，很多好的习惯和品质都是在青少年时代培养起来的。如果我们不珍惜读书时光，虚掷光阴，养成了不良的恶习，最后后悔的只能是我们自己。俗话说：自古凡翁多白头，少年最怕不读书。

在青少年时代，如果我们不好好读书，很容易走上犯罪的道路，让我们来看看以下几个例子吧：

“恶魔团伙”大半未成年

从在街头打游戏机的小学生曹某被诱骗、绑架并被杀害一案入手，福建警方近日摧毁一个由17名青少年组成的少年杀人“恶魔团伙”，侦破绑架、抢劫、盗窃、杀伤多人等系列案件23起。这一团伙成员中，年龄最小的仅15岁，最大的也只有20岁。

小丫头指挥“少年帮”

南昌市一个由13岁至17岁男孩组成的“少年帮”，3个月内在滕王阁附近疯狂抢劫在校学生上百次，其中有的学生被抢劫30多次，有的还要定期交“保护费”，而指挥他们的“帮主”竟是一个15岁的少女田扬。田扬上初一时因家庭破裂而辍学，在游戏厅结识了一些不良少年，便结伙抢劫、敲诈，以获取“活动经费”。

涉黑头目年方十八

江苏宜兴历史上最大的带有黑社会性质的少年犯罪团伙主犯吴飞，近日被无锡市中级法院判处无期徒刑。吴飞年龄只有18岁，初中毕业后一直在“黑道”上混，称王称霸。他们平时刀不离身，成员大多有手机，出入“打的”。此次涉案人员中，有未成年人10人。

14岁抢劫杀人

仅仅因为缺少零花钱，上海一名年仅14岁、一向表现良好的少年便学电视里坏人的样，谎称其试卷落入天井里而骗开被害人家房门、入室抢劫并杀死女主人，在室内找不到钱的情况下，还去翻看血泊中尸体上的衣服。该少年日前被判处有期徒刑15年。

小小摩擦即动刀

上海某中学两名初三学生在班级卫生扫除中追逐打闹，其中一位不小心将另一位的毛衣撕开一个小口，引起推搡争执，在老师劝导下和解。但放学后，两人在同学怂恿下再度发生争执，毛衣被撕破者手握借来的小刀挥舞捅扎，使对方身中两刀，抢救无效死亡。

一个个的例子，无不让人触目惊心。这些少年罪犯都有一个共同特点，就是都不好好学习。一个人的精力只能集中在一个方面，当你集中精力学习时，你就没有时间去上网、玩游戏，也就不会变坏了。

因此，我们在青少年时代，第一要务就是要读好书，要知道：花无百日艳，人无再少年，劝君珍惜好时光，白发方悔读书迟。

2 珍惜时间，勤奋学习

“时间是构成一个人生命的材料。”每一个人的生命是有限的，属于一个人的时间也是有限的。在大千世界的所有批评家中，最伟大、最正确、最天才的是“时间”，而“世界上最快而又最慢、最长而又最短、最平凡而又最珍贵、最容易被人忽视而又最容易令人懊悔的也是时间”。

杨树枯了，有再青的时候；百花谢了，有再开的时候；燕子去了，有再飞来的时候；然而，一个人的生命窒息了，却没有再复活的机会。正如有这样一句话：“花有重开日，人无再少年。”时间也是如此，它一步一步、一程一程，决不辍步、永不返回。因此，青少年时期养成珍惜时间的习惯对我们的一生都有着巨大的影响。人生有限，必须惜时如金，切莫把宝贵的光阴虚掷，而要趁青春有为之时多学一点，多做几番事业。

自古以来，大凡取得成就的人，他们没有一位是不珍惜时间的。大发明家爱迪生，平均三天就有一项发明，正是抓住了分分秒秒的时间进行了仔细地研究，单是寻找用什么材料来作电灯丝就做了一千多个实验。伟大的文学家鲁迅先生有句格言，“哪里是天才，我把别人喝咖啡的时间都用在工作上。”他为我们留下了六百多万字的精神财富，正是由于他把别人喝咖啡的时间都用在了写作上的缘故。数学家陈景润，夜以继日，潜心于研究数学难题——哥德巴赫猜想，光是演算的草稿就有几麻袋，但终于证明了这道难题，摘下了数学皇冠上的明珠。世界无产阶级的革命导师马克思，临死前还争分夺秒地写《资本论》。这些事例都生动地说明了：一个人要想在有生之年做点贡献，就必须爱惜时间。

莎士比亚说：“放弃时间的人，时间也会放弃他。”意大利的杰出画家达·芬奇说：“勤劳一日，可得一夜安眠；勤劳一生，可得幸福长明。”列夫·托尔斯泰的格言“你没有有效地使用而放过的那点时间，是永远不能返回的”。还有人问过达尔文："你怎么一生能做出那么多的事呢？"他回答说："我从来不认为半小时是微不足道的一小段时间。"这样一些名言、格言又怎能不是深切地告诉人们：有作为、有成就的许许多多的人们，他们无不是因爱惜时间而得到成果的，他们用珍惜时间的妙法度过了他们青春的岁月。

可是，在现在我们中总还有少数人对时间很不珍惜，庸庸碌碌，无所作为；他们把今天所要干的事放在明天去干，生在蹉跎岁月，一点也不为虚度年华而悔恨，也不为碌碌无为而羞耻；他们或是白天痛玩，晚上开夜车，这样不仅谈不上珍惜时间，反倒影响了人的身心健康。

巴甫洛夫在《给青年们的一封信》中谈到：一个人即使是有两次生命，这对于我们青年来说也是不够的。董必武同志给《中学生》的诗句："逆水行舟用力撑，一篙松劲退千寻。古人云此足可惜，吾辈更应惜秒阴。"都是提示了我们应珍惜时间。

珍惜时间不能只是一个口号，而是要落实到行动当中的。

要珍惜时间，我们首先必须明了时间是怎样被耗费的。而要想知道时间的耗费情况，又必须先记录时间。我们应该养成勤于记录时间消耗的习惯。办法是在做完一件事之后，立即记录下所耗费的时间，每天一小结，连续记一周、两周或一个月，然后进行一次总体分析，看看自己的时间究竟用到什么地方，从中找出浪费时间的原因。专家研究证明，凡是这样做的人，对于节省时间、提高效率，收效甚大。现在人们常常把"应该"花费的时间，看成是实际已经花费的时间，而这两者往往是不相等的两个量。如果人们问一位领导者："您今天上午做了什么，花了多少时间？"答曰："起草报告花了3个小时。"其实，在这3个小时中，他喝茶，抽烟花费了18分钟，中途休息了两次，花费了23分钟，与同事聊天，花费了27分钟，接3次电话，花费了5分钟，这样总共花费了73分钟，实际上真正用于起草报告的时间只有1小时47分钟。可见浪

延伸阅读：

巴甫洛夫·伊凡·彼德罗维奇（1849～1936），俄国生理学家、心理学家、医师、高级神经活动学说的创始人。毕业于彼得堡大学和军事医学研究院，获医学博士学位。1884年起在军事医学研究院任副教授、教授等职，领导过实验医学研究所生理研究室工作。1901年为彼得堡科学院通讯院士，1907年为正式院士。

董必武（1886～1975），原名贤琮，又名用威，字洁畲，湖北黄安县人。18岁应试中秀才。辛亥革命爆发后赴武昌军政府任秘书官、军政总务科长。新中国成立后，担任过政务院副总理、政府委员主任，领导过司法工作。1959年，任国家副主席。

费时间是多么惊人。因此，进行时间消耗记录，对时间使用进行统计分析，对于每个人提高时间利用率，是一件十分重要的工作。

这里介绍一位前苏联昆虫学家柳比歇夫的时间统计方法。柳比歇夫的一生，成就赫赫，硕果累累，他发表了70多部学术著作，写了12500张打字稿的论文的专著，内容涉及遗传学、科学史、昆虫学、植物保护、哲学等广泛的领域。在这些成就中，有相当一部分要归功于他那枯燥乏味的日记本——“时间统计册”。柳比歇夫每天的各项活动，包括休息、读报、写信、看戏、散步等等，支出了多少时间，全部历历在案。连子女找他问话，他解释问题，也都在纸上作记号，记住花了多少时间。每写一篇文章，看一本书，写一封信，不管干什么，每道工序的时间都算得清清楚楚，内容之细令人惊讶。

依据效率研究专家的说法，在相同的时间内，用相同的劳力做尽可能多的事情的最佳方法就是即时处理。所谓即时处理，简单地说，就是凡决定自己要做的事，不管它是什么事，就立刻动手去做，“立刻”这一点至关重要。立刻动手，这不仅省去了记忆、记载或从头再干的功夫，而且可以解除把一件事总记挂在心上的思想包袱。

如果对一切事务性的工作都采用“一次性处理”，那么就省去了对一件事再花第二次、第三次的工夫。比如我们完成作业，就应该当天一次完成，如果拖延几天再写，就得再一次读原信，当然就多费了一些工夫。

然而，有一些人却有一个很不好的拖拉作风，本来可以随手处理的事，却拖得几天几周办不了，几天内可以办的事，却几个月不见踪影。这样导致学习效率极低。殊不知，被拖延的事务，将来仍然需要做，而且需要花费更多的精力去做。

中国有句格言，叫做“今日事，今日毕”。要赢得时间，必须养成随手处理可以处理的事务的作风，不能依赖着明日。否则，就如古诗所云：“明日复明日，明日何其多；我生待明日，万事成蹉跎。”

3 懂得合理安排和分配学习时间

老天很公平，给每人每天都只有 24 小时。但是，同是 24 小时，不同的人会有不同的效率。如有的同学善于科学安排自己的学习时间，学习、生活、休息井井有条，学习效果也很好；而有的同学却相反，不善于安排时间，整天忙作一团，但学习、生活无规律，学习质量也不高。所以，科学安排学习时间是非常重要的。那么，怎么安排才算合理？

拟好计划

一个学期要有一个学习的计划，有了学期的计划后，还要有每周的计划。可以说，制订周计划是非常重要的，首先要清楚一周内所要做的事情，所要达到的目标，然后制定一张日作息时间表。在表上填上那些非花不可的时间，如吃饭、睡觉、上课、娱乐等。安排这些时间之后，选定合适的、固定的时间用于学习，必须留出足够的时间来完成正常的阅读和课后作业。当然，学习不应该占据作息时间表上全部的空闲时间，总得给休息、业余爱好、娱乐留出一些时间，这一点对学习很重要，值得注意。

拟订学习计划除注意劳逸结合外，还要注意每天预习和复习的时间分开进行。复习尽可能在当天课后作业前进行，预习则在课前进行。无论复习预习都是距离听课时间越近越好。一句话，及时复习、预习事半功倍。

了解生物钟的规律，高效学习

时间安排是学习计划的重点内容。我们首先应该顺应自己的生物钟节律。从一天 24 小时的生物钟节律来讲，大致情况是这样的：

上午 7～9 时是短暂记忆的高峰，适合背记东西，但所记内容不易维持。

上午 9～12 时是思考高峰和分析推理的最佳状态，适合分析问题、解决问题。

上午 10～12 时是一般人最清醒敏锐的时刻，也是我们操练对话的最佳时间。

下午 1～3 时瞌睡虫袭来，感到昏沉沉，可以小憩一会儿或借助运动来提神。

下午 3～4 时午后清醒，精神开始恢复，长期记忆达到高峰，是准备考试或背记单词的好机会。

下午4~6时为技术性工作高峰，是学习打字、练习乐器、做数学运算的好机会。

晚上6~9时，衰退期来临；思考力、反映力开始逐渐迟钝，这时最适合做的是认真完成家庭作业。读点课外书籍后准备按时睡觉，不要期待做任何挑战性的工作，尤其应该避免激烈地运动，以免导致失眠。

针对生物钟的情况，我们应该合理地安排学习：

（1）记忆方面。早晨短时记忆好，比其他时间高15%左右；下午长期记忆强，所以， 应当设法在下午做大部分功课，不要留到晚上。

（2）活动方面。上午头脑清醒，最好从事认识活动，到了下午，由于手的灵活度、速度和协调性逐渐达到高峰，适合从事技巧活动以便更好地发挥身体的潜能。

（3）感觉方面。早晨体温低，各种感觉的敏锐度低。下午体温上升，黄昏时达到高峰，于是各种感觉的敏锐度随之上升。因此上午宜思考，下午宜背记。

学习是一个比较繁重的脑力劳动，拥有一个缜密的学习计划和时间安排是十分重要的。好的方法可以有事半功倍的效果，最主要的是找到适合自己的方法。而根据自己的生物钟来安排自己的学习是再好不过的方法。

在计划中，自学时间集中使用不如分散使用效果好，尤其在前后内容连贯性不强的功课，如记英语单词，与其花40分钟集中强记，不如在睡觉前和起床后各花20分钟记，后者效果肯定好于前者。

为了能较长时间持续学习，一定要注重45分钟后的10分钟休息，10分钟不做剧烈运动，但可以做简单的体育运动，如出去散步，玩一会飞镖等。

见缝插针利用空余时间

如果我们注意一下自己的生活就会发现，我们还是有不少的空闲时间的。如上学路上，等车的时候，饭前饭后等。如果利用这些点滴的时间，记一两个单词，看一段阅读等，日积月累也挺可观。

我们不妨试一试下面的方法：

（1）放学晚走5分钟

刚放学时，同学们急着回家，走廊里人很多，走得又慢，不如利用5分钟时间读一篇外语短文，天长日久，将大大提高你的外语阅读能力。

(2) 见缝插针记单词

把单词做成小卡片，或者买那种可以撕下来的单词本，随时放几张在身上，只要有琐碎的时间，如上学放学路上或者排队等公交车时，每次记两三个单词，睡前把这一天分散记忆的单词用几分钟的时间梳理一下，这样，将大大提高你的外语词汇量。

另外，要养成随身带书的习惯。特别是出远门时，如果遇到塞车等情况时就可以开始学习了。

(3) 锻炼、学习两不误

边锻炼边听英语新闻广播，不仅锻炼了身体，而且练习了英语听力，还不用看新闻了，真可谓一举多得。

其实利用琐碎时间的方法很多，关键是你要有这种意识，比如语文知识，特别是词汇的积累，也可以利用上面的方式达到“零存整取”的效果。

以上只是如何利用琐碎时间的一些参考，大家可以根据自己的实际情况充分利用时间。另外还要注意：为了增强我们的时间效率，对那些可做可不做的事情一律不做，而重要的事情挤时间也要做完。

学会休息

列宁说过，不会休息的人就不会工作。同样，不会休息的人也不会学习。

事实的确如此，大家既要充分利用时间学习，也要充分利用时间休息。一根弦绷得太紧会失去弹性，机器运转久了也需要加油，何况是人呢?

休息分为积极的休息和消极的休息。积极的休息是根据大脑两半球的特点，让左右脑交替工作。比如，文理交叉复习是一种不错的选择。再如，学艺术的考生可以让文化学习与专业练习交替进行。消极的休息就是放下学习去做学习以外的事情，比如散步、听音乐等。不管用哪种休息方式，都是为了更好地学习。

课间休息也不可忽视。课间休息时不要坐在座位上不动，可以到走廊走动走动，放松心情，眺望远方，让眼睛和大脑都得到休息。还可以听听舒适优美的音乐，爬爬楼梯等。

最忌浪费时间

据心理学家的调查，中学生在学习时浪费时间的现象还是比较严重的，主要有以下十种表现：1.胡思乱想；2.坐立不安；3.东寻西找；4.勤去厕厕；5.读写书信；6.乱写乱画；7.电视吸引；8.抓耳挠腮；9.闭目打盹；10.别人干扰。为了有效地杜绝以上浪费学习时间的现象，要特别注意下面几点：

(1) 切实加强学习时间的计划性，按时间进行学习，在最佳的时间内尽可能的多安排学习任务，“乘胜追击”。

(2) 养成良好的学习习惯，如上课认真听讲，不做小动作，自习时不宜一边看电视或听耳机一边解题等。

(3) 注意在每天临睡前做一下总结，看今天的学习任务完成情况及时间是否抓得紧等。

杜绝浪费时间还有重要的一点就是摧毁“三个M”的习惯。“三个M”分别是指“明天再说”、“慢慢来”、“马马虎虎”三个词开头的声母。

要牢牢记住今天的事今天完成，不要总安慰自己明天一定完成，养成拖拉习惯。

以上是在合理安排时间上的一点总结，当然在时间保证的前提下，要进一步讲究学习方法，如对知识的分类掌握，勤问好问等等都是取得好成绩的必经途径。

4 做一个早起的人

俗话说：“早晨不起误一天的事，幼时不学误一生的事”。从古代起，早起就一直被视为好习惯。很久以前，人们就认为如果我们早睡早起，一整天都会精神饱满。

实际上，一年之计在于春，一日之计在于晨。早晨空气最新鲜，人们的状态通常也最好。很多人可能都有这样的经历，那就是早上记东西比其他任何时间都能记得快、记得准确。

原因是人们通过一夜的睡眠和休息，消除了疲劳，恢复了精力和体力。此时空气清新，沁人肺腑，人的精神抖擞，这此因素都有利于大脑皮质进入兴奋状态，记忆力集中，此时读书、用脑，自然印象就深，记忆就牢固了。早上是右脑活动最旺盛的时候，而右脑主导人类思考、创造等能力，因此这段时间是学习的最佳时段。从脑波的状态来看，早上的时候，脑会发出令人放松的α波，为了脑的健康，α波是不可或缺的。对于一直处于忙碌状况的读书人而言，若想要有一个清静悠闲的时间，早起是再好不过了。

如果我们早上做些运动或散步，这一天我们都会精力充沛。而且如果我们能够早起，就会有充足的时间准备一天的工作。总之，早起对我们非常有益。

据调查，成绩优秀的学生多半是早起型的人。人生是不是过得充实，最重要的就看你如何利用每天早上的时间。

也许不少人会认为这些早起的人都得早早就寝，但事实上却未必如此。据统计，这些早起的人大都早上四五点起床，但平均睡眠时间仅4～5小时。换句话说，他们就寝的时间大约在晚上12点左右。

问题是一天睡4～5小时是否足够？最近不少与睡眠相关的研究都发表了有趣的实验结果。美国防癌协会表示，一天睡8小时的人比一天只睡7小时的人短命。而日本国立精神神经中心的研究主任内山真也表示，人一天需要8小时睡眠的论调毫无根据。

“拿破仑一天只睡3小时”的传说是非常有名的。应该重视的是睡眠的深度，而不是时间的长短。有人说拿破仑一天虽然只睡3小时，但是睡眠深度足够的话，3小时便已得到充分地休息。反之一天睡8～10小时，却都只是浅睡的话，就算睡再久也会觉得不够。

很多人都知道睡眠的形态可分为两大类，一种为头脑仍在活动的快速眼动睡眠以及非快速眼动睡眠。人在夜间睡眠的时候就是这两种睡眠以90分钟为单位互为交替。拿破仑的3小时睡眠即是经过一次快速眼动睡眠及非快速眼动睡眠之后，就起身迎向新的一天。

从这些一流人物睡眠时间都很短且早起的事实中，我们学到了什么？我想我们都该向他们学习提早每一天的开始，并致力于减少浪费时间。

每天都能坚持早起的人，一定是意志力坚强，活力十足的人，早上想多睡一会儿，懒一下床是人之常情，特别是冬天就更是如此。要抵抗温暖被窝的诱惑，是需要相当坚强的意志力才能办到的，所以，有决心和毅力十分重要。我们再想想，为了每天都能快乐、充实地面对人生，首先就应该养成早起的习惯，这基本就是一种试探自己意志，训练精神的方式，由早起开始，有效运用时间。要想成为一个意志力强的人，最好由早起开始，坚持不懈地锻炼自己。当早起变成一种习惯的时候，你就会发现它可以带给你一种特殊的心情，一种早起的喜悦，一点成功的满足，还有早晨东升的旭日， 清新的空气， 晨练的声音等等，这些对于那些用午餐作为早餐的人来说是不可多得的财富。让我们尽量保持这种习惯，我们必将从中受益匪浅。

只要你有心，时时处处都有学习的机会

——美国经济学大师米尔顿·弗里德曼致儿子的信

我亲爱的孩子：

也许你会认为，利用有限的零碎时间读书，不会有很大的收获，就像微薄的薪水不能积蓄起巨额的财富一样。可是事实却截然相反，绝大部分有巨大成就的人都是能够利用点滴空闲时间学习的人。看似零碎的时间，他们却把它当作宝贝一样去珍惜和利用。来看看这些人的故事吧。

爱迪生小时候做过报童。当年，他在火车站一边卖报一边坚持读书。每当火车在底特律停留6小时期间，他总会泡在当地的青年人协会的阅览室里，疯狂般的汲取知识。一天，图书管理员亲切地问他："小家伙，你读了多少书呀？"他快乐地回答道："我已经读完了第一架上的两层！"管理员看到他刚刚读了两本完全不同类的书，很是不解，爱迪生对她说道："我是按照书架上的次序读的，我只想把这里的书统统读完。"

爱迪生就是这样一直贪婪地读书。正是因为他的勤奋，他在青年时代就有幸接触到了当时最先进的著作——《法拉第电学研究》。这是一本影响他日后成为著名发明家的"秘笈"。得到这本书后，他曾经从凌晨4点读到午饭前，有人催他吃饭，他轻轻地叹息道："人的一生多么短促，要干的事情又那么多！"《法拉第电学研究》被他压在枕头底下，有时候在睡梦中也会打开它，以解答脑子里突然蹦出来的疑团。爱迪生就是一个会利用琐碎时间读书的典型例子，他读书学习到了废寝忘食的地步。

美国纽约有一个叫瑟洛·威德的报业资深人士，他坚强、敏锐、和蔼、机智，具有强壮的体格。在纽约州，他的言行能影响当地公共政策的制定。少年时代，他的家境非常贫穷，贫穷到没有钱可以供他读书。于是，他就在平时点滴的时间里自学，最后成为了一个富有影响力的人。他年轻时候读书求知识的故事非常感人。

瑟洛·威德五六岁的时候，因为家里太穷，失去了读书的机会。俗话说："穷人的孩子早当家。”他就想找点事做来养活自己。他的第一份工作是在一家制糖厂干活，干得非常认真。那时候，他每天都要去槭树林里采集糖汁。但由于穷困，他连一双鞋也没有。冰天雪地的冬天，他就在脚上裹上一块破毯子，到雪地里割树；春天积雪融化后，他就把破毯子扔掉，光着脚去干活。就是在这种异常艰苦的环境下，威德也抽空拼命地读书学习。因为他很清楚知识的重要性。他自己曾满怀深情地回忆起这段时光：

“每当割完槭树后，我就抽空读书。那时候农民家里除了《圣经》之外再也没有别的什么书本，要想读更多的书就得找别人借。一次偶然的机会，一个住在三英里外的人告诉我，他从更远的地方借了一本有趣的书，我就光着脚、踏着残雪到他家去借这本书。路上有的地方雪化了，我就停下来暖暖脚。偶尔有整段的路没有雪，走在上面对我来说真是莫大的享受！幸运的是，那本书正好还在他家，我就有幸把它借来了，但我要保证好好保管这本书，不得把它弄脏弄坏。在回家的路上，我迫不急待地捧着这本书边走边看，竟然忘了脚下冰冷的雪地……那时候蜡烛对于我来说更是一种奢侈品，要想在天黑后看书，只能借着壁炉里的火光看，为了看得更清楚点，就得趴在地上读。就这样，我如饥似渴地读完了那本借来的书——《法国革命史》。”

“后来我又有了一份新工作，奥隆德加的钢铁铸造厂做苦力活。那时我们没日没夜地锻造、打磨、准备模子，一日三餐吃些腌肉、黑麦和粗面包，晚上以稻草堆当床。条件是很艰苦的，但我很高兴能待在熔铁炉旁边，因为它的火光可以把书照亮。”

瑟洛·威德就是以这种孜孜不倦的精神如饥似渴地读书学习，不断地在零碎时间积累知识，最终从一个无知少年成长为杰出的报人。有些人以为过了宝贵的青年时期，就失去了求学的机会；到晚年，就更谈不上学习新知识了。实际上，只要能利用好自己的空闲时间，努力进修，全神贯注地摄取各种知识，就完全可以补救青少年时期的失学，甚至使自己成为饱学之士。瑟洛·威德就是很好的例子。

其实，人的一生都是受教育的时间，我们应该活到老学到老。许多人往往忽略了我们置身其中的大千世界。社会就是一个大学校。我们平时遇见的人、接触到的事与所得的经验，都是这所学校最好的学习材料。只要你睁大自己的双眼并洗耳恭听，那么，每一天每一分每一秒在每一个地方都可以汲取到知识。然后，一旦有了空闲时间，就把白天吸收来的东西反复思考、咀嚼并将它们整合成更精湛、更系统、更有意义的学问。孩子，你千万不要认为只有坐在学校的教室里读书才是学习，你要牢牢记住：学习是随时随地进行的事。

平时，我们经常会听到这样的话："等我有空再学习。"这句话的弦外之音是："等手上没有什么重要的事情时再学习。"但事实上，我们的生活中根本没有所谓"空"的时间。你可能有休闲的时间，有玩乐的时间，但绝对没有"空"的时间。凡是那些在事业上有所成就的人，都有一个成功的诀窍：变闲暇为不闲，也就是平时的生活不清闲，不浪费。

一个"闲不住"的人会在闲暇时间里积极开创自己的"学习第二职业"。在概率论、解析几何等方面有卓越贡献的费尔马，他的第一职业是法国图卢西城的律师，而数学则是他的"学习第二职业"。哥白尼的正式职业是大主教秘书和医生，而创立太阳系学说却成为了他"学习第二职业"的研究课题。富兰克林的许多电学成就是当印刷工人时从事"学习第二职业"的成果。

一个"闲不住"的人还会在闲暇时间里虚心向社会上的"老师们"求教。托尔斯泰曾在基辅公路上不耻下问，请教有丰富生活经验的农民。达尔文曾在科学考察途中，拜工人、渔民、教师为师。不甘悠闲，不求闲情是不少成功人士视生活和学习的第一准则。而我们现在有许多年轻人却把自己的宝贵闲暇时间白白浪费在其他没有多大意义的事情上。有的人用它来追逐"三角"甚至"多角"恋爱；有的人则沉溺于一圈又一圈的赌博游戏中；更多的人则陶醉在自己那"时髦"的家具摆设或无聊地徘徊于昏暗的街灯之下。所以，我们许多人只能做一个普通人，因为我们把时间消磨在了平常的毫无意义的事情上。

由此可见，一个人是否能利用好自己的闲暇时间，对他个人的品德和素质的培养及发展起着很大的作用。孩子，你千万不能小看这些短短的闲暇时间，也许你的人生成功与否就决定于你是否用好了你的闲暇时间。你要学会从无关紧要的事或休闲活动中挤出时间来认真学习，读好了"社会"这本大书，才能创造辉煌的人生。

愿你抓住各种机会好好学习！

思念你的父亲

Chapter 14

成为最好的你自己

Study
For Your Own

1 学习是一辈子的事情

美国商业顾问汤姆·彼得斯在《解放管理》一书中给学生们这样的忠告："记住，教育是通向成功的唯一途径，教育并不以你获得的最后一张文凭而中止。终身学习在一个以知识为基础的社会里是绝对必需的。你必须认真地接受教育，其他所有人也必须认真接受教育。教育是全球性相互依存经济中的'大竞赛'，如此而已。"

因此，学习的真正目的并不在于记忆、存储，或是学会运用某种特定技巧，而是在于具备终身学习的能力。

要具备终身学习的能力，关键就在于必须"终生学习"。

珍尼特·沃斯和戈登·德莱顿在《学习的革命》一书中认为："真正的革命不只在学校教育之中，它在学习如何学习，学习你能用于解决任何问题和挑战的新方法中。"

急遽的全球性转变，资讯光速流转，机会转瞬即逝。环境的迅速变化确实向任何人都提出了新的挑战——因循守旧，还是创新超越。在巨变的洪流中，无论企业或个人，凡是依赖于旧有的知识和依循以往的方式解决新问题，终将无法避免被淘汰的命运。我们别无选择，只有"变"才能应变。正如禅宗上所言：变，才是唯一的不变。

有这样一个故事：

很久以前，有弟兄两人，各置办了一些货物，出门去做买卖。

他们来到一个国家，这个国家的人都不穿衣服，被称做"裸人国"。

弟弟说："这儿与我国的风俗习惯完全不同，要想在这儿做好买卖，实在不易啊！不过俗话说：入乡随俗。只要我们小心谨慎，讲话谦虚，照着他们的风俗习惯办事，想必问题不大。"

哥哥却说："无论到什么地方，礼义不可不讲，德行不可不求。难道我们也光着身子与他们往来吗？这太伤风败俗了。"

弟弟说："古代不少贤人，虽然形体上有变化，但行为却十分正直。所谓'陨身不陨行'，这也是戒律所允许的。"

于是弟弟先进入了裸人国。过了十来天，弟弟派人来告诉哥哥，一定得按当地风俗习惯，才能办得成事。哥哥生气地想：不做人，要照着畜生的样子行事，这难道是君子应该做的吗？我绝不能像弟弟那样做。

裸人国的风俗，每月初一、十五的晚上，大家用麻油擦头，用白土在身上画上各种图案，戴上各种装饰品，敲击着石头，男男女女手拉着手，唱歌跳舞。弟弟也学着他们的样子，与他们一起欢歌曼舞。裸人国的人们无论是国王，还是普通百姓都十分喜欢弟弟，相互关系非常融洽。国王付给他十倍的价钱把他带去的货物全都买下来了。

而他的哥哥来了之后，满口仁义道德，指责裸人国的人这也不对，那也不好。结果引起国王及人民的愤怒，大家抓住了他，狠揍了一顿，全部财物都被抢走了。后来全亏了弟弟说情，国王才把他放了出去。

世上没有最好，只有更好，对一个人更是如此，具体情况具体处理，不要一味照搬原来的套路，否则会弄巧成拙。有什么样的环境，做出什么样的选择，自然就会有不一样的结果。学习也是一样，只有因地制宜随着变化而变化，你的学习才是最适合于你自己的，也是最成功的。

"变"是新的挑战下唯一不变的生存之道。那么，如何应变甚至导变呢？那就是学习如何学习。只有具备"如何学习"的能力，才能在爆炸般骤增的资讯中有所取舍，在"全时间"、"全环境"中因时、因地、因事、因变进行学习创新，从而更高效地实现自己的目标。也只有如此，你的时间才是用在最有生产力的地方。而效率就是竞争力。

过去我们说，不愿学习是愚蠢。而加拿大媒体怪杰麦克鲁汉却直言："不会学习，是一种罪恶。"所谓"会学习"、"如何学习"，实质就是倡导一种创造性学习，高效学习。如何能更有效、更高效地学习，这本身就是知识和学问。

学习很重要，学习如何学习更重要。不学习的人，不如好学习的人；好学习的人，不如会学习的人。知识的迅速增长和更新，使人不得不在学习上付出更多的努力。经过苦苦探索，人们在"终身教育"问题上达成了共识，现在"终身教育"思想已经成为当代世界的一个重要教育思潮。今天，在世界范围内都响起了"不学习就死亡”的口号。学习就意味着是一个终身的过程，是现代人生命过程的一个重要组成部分。任何人，不管他有多高的天资，有多高的文凭，都没有资格说："我已经不用学习了。"

有一家大公司的总经理对前来应聘的大学毕业生说："你的文凭代表你受教育的程度，它的价值会体现在你的底薪上，但有效期只有3个月。要想在我这里干下去，就必须知道你该继续学些什么东西。如果不知道学些什么新东西，你的文凭在我这里就会失效。"

大学毕业生小方和小安同时被招聘到某公司运输部。小方按部就班，认认真真地完成经理交办的每项工作，没出什么差错，他自己也比较满意。但小安却并没有安于现状，在对客户的分析中，他发现京津冀鲁等地的货物运输近期常有滞留现象，多是由于修路造成。于是，他通过电脑交通网络，对北京周边各交通干线的路况进行了一系列调查摸底，并于每天列出一份动态的路况交通图送给经理参阅。就是这份动态的路况图，对公司的货物运输起了重要的疏导作用，不但缩短了有效运输时间，而且减少了因堵车、绕行而产生的运输费用，受到公司领导的重视和奖励。当然，3个月后，公司继续聘用的是善于学习和思考的小安。

在我们身边确有一些高学历的人，自我感觉已经掌握了改造世界的全部本领，认为出了校门就不用再学习了。其实，这样的认识是非常危险的。

时代飞速发展，环境急剧变化，再没有一劳永逸的成功，只有不断学习，终身学习，你才不会被抛出时代的列车。

2 永远不要轻言放弃

曾经有一个精明的雇主登广告要招聘一个孩子，他对应征的30个小孩说："这里有一个标记，那儿有一个球，要用球来击中这个标记，你们一个人有7次机会，谁击中目标的次数越多，就雇谁。"

结果，所有的孩子都没能击中目标。

这个雇主说：“明天再来吧，看看你们是否能做得更好。”

第二天，只来了一个小家伙，他说自己已经准备好测试了。结果，那天他每次都击中靶心。

“你怎么能做到呢？”雇主惊讶地问道。

这个孩子回答说：“哦，我非常想得到这份工作来帮助我的妈妈，所以，昨天晚上我在棚屋里练习了一整夜。”

不用说，他得到了这份工作，因为他不仅具备了工作所需的基本素质，而且还表现了自己不轻言放弃的优秀品质。

每个人都知道坚持不懈、永恒进取的魅力，可是又有谁能真正地去做呢？

1948年，牛津大学举办了一个“成功秘诀”讲座，邀请到了当时声名显赫的丘吉尔来演讲。三个月前媒体就开始炒作，各界人士也都引颈等待，翘首以盼。

这一天终于到来了，会场上人山人海，水泄不通，各大新闻机构都到齐了。人们准备洗耳恭听这位政治家、外交家的成功秘诀。

丘吉尔用手势止住雷动的掌声后，说：“我的成功秘诀有三个：第一是，绝不放弃；第二是，绝不、绝不放弃；第三是，绝不、绝不、绝不能放弃！我的讲演结束了。”

说完就走下讲台。

会场上沉寂了一分钟后，才爆发出热烈的掌声，经久不息。

延伸阅读：

温斯顿·丘吉尔(1874~1965)，曾任英国首相，著名军事家、政治家。他出生在英格兰牛津郡的一个贵族世家，1894年毕业于桑德赫斯特皇家军事学院。在第二次世界大战期间，带领英国人民取得了反法西斯战争的伟大胜利，与斯大林、罗斯福并列为“三巨头”之一，是矗立于世界史册上的一代伟人。

没有失败，只有放弃，不放弃就不会失败。正如乔治·马萨森所说：“我们获胜不是靠辉煌的方式，而是靠不断努力。”

发明家爱迪生对于人生抱着罕见的乐观态度，这促使他在发明方面有了非凡的成就。在电灯发明的过程当中，其他人已经因为失败了几千次而感到心灰意冷，而他却可以将每一次不成功的试验，视为又一个不可行方法的减少，确信自己向成功又迈进了一步。

一般人在第一次失败后就放弃了，这也就是为什么有那么多的“一般人”，而只有一个爱迪生。

我们都应该向爱迪生学习。有许多故事都是关于太快放弃尝试的人的经历。生命中有些障碍，不会因为你采取了坚定、明智且积极的行动，就从你眼前消失。当你因为某件事而感觉受到挫折时，不妨想想爱迪生那一万次的失败。

最伟大的成就往往是由奋斗挣扎中得来的。失败对人们的影响通常有两种：第一是使人们因为受到挑战而更加努力；第二是使人们灰心丧气，从此一蹶不振。

当失败的讯号第一次出现时，大多数的人就决定放弃了。有很多人只遭遇一次失败，即使是微不足道的失败，便不再尝试了。

从你对于失败的反应，便可知道你自己是否可能成为领导者。

如果你在第 3 次失败之后仍然继续努力，你将在目前的行业中出人头地。

如果你在第 12 次失败之后仍然不灰心，那么天才的种子已经在你的内心萌芽，给它希望及信心，它就会日益茁壮成长，最后开花结果。

天将降重任于斯人，一定得先让他遭受横逆和打击，考验他是否有足够的勇气去担当。我们在学习的过程中，也难免有失败的时候，但是，这个时候我们千万不能气馁，因为，学习不是一天两天的事情，今天的失败并非意味着以后的失败，只要我们善于总结失败的教训，不断努力，一定能够取得新的成功。

3 生活是我们最好的老师

古希腊哲学大师苏格拉底的三个弟子曾求教老师，怎样才能找到理想的伴侣？苏格拉底没有直接回答，却让他们走田埂，只许前进，且仅给一次机会．要求是选摘一个最好最大的稻穗。

第一个弟子没走几步，就看见一个又大又漂亮的稻穗，高兴地摘下了。当他继续前进时，发现前面有许多比他的那个大，但他已经没有了机会，只得遗憾地走完全程。

第二个弟子吸取了教训，每当他要摘下稻穗时，总是提醒自己，后边还有更好的。可当他快到终点时才发现，机会全错过了。

第三个弟子吸取了前边两个的教训。当他走过全程三分之一时．即分出大、中、小三类，再走三分之一时，验证是否正确；等到最后三分之一时，他选择了属于大类中的一个美丽的稻穗。

虽说，这稻穗不一定是田里最好最大的一个，但对他来说已经心满意足了。

苏格拉底的第三个弟子天生就是聪明的吗？不见得，他的聪明是从前两个弟子的愚蠢中学到的。如果他不是第三个进去摘稻穗的人，也许也会摘一个小的稻穗，或者空手而归。

生活中的每一个人都是我们的老师。从聪明的人身上我们学习智慧，从善良人那里我们萌生爱心，从愚蠢的人那里我们可以吸取教训。即使是很小的事情，也会对我们带来终身的益处。

看到别人的愚蠢，不要嘲笑，想一想这样的事情会不会发生在自己身上，也许有的时候我们会犯同样的错误。

事实上，我们看到别人的愚蠢常常会暗地里发笑，其实你笑了，除了给别人带来伤害，不会对你有任何价值。而如果你从这些事情中认真地思考并懂得了道理，那么以后也许会在你的工作生活中起作用。

五年前，有位朋友对我说，等他学会了电脑，他要做网络。一年后，再遇到他，他说他正在学。几天前打电话给他，他说网络知识发展太快，他学的东西已经过时，等他学会了新的东西，再来搞网络。

我不知道这位朋友什么时候能干上网络的工作，也许网络对他一生都只是一个梦，因为他总是生活在等待中。

也常和一些老年人聊天，这些两鬓斑白的老人，总会沉浸在过去中。有一位老人总喜欢说："我年轻的时候如果搞摄影，现在就不会是这个样子。"

"那为什么没搞呢？"

"想等学会了，再去做就已经迟了。时光不等人啊！"

看着老人一脸的懊悔，我又想起那位想要搞网络的朋友，如果他还一味地等着把新的知识学到手才去搞网络，那么他必然会像这位老人一样，只能在年老体衰时发出时光不等人的叹息了。

其实，现实是不会给你留出准备时间的，在这个知识爆炸的时代，等你学会了新的知识，你的新知识已经变成了旧知识。如果你老是在做准备，你将发现永远也准备不完。你应该一边学习，一边实践。读书，不仅仅是眼到，更重要的是要将所学到的知识运用到实践中去，只有实践，才是检验真理的唯一标准。

一直以为自己喜欢读书，读书不仅仅只限于汲取书本的知识，同时要走进社会，走进生活，因为最直接最实用的知识不是来自于书本上，而是来源于生活。有一次，我去一处大型煤矿企业采风，当我和一群在井下工作的矿工闲聊时，才发现自己无知得像个傻瓜。

那些工人们说，井下的白鼠是不能随便杀死的，我很是疑惑，井下的小白鼠有什么用呢？他们告诉我，如果矿井出现塌方事件，只要你的身边有小白鼠，那么你就有活的希望，因为那些小白鼠最清楚什么地方可以跑出去。

谁能想到小白鼠会在生命危难的时候给人希望，但是这些普通的工人们都知道，他们从实践中学来的东西要比书本上的丰富得多。在书本上我们只知道上螺丝时应该顺时针，卸螺丝时应该逆时针，但没有哪一本书告诉过我们，井下的小白鼠会带我们逃出塌方的地方。从那时起，我明白了一个道理——生活永远是一本读不完的书。只有生活才是我们最好的老师。

4 终生学习，永远进取

美国东部一所规模很大的大学毕业考试的最后一天。在一座教学楼前的阶梯上，有一群机械系大四学生，他们显然很有信心，这是最后一场考试，接着就是毕业典礼和找工作了。

有几个说他们已经找到工作，其他的人则在讨论他们想得到的工作。怀着对四年大学教育的肯定，他们觉得心理上早有准备，能征服外面的世界。

即将进行的考试他们知道只是轻易的事情。教授说他们可带需要的教科书、参考书和笔记，只要求考试时他们不能彼此交头接耳。

他们喜气洋洋地走近教室。教授把考卷发下去，学生都眉开眼笑，因为学生们注意到只有 5 个论述题。

3个小时过去了，教授开始收集考卷。学生们似乎不再有信心，他们脸上出现沮丧可怕的表情。没有一个人说话，教授手里拿着考卷，面对着全班同学。教授端详着面前学生们担忧的脸，问道："有几个人把5个问题全答完了？"

没有人举手。

"有几个答完了4个？"

仍旧没有人举手。

"3个？2个？"

学生们在座位上不安起来。

"那么1个呢？一定有人做完1个吧？"

全班学生仍保持沉默。

教授放下手中的考卷说："这正是我预期的。我只是要加深你们的印象，即使你们已完成四年工程教育，但仍旧有许多有关工程的问题是你们不知道的，这些你们不能回答的问题在日常操作中是非常普遍的。"

于是教授带着微笑说下去："这个科目你们都会及格，但要记住，虽然你们是大学毕业生，你们的教育才开始。"

我们不能满足于书本上的知识，以为天下的智慧都收录在了书里，其实完全不是那么回事儿；即使是最优秀的大学生，在生活的教科书面前，也只是一个学前儿童。那么是不是我们永远都没有毕业的一天？是的，"活到老，学到老。"只有不断地学习、实践，不断地充实自己，我们才不会被社会淘汰。

埃里克·霍弗曾经说过："在剧变时代，善于学习的人将继承未来。有学问的人将会发现他们为生存其中而进行了准备的世界已经不存在了。"

那些高校毕业的学生，他们用了十几年甚至长达二十年的时间从书本中学习知识，到了社会上，他们依然可能失败，因为日月在更替，世界在变化，知识在更新，书本上的东西已经不能满足需要，如果想要生存下去，就必须善于学习。善于学习，就是从错误中，从正确中，从失败中，从胜利中，从对手那里，从朋友那里，从每一件事情中随时随地学习、总结、思考，把知识融进我们的头脑中。在科技高速发展的今天，我们就是要善于学习，并要在学习中创新，没有创新，用老一套去工作已经不被社会所接受。只有善于学习才能创新，只有勇于创新，才能立足于时代。

在实践和行动中学习，是学习的最高境界

——美国经济学家舒尔茨致儿子的信

我的艾伦，你好：

知识的重要性每个人都知道，然而仅有知识是不够的。书中的东西，往往会瑜瑕参差，我们在学习中如果不辨真伪，并且在学习中不把知识与实际相结合，那么再好的知识也会成为一堆废物。

我们常说“知识就是力量”，然而这并不意味着有了知识就有了力量，而是要把书本知识通过实践，变成能力和素质才行，这种知识才是力量，也才能在生活工作中发挥作用，否则就是纸上谈兵，毫无真实的结果。

诺贝尔物理学奖的获得者，加州理工学院教授费曼在科学上取得的成就，无不得益于他的动手实验能力和强烈的探究兴趣。

童年时代，费曼就对各种实验特别感兴趣。11 岁时他就在自己家的地下室里开设了一个“实验室”。在这个实验室里，他自己动手学会了电灯的并联和串联，学会了把酒变成水，并用这些学会的东西为小朋友们变魔术。

费曼为了搞清楚为什么狗的鼻子特别灵，便亲身实验，自己像警犬一样在地上爬来爬去。结果他用自己的实验证明，狗的嗅觉能力的确强于人，但是人的嗅觉能力也被低估了。他认为由于人的直立行走，使得人的鼻子离地面太远，很难闻到地面上的气味。为了证明自己的观点，他经常向别人演示：他自己先走出书房，让书房里的其他人各自从书架上抽取一本书堆放在一起。在这之后，当费曼走进来时，他能够准确无误地指出哪本书是哪个人碰过的。大家都以为他又在变什么魔术，其实这就是费曼亲身实验的结果，因为人手的气味差异很大，人的嗅觉是可以辨别这些差异的。一天，当费曼坐在研究所的餐厅里时，他发现有人在拿餐厅的碟子玩耍，把一个碟子抛向空中。费曼发现，碟子飞出去的时候，边飞边摆动，碟子上的红色花边也随之转来转去。他被碟子转动的方式吸引住了。他

发现当角度很小的时候，碟子上图案转动的速度是碟子摆动速度的两倍。由此，他进一步思考电子轨道在相对状态下的任何运动，研究量子动力学，为以后取得的成就——发现费曼图奠定了基础。

在获得诺贝尔物理奖后，费曼感叹道："我获得诺贝尔奖的原因，全来自于那天我把注意力放在了一个转动的碟子上。"

儿子，当你能亲身感知学习得来的知识，最容易引起心灵的震撼，也最容易把知识内化于心，长久地发挥巨大的作用。

达尔文说过："一项发现如果能使人感到激动，真理就能成为他终生珍惜的个人信念。"而实践所学的知识，就能引发这种激动。

著名的生物学家威哥里伏斯深情地回忆他幼年的一件事："我5岁时，获得了一生中最重要的科学发现，我把一只毛虫关在瓶子里，它吐丝作茧，几天后，在我仔细惊奇的观察下竟出现了一只蝴蝶。"

他把这项发现作为自己"一生中最重要的科学发现！"其实这个发现极其平常，但由于是亲眼观察、亲身体验，由此照亮了这位科学家的心灵，使他真切地感受到了科学实践的诱人，对他整个成长、整个人生的价值非同寻常！

要想学得更好，学得更有用，你就得亲身实践，因为要想知道梨子的滋味，你就得亲口尝一尝。

著名的实用主义哲学家、教育家、反传统教育的旗手杜威博士在19世纪末和20世纪初，因开创了"实验教学"的先河而蜚声世界哲学界和教育界。杜威强调他的哲学是"行动、实践、生活"的哲学，他曾说，在他的教育著作的背后，存在着一个思想，这就是颇为抽象的"知"和"行"的关系的学说。杜威特别强调行动、操作，认为观念、知识都是从行动中获得的。由此，杜威提出了"教育即生活"、"学校即社会"、"从做中学"等一系列"知行合一"的教育纲领。他认为，教育过程和生活过程并不是两个过程，而是一个过程。最好的教育就是从生活中学习，不断在生活过程中学得经验和改组经验；他要求学校本身就是一种社会生活，成为一个小型的社会，一个雏形的社会，把社会生活中的必要内容组织到学校教育过程中去。

"从做中学"的主张，要求学生要从自身的社会活动中学习，按照这一思想，教学就是把东西交给学生去"做"，而不是把东西交给学生去"学"。知识总是与

“做”相联系的，只有通过“做”而得来的知识，才是“真知”。

在行动中学习是学习的最高境界。用这句话来赞誉一代大师杜威的思想，是再合适不过了。

儿子，读书是学习，使用也是学习，而且是最重要的学习，因为读书学习的目的，全在于应用。不能把学到的知识应用到行动中去，知识既成不了力量，也成不了财富，知识只能是知识本身。所以你要加强把知识变成行为能力素质的培养与锻炼。

祝你达到学习的最高境界！

爱你的父亲

附录1：中国读书名言

学之不精，由于多心。

——（春秋）帅旷

士不厌学，故能成其圣。

——（春秋）管仲

千里之行，始于足下。

——（春秋）老子

敏而好学，不耻下问。

——（春秋）孔子

学而不思则罔，思而不学则殆。

——（春秋）孔子

三人行，必有我师焉。择其善者而从之，其不善者而改之。——（春秋）孔子

兴于《诗》，立于礼，成于乐。

——（春秋）孔子

己所不欲，勿施于人。

——（春秋）孔子

吾尝终日不食，终夜不寝，以思，无益，不如学也。——（春秋）孔子

知之者不如好之者，好之者不如乐之者。

——（春秋）孔子

学而不已，阖棺乃止。

——（春秋）孔子

不怨天，不尤人，下学而上达。

——（春秋）孔子

学而时习之，温故而知新。

——（春秋）孔子

吾生也有涯，而知也无涯。

——（战国）庄子

节饮食以养胃，多读书以养胆。

——（战国）庄子

路漫漫其修远兮，吾将上下而求索。

——（战国）屈原

善学者尽其理，善行者究其难。

——（战国）荀况

知而好学，然后能才。

——（战国）荀况

善学者，假人之长以补其短。

——（战国）吕不韦

不知理义，生于不学。

——《吕氏春秋》

玉不琢，不成器；人不学，不知道。

——《礼记》

士欲宣其义，必先读其书。

——（汉）王符

凡欲显勋绩扬光烈者，莫良于学矣。

——（汉）王符

夫道成于学而藏于书，学进于振而废于穷。

——（汉）王符

人而不学，虽无忧，如禽何！

——（汉）杨雄

学以治之，思以精之。

——（汉）杨雄

胸中不学，犹如手中无钱也。

——（汉）王充

人有知学，则有力矣。

——（汉）王充

人皆知以食愈饥，念莫知以学愈愚。

——（汉）刘向

书犹药也，善读之可以医愚。

——（汉）刘向

日习则学不忘，自勉则身不坠。

——（汉）徐干

学者如登山焉，动而益高，如寤寐焉，久而益足。

——（汉）徐干

少壮不努力，老大徒伤悲。

——《汉乐府·长歌行》

夫学须志也，才须学也。非学无以广才，非志无以成学。

——（三国）诸葛亮

非淡泊无以明志，非宁静无以致远。

——（三国）诸葛亮

勿以恶小而为之，勿以善小而不为。

——陈寿《三国志》

奇文共欣赏，疑义相与析。

——（晋）陶渊明

读书百遍，其义自见。

——（南朝）裴松之

积财千万，无过读书。

——（南北朝）颜之推

人有坎，失于盛年；犹当晚学，不可自弃。

——（南北朝）颜之推

魏武、袁遗，老而弥笃，此皆少学而至老不倦也。曾子十七乃苦学，名闻天下；荀卿五十始来游学，犹为硕儒；公孙弘四十余方《春秋》，以此遂登丞相；朱云亦四十始学《易》、《论语》，皇甫谧二十始受《孝经》、《论语》，皆终成为大儒。

——（南北朝）颜之推

富贵必从勤苦得，男儿须读五车书。

——（唐）杜甫

读书破万卷，下笔如有神。

——（唐）杜甫

读书患不多，思义患不明；足己患不学，既学患不行。

——（唐）韩愈

业精于勤，荒于嬉；行成于思，毁于随。——（唐）韩愈

学知不足，业精于勤。

——（唐）韩愈

读书破万卷，下笔如有神。

——（唐）韩愈

不学，则不明古道，而能政治太平者未之有也。——（唐）吴兢

学业攻炉冶，炼尽三山铁。

——（唐）寒山

三更灯火五更鸡，正是男儿发愤时。黑发不知勤学早，白首方悔读书迟。

——（唐）颜真卿

一日不书，百事荒芜。

——（唐）李诩

早知今日读书是，悔作从前任侠非。

——（唐）李欣

读书谓已多，抚事知不足。

——（宋）王安石

年少从他爱梨栗，长成须读五车书。

——（宋）王安石

至哉天下乐，终日在书案。

——（宋）欧阳修

立身以立学为先，立学以读书为本。

——（宋）欧阳修

发愤识遍天下字，立志读尽人间书。

——（宋）苏轼

腹有诗书气自华，读书万卷始通神。

——（宋）苏轼

故书不厌百回读，熟读深思子自知。

——（宋）苏轼

书富如入海，百货皆有。人之精力，不能兼收尽取，但得春所欲求者尔。故愿学者每次作一意求之。

——（宋）苏轼《东坡文集事略》

书不可不成诵，或在马上，或在中夜不寝时，咏其文，思其义，所得多矣。

——（宋）司马光

学者贵于行之，而不贵于知之。

——（宋）司马光

家贫志不移，贪读如饥渴。

——（宋）范仲淹

为学之道，莫先于穷理；穷理之要，必先于读书。——（宋）朱熹

读书譬如饮食，从容咀嚼，其味必长；大嚼大咀，终不知味也。——（宋）朱熹

人之进学在于思，思则能知是与非。

——（宋）朱熹

大抵观书须先熟读，使其言皆若出于吾之口；继以精思，使其意皆若出于吾之心，然后可以有得也。——（宋）朱熹

为学，正如撑上水船，一篙不可放缓。

——（宋）朱熹

读书之乐何处寻，数点梅花天地心。

——（宋）朱熹

读书之法无它，惟是笃志虚心，反复详玩，为有功耳。——（宋）朱熹

看文字须大段精彩看，耸起精神，竖起筋骨，不要困，如有刀剑在后一般。就一段中须要透，击其首则尾应，击其尾则首应，方始是。不可按册子便在，掩了册子便忘。

——（宋）朱熹《朱子语类大全》

读书有三到，谓心到，眼到，口到。心不在此，则眼看不仔细，心眼既不专一，却只漫诵浪读，决不能记，久也不能久也。三到之中，心到最急，心既到矣，眼口岂不到乎？

——（宋）朱熹《训学斋规》

问渠那得清如许，为有源头活水来。

——（宋）朱熹

读书之法，在循序而渐进，熟读而精思。

——（宋）朱熹

读书无疑者，须教有疑，有疑者，却要无疑，到这里方是长进。

——（宋）朱熹

问渠那得清如许，为有源头活水来。

——（宋）朱熹

人若志趣不远，心不在焉，虽学无成。

——（宋）张载

人能不食十二日，惟书安可一日无。

——（宋）陆游

万钟一品不足论，时来出手苏元元。

——（宋）陆游

书到用时方恨少，事非经过不知难。

——（宋）陆游

纸上得来终觉浅，绝知此事要躬行。

——（宋）陆游《冬夜读书示子聿》

莫等闲，白了少年头，空悲切。

——（宋）岳飞

读书欲精不欲博，用心欲专不欲杂。

——（宋）黄庭坚

外物之味，久则可厌；读书之味，愈久愈深。——（宋）程颢

嗜书如嗜酒，细味乃笃好。

——（宋）范大成

学无早晚，但恐始勤终随。

——（宋）张孝祥

学者政出之，政者学之施。

——（宋）张孝祥

天子重英豪，文章教尔曹。万般皆下品，惟有读书高。

——（宋）汪洙《神童诗·劝学》

学乃身之宝，儒为席上珍。君看为宰相，必用读书人。

——（宋）汪洙《神童诗·劝学》

知不足者好学，耻不问者自满。

——（宋）林逋

读万卷书，行万里路。

——（宋）刘彝

磋砣莫遗韶光老，人生惟有读书好。

——《宋诗纪要》

文须字字作，亦要字字读。咀嚼有余味，百过良自知。——（金）元好问

不敢妄为些子事，只因曾读数行书。

——（元）陶宗义

看书如服药，药多力自行。

——（元）陈秀明

耕助画佣，牛衣夜织；忍苦向学，倪宽刘寔。——（元）许名奎

劳于读书，逸于作文。

——（元）程端礼

为学大病在好名。——（明）王守仁

书卷多情似故人，晨昏忧乐每相亲。

——（明）于谦

书卷多情似故人，晨昏忧乐每相亲。

——（明）于谦

人家不必论富贵，唯有读书声最佳。

——（明）唐寅

闲有余日，正可学问。

——（明）陈继儒

或作或辍，一曝十寒，则虽读书百年，吾未见其可也。——（明）吴梦祥

学者如取水，终日取而不能逾其量。操瓢者止于瓢；操盎者止于盎。故善学者不自溢其器。——（明）左元臣

略翻书数则，便不愧三餐。

——（明）陈宇自

养心莫若寡欲，至乐无如读书。

——（明）戚继光

大志非才不就，大才非学不成。

——（明）郑心材

风声雨声读书声，声声入耳；家事国事天下事，事事关心。——（明）顾宪成

处己事上临下，皆当如诚为主。

——（明）薛瑄《读书录》

金有一分铜铁之杂，则不精；德有一毫人伪之杂，则不纯矣。

——（明）薛瑄《读书录·体验》

心如水之源，源清则流清，心正则事正。——（明）薛瑄《读书录·体验》

夫读书将以何为哉？辨其大义，以修己治人之体也，察其微言，以善精义入神之用也。——（明）王夫之

君子处其实，不处其华；治其内，不治其外。

——（明）张居正《翰林院读书说》

要知天下事，须读古人书。

——（明）冯梦龙

欲读天下之奇书，须明天下之大道。

——（清）蒲松龄

性痴，则其志凝：故书痴者文必工，艺痴者技必良。世之落拓而无成者，皆自谓不痴者也。——（清）蒲松龄《阿宝》

凡读无益之书，皆是玩物丧志。

——（清）王豫

读书不知味，不如束高阁；蠢鱼尔何如，终日食糟粕。——（清）袁枚

善读者日攻、日扫。攻则直透重围，扫则了无一物。——（清）郑燮

读书如吃饭，善吃饭者长精神，不善吃者生疾病。——（清）章学诚

记诵之法，学问之舟。

——（清）章学诚

好学则老而不衰，可免好得之患。

——（清）申涵光

读书何所求？将以通事理。

——（清）张维屏

熟读唐诗三百首，不会作诗也会吟。

——（清）孙洙《唐诗三百首序》

不读诗书形体陋。

——（清）吴嘉纪

自古圣贤，盛德大业，未有不由学而成者也。——（清）黄宗羲

书不成诵，无以致思索之功；书不精读，无以得义理之益。

——（清）胡达源

学者有自立之志，当拔出流俗，不可泛泛与世浮沉。——（清）唐斌

忧愁非书不释，忿怒非书不解，精神非书不振。——（清）颜元

旦旦而学之，久而不怠焉，迨乎成。
——（清）彭端淑

读书勿求多，岁月既积，卷帙自富。
——（清）冯班

同君一席话，胜读十年书。
——（清）刘鹗

读未见书，如得良友；读已见书，如逢故人。
——（清）左宗棠

少年读书，如隙中窥月；中年读书，如庭中望月；老年读书，如台上玩月。皆以阅历之深浅，为所得之深浅耳。
——（清）张潮

积书须善学，隙土可深耕。
——（清）朱霞

自得读书乐，不邀为善名。
——（清）王永彬

博学笃志，神闲气静。
——（清）王永彬

物之成于气，人之成于学。
——（清）陈确

读书志在圣贤，为官心存君国。
——（清）朱用纯

人无贤愚，非学曷成？
——（清）陆以田

学贵精不贵博。……知得十件而都不到地，不如知得一件却到地也。
——（清）戴震《戴东原先生年谱》

读书以过目成诵为能，最是不济事。
——（清）郑板桥

立志宜思真品格，读书须尽苦功夫。
——（清）阮元

进学致和，行方思远。——宇严

读书不趁早，后来徒悔懊。
——《清诗铎·趁早歌》

读书如行路，历险毋惶恐。
——《清诗铎·读书》

立志是读书人最要紧的一件事。
——孙中山

努力向学，蔚为国用。——孙中山

学者贵知其当然与所以然，若偶能然，不得谓为学。——孙中山

我一生的嗜好。除了革命外，只有好读书，我一天不读书，便不能生活。
——孙中山

学如逆水行舟，不进则退，不学则殆。——陈独秀

读书应自己思索，自己做主。
——鲁迅

看别的书也一样，仍要自己思索，自己观察。倘只看书，便变成书橱，即使自己觉得有趣，而那趣味其实是已在逐渐硬化，逐渐死去了。——鲁迅

只看一个人的著作，结果是不大好的：你就得不到多方面的优点。必须如蜜蜂一样，采过许多花，这才能酿出蜜来，倘若叮在一处，所得就非常有限，枯燥了。——鲁迅

爱看书的青年，大可以看看本分以外的书，即课外的书，不要只将课内的书抱住。——鲁迅

学习专看文学书，也是不好的。先前的文学青年，往往厌恶数学、理化、史地、生物学，以为这些都无足轻重，后来变成连常识也没有。——鲁迅

文人作文，农人掘锄，本是平平常常的，若照相之际，文人偏要装做粗人，玩什么“荷锄带笠图”；农夫则在柳下捧一本书，装作“深柳读书图”之类，就要令人肉麻。——鲁迅

读死书是害已，一开口就害人；但不读书也并不见得好。——鲁迅

应做的功课已完而有余暇，大可以看看各样的书，即使和本业毫不相干的，也要泛览。——鲁迅

不动笔墨不读书。——徐特立

我读书总是以少为贵，从不贪多。不怕读得少，只怕记不牢。——徐特立

读书人不一定有知识，真正的常识是懂得知识，会思想，能工作。——徐特立

学习要注意到细处，不是粗枝大叶的，这样可以逐步学习、摸索，找到客观规律。——徐特立

处处是创造之地，天天是创造之时，人人是创造之人。——陶行知

千教万教教人求真，千学万学学做真人。——陶行知

先生不应该专教书，他的责任是教人做人；学生不应该专读书，他的责任是学习人生之道。——陶行知

青年最主要的任务是学习。——朱德

好好学习，天天向上。——毛泽东

读书是学习，使用也是学习，而且是更重要的学习。——毛泽东

情况是在不断地变化，要使自己的思想适应新的情况，就得学习。——毛泽东

学习的敌人是自己的满足，要认真学习一点东西，必须从不自满开始。对自己，“学而不厌”，对人家，“诲人不倦”，我们应采取这种态度。——毛泽东

为中华之崛起而读书。——周恩来

加紧学习，抓住中心，宁精勿杂，宁专勿多。——周恩来

与有肝胆人共事，从无字句处读书。——周恩来

自学，不怕起点低，就怕不到底。——华罗庚

抓住自己最有兴趣的东西，由浅入深，循序渐进地学……——华罗庚

任何一个人，都要必须养成自学的习惯，即使是今天在学校的学生，也要养成自学的习惯，因为迟早总要离开学校的！自学，就是一种独立学习，独立思考的能力。行路，还是要靠行路人自己。——华罗庚

聪明在于学习，天才在于积累。所谓天才，实际上是依靠学习。——华罗庚

在寻求真理的长河中，唯有学习，不断地学习，勤奋地学习，有创造性地学习，才能越重山跨峻岭。——华罗庚

韬略终须建新国，奋发还得读良书。——郭沫若

多读名家著作，多向有经验的人请教，同样是必要的。——郭沫若

读不在三更五鼓，功只怕一曝十寒。——郭沫若

读活书，活读书，读书活。——郭沫若

人是活的，书是死的。活的人读死书，可以把书读活。死书读活人，可以把人读死。——郭沫若

读书忌死读，死读钻牛角。——叶圣陶

鸟欲高飞先振翅，人求上进先读书。——李苦禅

事在人为：一年可以等于二年、三年，例如每天用十七、八小时读书；反之，二、三年也可以等于一年，甚至比一年还少，例如每天只用五六小时以下读书，我决心每天用十六到十八小时翻阅中国历代文集。——蔡尚思

做学问要花功夫，持之以恒，日积月累。——吴玉章

学习从来无捷径，循序渐进登高峰。——高永祚

读书时要深思多问。只读而不想，就可能人云亦云，沦为书本的奴隶；或者走马看花，所获甚微。——王梓坤

智者阅读群书，亦阅历人生。

——林语堂

好问，是好的。……如果自己不想，只随口问，即便能得到正确答复，也未必受到大益。所以学问二字，“问”放在“学”的下面。

——谢觉哉

积累知识，也应该有农民积肥的劲头，捡的范围要宽，不要限制太多……牛粪、羊粪、人粪都一概捡回来，让它们统统变成有用的肥料，滋养作物的生长。

——邓拓

自学如果缺乏恒心，专业知识就无法得到巩固；如果没有事业心，遇到困难就会止步不前，甚至半途而废。——蔡祖泉

读书也像开矿一样“沙里淘金”。

——赵树理

对世界上的一切学问与知识的掌握也并非难事，只要持之以恒地学习，努力掌握规律，达到熟悉的境地，就能融会贯通，运用自如了。

——高士其

有时间读书，有时间又有书读，这是幸福；没有时间读书，有时间又没书读，这是苦恼。

——莫耶

无所不能的人实在一无所能，无所不专的专家实在是一无所专……

——邹韬奋《韬奋文集》

钉子有两个好处：一个是挤劲，一个是钻劲。我们在学习上要提倡这种“钉子”精神，善于挤和钻。

——雷锋

人永远是要学习的。死的时候，才是毕业的时候。

——萧楚女

读过一本好书，像交了一个益友。

——臧克家

我爱书。我常常站在书架前，这时我觉得我面前展开了一个广阔的世界，一个浩瀚的海洋，一个苍茫的宇宙。

——刘白羽

阅读的最大理由是想摆脱平庸，早一天就多一份人生的精彩；迟一天就多一天平庸的困扰。

——余秋雨

如果把生活比喻为创作的意境，那么阅读就像阳光。

——池莉

一日学一日功，一日不学十日空。

——谚语

识字要读书，种地要养猪。

——谚语

养儿不读书，不如养头猪。——谚语

读书全靠自用功，先生不过引路人。

——谚语

至乐莫如读书，至要莫如教子。

——《增广贤文》

书到精绝潜心读；文穷情理放声吟。

——《对联集锦》

晓月闲移三尺剑；孤灯苦读五更书。

——《对联集锦》

勤者读书夜达旦；青藤绕屋花连云。

——《对联集锦》

明月一池水；清风万卷书。

——《对联集锦》

春庭早色和烟暖；午夜书声带月寒。

——《对联集锦》

读书贵有用；树德莫如滋。

——《对联集锦》

壮士腰间三尺剑；男儿腹中五车书。

——《对联集锦》

明灯常作伴；益书常为朋。

——《对联集锦》

研卷知古今；藏书教子孙。

——《对联集锦》

养子莫徒使；先教勤读书。

——《对联集锦》

读书即未成名，究竟人高品雅。修德不期获报，自然梦稳心安。

——《对联集锦》

学如逆水行舟，不进则退；心似平原走马，易放难收。 ——《对联集锦》

立品直须同白玉；读书何止到青云。

——《对联集锦》

书山寻宝；学海泛舟。

——《对联集锦》

深思立身道；精读修业书。

——《对联集锦》

读书当将破万卷；求知不叫一疑存。

——《对联集锦》

交一个读书破万卷的邪士，不如交一个不识一字的端人。 ——《格言联璧》

非读书，不奋入圣贤之域。非积德，不能生聪慧之儿。 ——《格言联璧》

读书贵能疑，疑乃可以启信。读书在有渐，渐乃克底有成。 ——《格言联璧》

欲高门第须为善；要好儿孙必读书。

——《格言对联》

滴水穿石，不是力量大，而是功夫深；成绩优良，不是天资高，而是辛勤学。

——新格言

读一书，增一智。

不吃饭则饥，不读书则愚。

不向前走，不知路远；不努力学习，

不明白真理。

树不修，长不直；人不学，没知识。

蜂采百花酿甜蜜，人读群书明真理。

宝剑不磨要生锈；人不学习要落后。

造烛求明，读书求理。

泰山不是垒的，学问不是吹的。

天不言自高，地不语自厚。

水满则溢，月满则亏；自满则败，自矜则愚。

不实心不成事，不虚心不知事。不自是者博闻，不自满者受益。

虚心的人，常想己之短；骄傲的人，常夸己之长。

讷讷寡言者未必愚，喋喋利口者未必智。

宽阔的河平静，博学的人谦虚。

秀才不怕衣衫破，就怕肚子没有货。

强中更有强中手，莫向人前自夸口。

刀钝石上磨，人笨人前学。以人为师能进步。

试试并非受罪，问问并不吃亏。善于发问的人，知识丰富。

不听指点，多绕弯弯。不懂装懂，永世饭桶。

智者千虑，必有一失；愚者百思，必有一得。

不能则学，不知则问，耻于问人，决无长进。

学问渊博的人，懂了还要问；学问浅薄的人，不懂也不问。

井淘三遍吃好水，人从三师武艺高。

手指有长有短，知识有高有低。学无前后，达者为师。

要学蜜蜂采百花，问遍百家成行家。

老姜辣味大，老人经验多。请教别人不折本，舌头打个滚。

世上无难事，只要肯登攀。

学在苦中求，艺在勤中练。

不怕学问浅，就怕志气短。

心专才能绣得花，心静才能织得麻。

书山有路勤为径，学海无涯苦作舟。

日日行，不怕千万里；时时学，不怕千万卷。

只有努力攀登顶峰的人，才能把顶峰踩在脚下。

学习如钻探石油，钻得愈深，愈能找到知识的精髓。

好记性不如烂笔头。勤勉是成功之母。

学问勤中得，富裕俭中来。

只要功夫深，铁杵磨成针。

拳不离手，曲不离口。常说口里顺，常做手不笨。

最淡的墨水，也胜过最强的记性。

灯不拨不亮，理不辩不明。

没有意志的人，一切都感到困难；没有头脑的人，一切都感到简单。

学贵有疑，小疑则小进，大疑则大进。

闻而不审，不若无闻。

读书不知义，等于嚼树皮。

吃饭不嚼不知味，读书不想不知意。

一寸光阴一寸金，寸金难买寸光阴。

少而不学，老而无识。

太阳落山了，人才感到阳光的可贵。

记得少年骑竹马，转身便是白头翁。

有钱难买少年时，失落光阴无处寻。

守财奴说金钱是命根，勤奋者看时间是生命。

把握一个今天，胜似两个明天。

清晨不起早，误一天的事；幼年不勤学，误一生的事。

最珍贵的财富是时间，最大的浪费是虚度流年。

挥霍金钱是败坏物，虚度年华是败坏人。

谁把一生的光阴虚度，便是抛下黄金未买一物。

熟读游泳学，不如下大河。

人在山外觉山小，人进山中知山深。

近水知鱼性，靠山识鸟音。

经常出门的孩子，比父母知道的多。

附录2：外国读书名言

世界上三种东西最宝贵——知识、粮食和友谊。
——缅甸谚语

懂得自己无知，说明已有收获。
——拉丁美洲谚语

提防那只念一本书的人。
——拉丁美洲谚语

不问的人永远和愚昧在一起。
——东非谚语

耳朵没有底，可以从早听到晚。
——非洲谚语

谁要懂得多，就要睡得少。
——亚美尼亚谚语

知识好象砂石下面的泉水，越掘得深泉水越清。
——丹麦谚语

知识需要反复探索，土地需要辛勤耕耘。
——尼泊尔谚语

学如驾车登山，不进就退。
——日本谚语

思索，就是跟自己争论。
——西班牙谚语

一次深思熟虑，胜过百次草率行动。
——南斯拉夫谚语

没有艰苦的学习，就没有最简单的发明。
——南斯拉夫谚语

聪明来自见多识广。——阿拉伯谚语

学者的一天，比不学无术的人的一生还有价值。
——阿拉伯谚语

数不尽的土粒，渡不尽的学海。
——蒙古谚语

知识无底，学海无涯。——蒙古谚语

学问多深也别满足，过失多小也别忽略。
——蒙古谚语

舞剑是一回事，作战是另一回事。
——朝鲜谚语

知识贮藏在谦虚的大海中。
——朝鲜谚语

打铁才能成为铁匠。——法国谚语

不读书的人，思想就会停止。
——法国谚语

第一次读到一本好书，就象找到了一个好朋友；再一次读这本好书，就象和朋友重逢。——法国谚语

不愿看的人，比瞎子还瞎；不愿听的人，比聋子还聋。——法国谚语

谁游乐无度，谁没空学习。

——法国谚语

没有比读书更好的娱乐，更持久的满足了。——英国谚语

把一页书好好地消化，胜过匆匆地阅读一本书。——英国谚语

读书在于造成完全的人格。

——英国谚语

评定一本书，不能凭封面。

——英国谚语

不好的书也像不好的朋友一样，可能会把你伤害。——英国谚语

书籍备而不读如废纸。——英国谚语

没有一本书可以疏忽地阅读而得到益处。——意大利谚语

一本坏书，比一个强盗更坏。

——意大利谚语

读好书就是同许多高尚的人谈话。

——欧洲谚语

积累知识，胜过积蓄金银。

——欧洲谚语

读书不要贪多，而是要多加思索，这样的读书使我获益不少。——卢梭

喜爱读书，就等于把生活中寂寞无聊的时光换成巨大享受的时刻。

——孟德斯鸠

读书对于我来说是驱散生活中的不愉快的最好手段。没有一种苦恼是读书所不能驱散的。——孟德斯鸠

书读得越多而不加思考，你就会觉得你知道得很多；而当你读书思考得越多的时候，你就会越清楚地看到，你知道得还很少。——伏尔泰

当我们第一遍读一本好书的时候，我们仿佛觉得找到了一个朋友；当我们再一次读这本好书的时候，仿佛又和老朋友重逢。——伏尔泰

读书使人心明眼亮。——伏尔泰

所有的好书，读起来就像和过去世界上最杰出的人们的谈话。——笛卡儿

书籍是造就灵魂的工具。——雨果

书籍是朋友，虽然没有热情，但是非常忠实。——雨果

教育！科学！学会读书，便是点燃火

炬；每个字的每个音节都发射火星。

——雨果

各种各样的蠢事，在每天阅读好书的作用下，仿佛烤在火上的纸一样渐渐燃尽。 ——雨果

书籍便是这种改造灵魂的工具。人类所需要的，是富有启发性的养料。而阅读，则正是这种养料。 ——雨果

学习有如母亲一般慈爱，它用纯洁和温柔的欢乐来哺育孩子，如果向它要求额外的报酬，也许就是罪过。

——巴尔扎克

我认为人生最美好的主旨和人类生活最幸福的结果，无过于学习了。

——巴尔扎克

从来没有人为了读书而读书，只有在书中读自己，在书中发现自己，或检查自己。 ——罗曼·罗兰

好奇心是学者的第一美德。

——居里夫人

学习这件事不在乎有没有人教你，最重要的是在于你自己有没有觉悟和恒心。

——法布尔

决不可自暴自弃……开步走吧，只要走，自然会产生力量。 ——法布尔

有两种人是在白白地劳动和无谓地努力：一种是积累了财富而不去使用的人，另一种是学会了科学而不去应用的人。 ——萨迪

才学如果不用就会永远埋没。沉香要放在火上，麝香要研成细末。 ——萨迪

没有求知欲的学生，就像没有翅膀的鸟儿。 ——萨迪

读书而不能运用，则所读的书等于废纸。 ——华盛顿

好学的人必成大器。 ——林肯

读书是易事，思索是难事，但两者缺一，便全无用处。 ——富兰克林

如果一个人倾其所有金钱以求学问，那么他脑子所藏的东西，是没有人可以拿走的。 ——富兰克林

在读书上，数量并不列于首要，重要的是书的品质与所引起的思索的程度。

——富兰克林

要多读书，但不要读太多的书。

——富兰克林

我没有什么特别才能，不过喜欢寻根刨底地追究问题罢了。 ——爱因斯坦

学习知识要善于思考、思考、再思考，我就是靠这个学习方法成为科学家的。 ——爱因斯坦

在所阅读的书本中找出可以把自己引到深处的东西，把其他一切统统抛掉，就是抛掉使头脑负担过重和会把自己诱离要点的一切。 ——爱因斯坦

读书对于智慧，就像体操对于身体一样。 ——爱迪生

不下决心培养思考的人，便失去了生活中的最大乐趣。 ——爱迪生

书籍用得好的时候是最好的东西；滥用的时候，是最坏的东西之一。

——爱默生

读书时，我愿在每一个美好思想的面前停留，就像在每一条真理面前停留一样。 ——爱默生

有阅读能力而不愿读好书的人，和文盲没有两样。 ——马克·吐温

当你还不能对自己说今天学到了什么东西时，你就不要去睡觉。有时候我们从别人的错误中学到的东西，可能要比从他们的优点中学到的东西更多。

——朗费罗

先读最好的书，否则你根本没有机会去读了。 ——H·D 梭罗

读书而不思考，等于吃饭而不消化。

——波尔克

游手好闲地学习，并不比学习游手好闲好。 ——约翰·贝勒斯

书籍——通过心灵观察世界的窗口。住宅里没有书，犹如房间没有窗户。

——威尔逊

一本书像一艘船，带领我们从狭猛的地方，驶向生活的无限广阔的海洋。

——凯勒

劳动教养了身体，学习教养了心灵。

——史密斯

书籍使一些人博学多识，但也使一些食而不化的人疯疯癫癫。 ——彼特拉克

书籍是人类知识的总结。

——莎士比亚

书籍是全世界的营养品。生活里没有书籍，就好像没有阳光；智慧里没有书籍，就好像鸟儿没有翅膀。 ——莎士比亚

我并没有什么方法，只是对于一件事情很长时间很热心地去考虑罢了。

——牛顿

我既没有突出的理解力，也没有过人的机智。只是在觉察那些稍纵即逝的事物并对其进行精细观察的能力上，我可能在普通人之上。 ——达尔文

读书给人以乐趣，给人以光彩，给人以才干。 ——培根

读书补天然之不足，经验又补读书之不足。 ——培根

读书不是为了雄辩和驳斥，也不是为了轻信和盲从，而是为了思考和权衡。
——培根

书籍是思想的航船，在时代的波涛中破浪前进。它满载贵重的货物，运送给一代又一代。 ——培根

读书可以培养一个完人，谈话可以训练一个敏捷的人，而写作则可造就一个准确的人。 ——培根

读书使人成为完善的人。 ——培根

读书使人充实，讨论使人机智，笔记使人准确……读史使人明智，读诗使人灵秀，数学使人周密，科学使人深刻，伦理使人庄重，逻辑修辞使人善辩。凡有所学，皆成性格。 ——培根

掌握知识不是为了争论不休，不是为了藐视别人，不是为利益、荣誉、权力或者达到某种目的，而是为了用于生活。
——培根

有些书可供一赏，有些书可以吞下，有不多的几部书则应当咀嚼消化；有的书只要读读其中一部分就够了，有些书可以全读，但是不必细心地读，还有不多的几部书则应当全读、勤读，而且用心地读。 ——培根

我们愈是学习，愈觉得自己的贫乏。
——雪莱

好书是伟大心灵的富贵血脉。
——弥尔顿

优秀的书籍是抚育杰出人才的珍贵乳汁，它作为人类财富保存下来，并为人类生活的进一步发展服务。 ——弥尔顿

好书读得越多越让人感到无知。
——萧伯纳

书中横卧着整个过去的灵魂。
——卡莱尔

用心念书，是为了避免成为不中用的人。 ——纪伯伦

在科学著作中，你最好读最新的书；在文学著作中，你最好读最老的书。古典文学作品永远不会衰老。
——布尔韦尔·利顿

好书有不朽的能力，它是人类活动最丰硕长久的果实。 ——史美尔斯

书籍把我们引入最美好的社会，使我们认识各个时代的伟大智者。
——史美尔斯

书籍是最有耐心、最能忍耐和最令人愉快的伙伴。在任何艰难困苦的时刻，它都不会抛弃你。 ——史美尔斯

书是纯洁、美好的特殊世界，生活在

其中，其乐无穷。——华兹华斯

一个爱书的人，他必定不致缺少一个忠实的朋友、一个良好的导师、一个可爱的伴侣、一个优婉的安慰者。

——伊萨克·巴罗

为乐趣而读书。——毛姆

书虫将自己裹在言辞之网中，只能看见别人思想反应出来的事物的朦胧影象。

——W.哈兹里特

任何时间皆可读书，不需桌椅器具，不需约定时间地点。——J.艾肯

坏书如同坏朋友，能使我们堕落。

——菲尔丁

只要愿意学习，就一定能够学会。

——列宁

我们一定要给自己提出这样的任务：第一，学习，第二是学习，第三还是学习。

——列宁

学习，学习，再学习！学，然后知不足。——列宁

书籍是巨大的力量。——列宁

书籍是我们的精神食粮。——普希金

人的影响短暂而微弱，书的影响则广泛而深远。——普希金

读书和学习是在别人思想和知识的帮助下，建立起自己的思想和知识。

——普希金

读书是最好的学习。追随伟大人物的思想，是最富有趣味的一门科学。

——普希金

阅读——这是最好的学问。

——普希金

学习——永远不晚。——高尔基

书籍是青年人不可分离的生活伴侣和导师。——高尔基

学习并不等于就是摹仿某些东西，而是掌握技巧和方法。——高尔基

经常不断地学习，你就什么都知道。你知道得越多，你就越有力量。

——高尔基

我读的书愈多，就愈亲近世界，愈明了生活的意义，愈觉得生活的重要。

——高尔基

热爱书吧——这是知识的泉源！只有知识才是有用的，只有它才能够使我们在精神上成为坚强、忠诚和有理智的人，成为能够真正爱人类、尊重人类劳动、衷心地欣赏人类那不间断的伟大劳动所产生的美好果实的人。——高尔基

如果学习只在于模仿，那么我们就不

会有科学，也不会有技术。——高尔基

出现了不少空谈家，他们读书只是为了“驳斥”别人，高声宣扬自己的革命精神，以便跳到那些比较谦虚，比较严肃的同志面前去。——高尔基

读书，这个我们习以为常的平凡过程，实际上是人们心灵和上下古今一切民族的伟大智慧相结合的过程。

——高尔基

如果不想在世界上虚度一生，那就要学习一辈子。——高尔基

热爱书吧，它会使你的生活变得舒畅愉快，它会帮助你辨别形形色色的思想、感情、事物，它能教你尊敬别人和自己。

——高尔基

读了一本书，就像对生活打开了一扇窗户。——高尔基

书籍一面启示我的智慧和心灵，一面帮着我在一片烂泥塘里站了起来，如果不是书籍的话，我就沉没在这片泥塘里，我就要被愚蠢和下流淹死。——高尔基

我扑在书籍上，像饥饿的人扑在面包上一样。——高尔基

书，是人类在走向未来幸福富强的道路上所创造的一切奇迹中最复杂最伟大的奇迹。——高尔基

我们的事业就是学习再学习，努力积累更多的知识，因为有了知识，社会就会有长足的进步，人类的未来幸福就在于此。

——契诃夫

教师进行劳动和创造的时间好比一条大河，要靠许多小的溪流来滋养它。教师时常要读书，平时积累的知识越多，上课就越轻松。——苏霍姆林斯基

无限相信书籍的力量，是我的教育信仰的真谛之一。——苏霍姆林斯基

我学习了一生，现在我还在学习，而将来，只要我还有精力，我还要学习下去。——别林斯基

不好的书告诉你错误的概念，使无知者变得更无知。——别林斯基

阅读一本不适合自己阅读的书，比不阅读还要坏。我们必须学会这样一种本领：选择最有价值、最适合自己所需要的读物。——别林斯基

好的书籍是最贵重的珍宝。

——别林斯基

如果学生在学校里学习的结果是使自己什么也不会创造，那他的一生永远是模仿和抄袭。——列夫·托尔斯泰

不要把学问看做是用来装饰的王冠，也不要把学问看做是用来挤奶的奶牛。

——列夫·托尔斯泰

不知道并不可怕和有害，任何人都不可能什么都知道，可怕的和有害的是不知道而假装知道。——列夫·托尔斯泰

理想的书籍是智慧的钥匙。

——列夫·托尔斯泰

重要的不是知识的数量，而是知识的质量，有些人知道很多很多，但却不知道最有用的东西。——列夫·托尔斯泰

光阴给我们经验，读书给我们知识。

——奥斯特洛夫斯基

如果没有充分领会前面的东西，就决不要动手搞后面的东西。——巴甫洛夫

科学书籍让人免于愚昧，而文艺作品则使人摆脱粗鄙；对真正的教育和对人们的幸福来说，二者同样的有益和必要。

——车尔尼雪夫斯基

书籍使人们成为宇宙的主人。

——巴甫连柯

人离开了书，如同离开空气一样不能生活。——科洛廖夫

书不仅是生活，而且是现在、过去和未来文化生活的源泉。——库法耶夫

社会主义是科学和文化的社会。要成为社会主义社会的当之无愧的成员，应当努力地和好好地学习，获得很多的知识。

——加里宁

书，这是这一代人对另一代人精神上的遗言，这是将死的老人对刚刚开始生活的青年人的忠告，这是准备去休息的哨兵向前来代替他的岗位的哨兵的命令。

——赫尔岑

不去读书就没有真正的教养，同时也不可能有什么鉴别力。——赫尔岑

现在，我怕的并不是那艰苦严峻的生活，而是不能再学习和认识我迫切想了解的世界。对我来说，不学习，毋宁死。

——罗蒙诺索夫

一本好书就是一个好的社会，它能够陶冶人的感情与气质，使人高尚。

——皮罗果夫

书籍是生活的加速器。

——尼克拉耶娃

求学的三个条件是：多观察、多吃苦、多研究。——加菲劳

有时候读书是一种巧妙地避开思考的方法。——赫尔普斯

大师们的作品在我们心灵扎根，诗人们的佳句在我们血管中运行。我们年轻时读了书，年老了又把它们记起。

——赫兹利特

生命是短暂的，空余时间很少，因此我们不应把一刻空余时间耗费在阅读价值不大的书籍上。——罗斯金

读一本好书，就是和许多高尚的人谈话。

——歌德

当一个伟大的思想作为一种福音降临这个世界时，它对于受陈规陋习羁绊的大众会成为一种冒犯，而在那些读书不少但学识不深的人看来，却是一桩蠢事。

——歌德

经验丰富的人读书用两只眼睛，一只眼睛看到纸面上的话，另一只眼睛看到纸的背面。

——歌德

一个人不能骑两匹马，骑上这匹，就要丢掉那匹。聪明人会把凡是分散精力的要求置之度外，只专心致志地去学一门，学一门就要把它学好。

——歌德

不加思考地滥读或无休止地读书，所读过的东西无法刻骨铭心，其大部分终将消失殆尽。

——叔本华

一种纯粹靠读书学来的真理，与我们的关系，就像假肢、假牙、蜡鼻子甚或人工植皮。而由独立思考获得的真理就如我们天生的四肢：只有它们才属于我们。

——叔本华

任何时候，我也不会满足，越是多读书，就越是深刻地感到不满足，越感到自己知识贫乏。科学是奥妙无穷的。

——马克思

不学无术，在任何时候，对任何人，都无所帮助，也不会带来利益。

——马克思

书籍是屹立在时间的汪洋大海中的灯塔。

——惠普尔

勤勉而顽强地钻研，永远可以使你百尺竿头、更进一步。

——舒曼

如果你知道得比我多，你就教给我；如果你知道得比我少，那就向我学。

——贺拉斯

新想法常常瞬息即逝，必须努力集中，注意牢记在心，方能捕获。一个普遍使用的好方法是养成随身携带纸笔的习惯，记下闪过脑际的独到之见的念头。

——贝弗里奇

她应该增进知识。对安托瓦内特来说，的确到了认真读书的时候了。一天两小时不算太多，这会使她机灵些，让她在一天二十四个时的其余二十二小时中更有头脑。

——茨威格

应当记忆的不是结论，而是方法。方法是有弹性的，它可以在生活的任何场合应用，而结论呢，因为它和某种特定的条件有联系，它是一种凝固的东西。

——艾·拉斯克尔

良好的方法能使我们更好地发挥运用天赋的才能，而拙劣的方法则可能阻拦才能的发挥。因此，科学中难能可贵的

创造性才华，由于方法拙劣可能被削弱，甚至被扼杀；而良好的方法则会增长、促进这种才华。——贝尔纳

我们可以由读书搜集知识，但必须利用思考把糠和麦子分开。

——富斯德

只要还有什么东西不知道，就永远应当学习。——小塞涅卡

重读名著，并不能对作品增一分领悟；但可对自己增一分了解。

——Clifton Fadiman

选择作者如同选择朋友。

——W·狄龙

能够摄取必要营养的人要比吃得很多的人更健康，同样，真正的学者往往不是读了很多书的人，而是读了有用的书的人。——亚里斯提卜

有些人为思想而读书——罕见；有些人为写作而读书——常见；有些人为搜集谈资而读书，这些人占读书人的大多数。——C·C·科尔顿

书是唯一不死的东西。——丘特

书是随时在你近旁的顾问，随时都可以供给你所需要的知识，而且可以按照你的心意，重复这个顾问的次数。

书籍是人类的编年史，它将整个人类积累的无数丰富的经验，世世代代传下去。

——坎耶里

书籍是培育我们的良师，无需鞭笞和棍打，不用言语和训斥，不收学费，也不拘形式。——德伯里

我阅读关于我所不懂的题目之书籍时，所用的方法，是先求得该题目的肤表的见解，先浏览许多页和好多章，然后才从头重新读起，以求获得精密的智识。我读该书的终末，就懂得它的起因。这是我所能介绍给你惟一正解的方法。

——狄慈根《辩证法的逻辑》

要是童年的日子能重新回来，那我一定不再浪费光阴，我要把每分每秒都用来读书！——泰戈尔

知识是珍贵宝石的结晶，文化是宝石放出的光泽。——泰戈尔

少小而学，及壮有为；壮年而学，及老不衰；老年而学，及死不朽。

——日本学者佐藤一斋

读书而不理解，等于不读。

——夸美纽斯

书籍是培植智慧的工具。

——夸美纽斯

后记

别让自己将来后悔

最近，看到一篇《冒险的旅程》的文章，感慨很深。文章以一个十来岁少年的自述形式讲述了自己离家出走后又回到父亲的农场的故事。

中学眼看就要毕业了，卡尔文十分讨厌学校的生活。他不停地在心里念叨：我再也不想回到那该死的学校去了！我对学习烦透了！但他的父母却坚持要让他去上大学，他真的很不愿意在家待下去了。加上他的父亲对他严厉到了苛刻的地步，他对农场的工作厌烦到了极点。在一次与父母大吵过后，卡尔文简单地收拾了一下行囊，生气地离开了生养他十几年的家。他走的时候，母亲放声大哭，父亲则对着他一阵大吼："如果你走了就不要再回来！"

就这样，卡尔文在离家好几百公里的地方尝试着找工作、挣钱，以此来养活自己。但外面的世界并不如他之前想象的那样美好，在他试图生存下来的一年中，他到处碰壁，到处遭到拒绝。别人不重用他的原因很简单，那就是他的学历太低了，他的社会阅历也太少了；他还不懂得社会的复杂，不知道如何与人相处；更糟糕的是他没有一项熟练的技能、没有足够的知识。这时，他终于明白自己离家出走是一个莫大的错误了。

在经过了一年多的痛苦经历后，在经过很久以来的反思后，卡尔文决定回到父亲的农场去。但是，他又担心家人看不起他而不再接受他。于是，他写了一封信给父亲，表达了自己的悔恨和想回家的愿望。然后，他开始计划搭便车回家。他的信是这么写的：

亲爱的爸爸：

已经超过一年了，我从东部旅行到西部，做过无数的工作，没有一样工作赚得了钱。我总是遇到相同的问题：你的教育程度如何？看来大家总是要把好工作给有大学学历的人。

爸爸，有好多事你和妈妈都说对了，我现在知道田里的工作对我无伤害，我也相信我需要上大学，我更相信你们两个都是爱我的。要我写这封信真不容易，一年前的我是不会写的。自从离开以后，我遇到过一些好人，也遇到过一些残暴苛刻的人，我以为我可以承受一切，但有时候那真的非常困难，特别是当晚上没有一个充满爱和安全感的家可以回去时。我从来没有真正意识到家的意义，直到我离家好几个月之后。

爸，我已经尝到苦头了。我想回家，我知道你说过，如果我离开就不要再回来，但我祈祷你会改变主意，我知道那天我让你非常生气，我也伤了你的心。如果你拒绝我，我不会怨你，但我还是必须要问候你。我知道我早应该写这封信，但我害怕你不想知道我的音讯。

我想回家，想再度成为家里的一员，我想上大学，想学会如何变成一个成功的农人。然后，如果你允许的话，也许我可以和你一起种田。

我现在正在回家的路上，所以你无法给我回信。但几天后——我不知道要几天，因为我搭便车回家，我会经过农场。爸，如果你愿意让我回家，请让门廊的灯亮着，我晚上会在附近停留。如果灯没有亮，我会继续前行；如果门廊是暗的，我不会难受，我能体谅。

请将我的爱传达给妈妈及姐妹们。

爱你的儿子

在寄出这封信的同时，卡尔文踏上了回家的征程。他一路经历了许多磨难，也遇到了几个好心人。他在搭其中一位中年人的便车时，便得到了中年人无私的关爱。原来，那个中年人也有一个儿子离家出走，两年了还没有回来。他赞扬了卡尔文的回心转意。这件事给卡尔文很大的震撼：原来父亲是那么热爱自己的儿子。这件事更坚定了他回家的决心。

故事的结局当然是美满的。那天，卡尔文最后搭上了一个黝黑壮硕的年轻大汉的车，当他快到父亲的农场时正赶上倾盆大雨。在大雨朦胧中，他看到自家房子门廊上灯火通明，而老父亲则拿着一把手电筒不停地向路上照射着。

原来，为了让儿子能在夜晚认得自己的家，父亲在门口摆了三四把椅子，且每把椅子上都放着一盏亮着的灯，加上门廊上的灯，家门口被映照得亮亮的。他自己则坐在椅子上用手电筒给久归的儿子照路。真是可怜天下父母心啊。

父亲以他无限的宽容和挚爱迎接出走的儿子归来，这无疑会给年轻的儿子无比巨大的动力。相信，经历了一年多挫折的卡尔文将会在今后的人生道路上排除一切艰难险阻，取得属于他自己的辉煌成就，因为他已经品尝到了不认真读书、没有获得知识的痛苦和无奈。

相信，我们的现实社会中也有许许多多这样的例子。许多青春期的少年们或多或少有一些厌学情绪和对父母、对学校的叛逆举动。严重一些的会因此而走上一条人生歧路，再也回不来。

面对这种令人担忧的现状，我们特意为广大青少年朋友和家长们编写了这本《为你自己读书》，希望能对年轻的中学生们有所裨益，对家长教育自己的子女起到一些指导作用。

我们建议家长可以与自己的孩子一起来阅读此书，通过分析书中的典型事例和前人的读书经验来帮助孩子发现自己的优点和不足，以起到端正学习态度、提高学习兴趣、树立远大理想的目的。

最后，笔者愿天下所有的青少年健康快乐地成长！愿你们刻苦勤奋、努力学习科学文化知识，为你们的美好将来打下良好的基础，为祖国的繁荣昌盛贡献一份自己的力量！

中華文化大講堂 系列产品目录

序号	书　名	作　者	开 本	定价/元
1	张居正讲《大学 中庸》	(明)张居正	16K	24.00
2	张居正讲《论语》	(明)张居正	16K	32.00
3	张居正讲《孟子》	(明)张居正	16K	42.00
4	《王凤仪讲人生》	王凤仪	16K	32.00
5	《王凤仪诚明录》	王凤仪	16K	29.80
6	《王凤仪嘉言录》	王凤仪	16K	29.80
7	《王凤仪言行录》	王凤仪	16K	29.80
8	《王凤仪笃行录》	王凤仪	16K	29.80
9	《来自山沟的大智慧》	以志	16K	58.00
10	《家和万事兴》	王元五	16K	29.80
11	《孝经》研习报告	钟茂森	16K	29.80
12	《朱子治家格言》研习报告	钟茂森	16K	25.00
13	《弟子规》研习报告	钟茂森	16K	18.00
14	《太上感应篇》研习报告	钟茂森	16K	18.00
15	《十善业道经》研习报告	钟茂森	16K	18.00
16	《找寻中国精神》	钟茂森	16K	25.00
17	《了凡四训》研习报告	钟茂森	16K	25.00
18	《细讲大学》	钟茂森	16K	25.00
19	《中华文化大讲堂》第一辑	诚敬和	16K	32.00
20	《中华文化大讲堂》第二辑	诚敬和	16K	32.00
21	《中华文化大讲堂》第三辑	诚敬和	大16K	32.00
22	《悦心集》	雍正	16K	29.80
23	《钟博士讲解弟子规》	钟茂森	大16K	22.00
24	《钟博士简讲孝经》	钟茂森	大16K	22.00
25	《企业人的道德修养》	慧祥	大16K	25.00
26	《窈窕淑女的标准》	钟茂森	大16K	29.80
27	《细讲论语》	钟茂森	大16K	23.80
28	《王凤仪年谱与语录》	王凤仪	大16K	48.00
29	《王凤仪性理讲病录》	王凤仪	大16K	29.80
30	《中国精神》	钟茂森	大16K	10.00

31	《四大高僧说佛》	弘一大师等	大16K	168.00
32	《论语讲要》	李炳南	大32K	36.00
33	《民国老课本》（全五册）	沈颐、戴克敦等	大16K	75.00
34	《群书治要》考译	魏征等	大16K	298.00
35	涵养女德　美丽人生《女四书·女孝经》	王相	大16K	18.00
36	涵养女德　美丽人生《女子德育课本》	蔡振绅	大16K	18.00
37	文白对照曾国藩家书全编（全四册）	曾国藩	大16K	198.00
38	言文对照《古文观止》	宋晶如	大16K	48.00
39	五种遗规	陈宏谋	大16K	58.00
40	《阿弥陀经》白话解释	黄智海	大16K	20.00
41	《观无量寿佛经》白话解释	黄智海	大16K	20.00
42	《普贤行愿品》白话解释	黄智海	大16K	20.00
43	《心经·金刚经》白话解释	黄智海等	大16K	20.00
44	《无量寿经》白话易解	净空法师	大16K	20.00
45	《地藏菩萨本愿经》白话解释	胡维铨	大16K	20.00
46	人生宝典	和谐	大16K	29.80
47	曾文正公全集	曾国藩	大32K	698.00
48	曾国藩传	蒋星德	大16K	29.80
49	国学治要（全八册）	张文治	大16K	320.00
50	中华传世经典藏书（第一辑）全十册	王应麟等	小64K	100.00
51	群书治要译注（全二十八册）	魏征等	大32K	420.00
52	五种遗规	陈宏谋	大16K	58.00
53	齐家治国　女德为要	陈静瑜	大16K	26.00
53	家和宝典	刘光启	大16K	29.80
54	群书治要360	魏征等	大32K	15.00
55	踏对人生的脚步	蔡礼旭	大16K	25.00
56	纳兰词笺	纳兰性德	大32K	29.80

联系方式

电　话：010-80815014　65408420　　网　址：www.zhwhdjt.com